飲茶——著　板垣恵介——繪
江裕真——譯

史上最強哲學入門

從釋迦牟尼、孔孟老莊到禪宗，啟悟自我內心的13位東方哲人

The Super Guide to Philosophy

史上最強の哲学入門
東洋の哲人たち

YAMU CHA

CONTENTS

史上最強哲學入門

THE SUPER GUIDE TO PHILOSOPHY

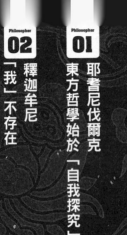

前言

「我們到達真理了！」

「希望你為想要學習東方哲學的讀者，寫一本整理歸納印度、中國、日本哲學的『源流與重點』，讓讀者可以輕鬆閱讀的東方哲學入門書。」

收到這樣的委託，我先是這麼想——

「東方哲學的入門書呀……。這不是書店的哲學區裡常見的必備書籍嗎？就是介紹釋迦牟尼或老子一些對人生有所啟發幫助的智慧語錄而已，應該三兩下就能完成吧。」

我確實曾經這麼想過。

但等到實際動筆，卻是一連串的苦戰。

「諸行無常、有形體的東西必會毀壞。執著於此的人會受苦。」

「無為自然、別想著要做要做，事情反而會比較順利。」

就算我以簡單文字寫出東方哲學中諸如此類的基本概念，總覺得不是很適切。說起來，所謂的東方哲學家，差不多都是在幾未交代理由與根據的狀況下，就斷然只講結論而已。因此，我如果寫這樣的東西，會變成只能以含糊方式寫一些「人生道理」或是「人生技巧」之類的東西來介紹他們的哲學，像是「偉大的〇〇大師曾經講過這樣的話。你覺得如何呢？知道也可以從這種角度看待事物後，你的心情是不是突然輕鬆起來了呢？」雖然我不認為你在現實社會生活中有任何可能予以落實，但如果我照這樣寫下去，最後一定會寫成書店某個角落經常可見的那種「教導讀者人生哲理、真是讓人感謝的常見入門書」。

不，這樣不行。好不容易有這個機會寫書，不是應該力求寫出一本「史上最強的東方哲學入門書」，好好傳達出東方哲學的「真髓」、「本質」與「核心」嗎？

那麼，該怎麼寫呢？目前已出版的東方哲學入門書，有沒有任何不足之處呢？某天，為尋求答案，我在菩提樹下不斷思索時，很像是頓悟了一樣，有個天啟般的念頭刺進我的腦中。對了！就是「刃牙」度不夠！

我想應該不至於有人不認識《刃牙》才是，但為求謹慎起見，還是說明一下。所謂的《刃牙》，是一部以格鬥技為題材的少年漫畫。在《刃牙》這部作品中，有五個「極其凶惡死刑犯」的角色，他們是一群桀驁不馴的人，一生從沒有輸過，因為絕望於世上沒有比自己還強的對手，因此自己跑到監獄來服刑。

他們甚至於宣稱，「──好想知道敗北是什麼滋味。假如我也有所謂敗北這件事的話，真的很想體會一下。」

他們絲毫不懷疑自己是地球上最強的人，這種「極其凶惡死刑犯」的角色設定，是很有衝擊性的。

另一方面，偉大的東方哲學家也都是這麼說的：

「我悟出了真理、到達了真理的境地。」

怎麼會這樣？西方哲學家在兩千五百年以上的時間裡，為了追求「真理」辛苦奮鬥，都還無法到達「真理」的境地，東方的哲學家卻那麼乾脆，一口斷定說「我們到達真理了！」

一談到東方哲學家，你腦中浮現的或許會是和藹可親、性情敦厚、表情柔和的人。只是，由於他們完全不懷疑自己的哲學，就宣稱它是「真理」（我最強），看在一般人眼中，他們的樣子應該很像怪物一樣，誰看到都會馬上打著赤腳逃走吧？假如他們碰見要大家「自覺無知」的蘇格拉底，或許會以凶惡的表情回答：

「──我想知道何謂無知。」

還有一事，在《刃牙》這作品中，那五名極其凶惡的死刑犯，就好像受到什麼力量牽引似地，不斷往東移動，最後來到了日本，遇見「刃牙」這個最強的角色。事實上，自稱史上最強的東方哲學家，他們的哲學也一樣一起往「東」不斷傳承而來，很不可思議。例如，古代的印度哲學、佛教、老莊思想等各種東方哲學，一定都會往東拓展，最後抵達極東的日本。

「共時性」──

乍看之下彼此隔絕、沒有關連的物質與生物，乃至於思想，在全球同時發生相同的變化！」

宣稱已到達真理境地、桀驁不馴的東方哲學，不約而同往東而來，偶然地都來到了日本。

我們有必要了解其真意！

欸？東方哲學究竟為何要往「東」呢？

這還用說嗎？

當然是來和你（讀者）碰面的啊!!

史上最強哲學入門東方哲人篇——開始！

東方哲學是座「金字塔」

何謂東方哲學？（1）

何謂東方哲學？

首先我得明講，想在讀過本書後就理解東方哲學，是不可能的。這並不是因為我寫的是一本入門書。就算你花好幾萬個小時，閱讀多達好幾萬字的正規哲學專門書籍也一樣，你還是只能了解到「東方哲學不可能理解」這件事，就像你知道在地球這顆行星上，沒有什麼比天空還要高一樣。

相對的，西方哲學就是我們所能理解的。當然，一般而言，西方哲學也帶有「難解」的形象在，但那指的是「難以理解」，並非「無法理解」。就算有某種西方哲學很複雜、很難懂，基本上仍是一種透過邏輯（眾人能夠共有的思考形式）建立起來的體系，因此只要花費大量時間與心力、持續學習，任誰應該都能達到理解的程度。

然而，東方哲學就不是這樣，不管你花多少時間與心力學習都一樣。不，或許該說，你花愈多時間與心力學習，離「理解」就愈遠。假如你吸收了本書中即將講述的東方哲學知識，然後覺得「我理解也弄懂東方哲學了」，那只能算是奇蹟。所謂的東方哲學，絕非能經由「學習」而理解。

為何東方哲學是不可能理解的？要了解這一點，得先知道東方哲學與可能理解的西方哲學，究竟有何不同。

西方哲學是「過程」

公元前五〇〇年左右，開始於泰勒斯（Thales）或蘇格拉底（Socrates）的西方哲學，本質上是以「無知」為前提。

「我們此刻生活的這個世界，究竟是什麼？」

「是否存在著絕對正確的事物？」

對於這類根本性問題，沒有任何西方哲學家能回答得出「真相」（真理）。西方哲學家，對於真理都同樣「無知」。當然，和人類相比，「真理」可以算是猜不透、摸不著的東西，也難怪會這樣。只是，西方哲學家絕不會因此就在這場絕望的戰爭中屈服。當他們察覺到自己的「無知」（自己不懂真理、真理遙不可及），反倒產生一股熱情：「有一天，我絕對要找到真理給你看！」於是，任由這股熱情驅使下，他們投注自己的一生，思考、思考，再思考。

如此思考下來，最後形塑出的，就是西方哲學。西方哲學在誕生的當下，都是最有力量、最出色的思考體系，它席捲了全世界，對國家、文化以及學問，帶來了莫大影響。

不過，西方哲學距離「真理」的終極境界，畢竟還是相去甚遠。

因此，這些西方哲學家，會把找到真理的遠大志向託付給後世。也就是說，就算這輩子未能實現找到真理的志向，他們也會寫下自己的哲學，交給下一個世代，期盼他們務必為自己達成心願。只是，後世的人所做的，既不是改良與完成上一代的哲學，也不是到世界各地推銷，說「這是了不起的偉大哲學」，反倒採取相反行動，「徹底破壞」先人交到自己手中的哲學。

後世的人們不會崇敬偉大先人所提出的哲學，而會質疑、質疑再質疑，徹底予以破壞。因為，假如滿足於先人的哲學，就此收手，追求真理的行動就不會有任何進展。就像總有一天，孩子要超越自認為很厲害的父親一樣，就算眼前擺著何等偉大、史上最了不起的哲學，後代的人還是必須超越它，往前再進一步。他們必須反駁先人的哲學，提出足以將之擊毀的「實力更堅強的哲學」。

而且，這個道理不只用於西方哲學，而是所有學問都通用。

為什麼我們要上小學、國中、高中，辛辛苦苦應考、進入大學學習學問，還得做畢業專題呢？那是因為，先人在辭世之際交出了棒子，我們必須好好把棒子接過來，往前再進一步，交給下一個世代。就算只往前一點點，也無所謂。

我們要在學問這場戰爭的歷史中留下足跡，把「我在這個時代生活過」的證明刻劃上去。正因為這樣，才會有大學這個機構存在；正因為這樣，我們才想要進入大學學習（絕不是為了找工作才進大學。因為，在大學裡學到的學問，出社會能夠派上用場的，反而比較少，對吧）。

假如要用一張象徵性的圖來表現西方哲學，會像是下圖這種階梯式的型態。也就是說，必須整理出比先人更出色的論點、更終極的真理，繼而超越先人的見解，一步一步往高處攀爬而去。由無數人們耗費長達兩千五百年的漫長時間，才慢慢累積出來的了不起的學問，就是西方哲學。

（只不過，進入現代後，西方哲學開始懷疑，「什麼終極的真理，真的存在嗎？」、「人類一直以來累積各種論點，以為自己在靠近終極的真理，事實上會不會只是一種幻想？」，目前可說正處於轉換期。但是在歷史上，這只是很近期才發生的事，因此若從長遠的角度來看西方哲學，還是可以說，它是藉由這種階段式的運動，逐步形塑而成的。）

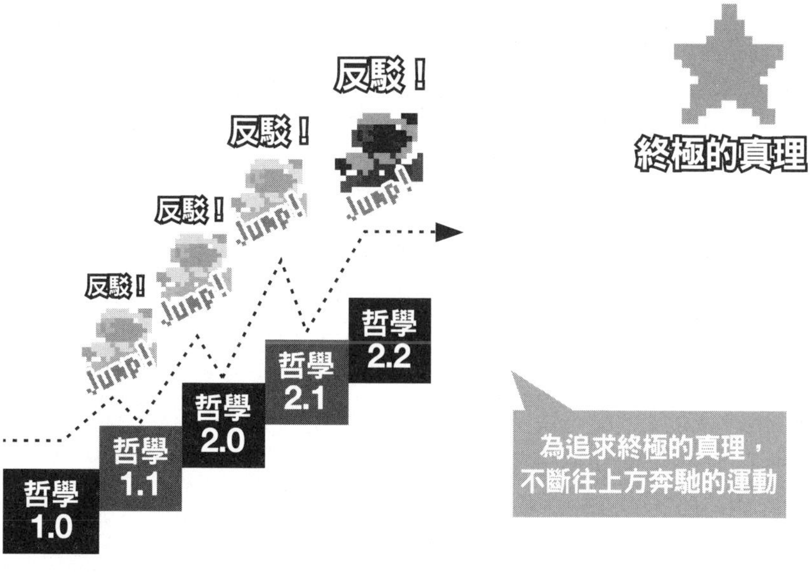

東方哲學是「金字塔」

相較之下，東方哲學的發展狀況，與西方哲學有根本上的不同。東方哲學家並不以「無知」為前提，不但如此，還會毫不害臊地如此宣稱：

「我懂得真理、悟出真理，已到達終極的境界。」

這話可真是一點也不謙虛啊，好像是瞧不起西方哲學一步一步累積至今的那段悉心研究的歷史。西方哲學花了長達兩千五百年還未能到達的境界，東方哲學卻像在嘲笑它一樣，宣稱「我們早就到達那個境界了」。

東方哲學與西方哲學的根本差異，就在這裡。也就是說，東方哲學並不是要「朝著目的地」（真理）前去，而是以「已到達目的地」為出發點。除此之外，後世的人們對於東方哲學家的態度，也和西方哲學不同。繼承東方哲學家哲學的後世之人，並不會熱切批判或破壞前人的哲學。因為，那些東方哲學，早就已經到達「目的地」（真理）了。既然這樣，哪裡需要否定它，再另外創造新哲學？

不過，事實上，在先人的東方哲學中，有時候確實會發現一些無法與現實狀況整合的矛盾或問題。這種時候該怎麼辦？後世的人會說「這裡錯了」，並且改正先人的東方哲學嗎？不會。這種時候，他們會覺得「是我們的解釋方法不對」，繼而提出新的解釋方法，並逐步發展出一套解釋體系。

「釋迦牟尼所講的，應該是這樣的事吧。」

↓形成解釋Ａ（宗派Ａ）

「不對，那樣的話有矛盾，一定是這樣才對啦。」

↓形成解釋Ｂ（宗派Ｂ）

「錯了錯了，其實他講的是這樣才對。」

↓形成解釋Ｃ（宗派Ｃ）

因此，假如用一張象徵性的圖來表現東方哲學，會像是下圖這種金字塔的型態。

總而言之，所謂的東方哲學不像西方哲學那樣，耗費漫長時間與大量人力，一步一步日益接近真理，而是某天就突然出現一個人，傲慢地斷言「我已到達真理的境界」，後世的人再把他講過的話或想法，整理成一門學問。也由於是這樣的體系，後人視身處金字塔頂點的東方哲學家為偉人，並逐漸為他們添加一些偏離現實的傳說。

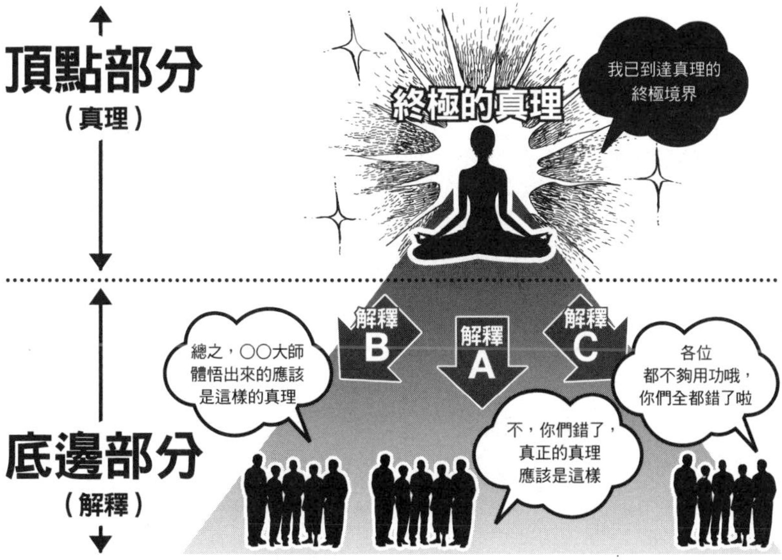
頂點部分
（真理）
終極的真理
我已到達真理的終極境界
底邊部分
（解釋）
解釋B
解釋A
解釋C
總之，〇〇大師體悟出來的應該是這樣的真理
不，你們錯了，真正的真理應該是這樣
各位都不夠用功哦，你們全都錯了啦

於是，東方哲學家成了大家推崇的開山祖師，哲學也漸漸發展成為宗教。

其實，西方哲學與東方哲學在理解上的困難程度之所以不同，原因就出在雙方這種模式上的差異。一般而言，西方哲學固然給人一種「道理太過精妙，很難理解」的印象，但認為西方哲學很難的人，大多只是因為，它明明是一門在漫長歷史中培育出來的階段式學問，想從中間突然切入去了解它，當然會搞不懂。

例如，假設某天你突然想研究一下哲學，順手找來時下最流行的哲學家著作（沙特或尼采之類的）來看，卻發現完全看不懂，連入門書也難以理解。這種狀況，應該滿可能出現的吧。

假如以電視劇來比喻，就好像是你突然看了第十八集，然後抱怨看不懂劇情。電視劇的第十八集，是以「第一至第十七集」為前提製作的，你從第十八集看起，怎麼可能看懂？假如有

個朋友對你說：「你不是說那部連續劇很好看嗎？怎麼我從第十八集看起，都看不懂他們在演什麼，我不要再看了啦」，你一定很想告訴他：「欸，你應該好好從第一集看起呀！」或是「至少你得先看看劇情大綱（哲學史），再看第十八集。」

反之，假如好好從第一集看起，依序追溯歷史，根據「整體的劇情演變」（某個哲學家曾經有過這樣的想法，因此他後面的人就產生這樣的想法），學會各時代的「問題意識」與「專有名詞」等，總有一天，你會慢慢理解西方哲學，也能毫無障礙地閱讀西方哲學書籍。

結論是，許多認為「西方哲學好困難」的人，只不過是沒有完成理解西方哲學所需的步驟，只不過是純粹不懂，如何從西方哲學中找到樂趣。

相對的，屬於金字塔型態的東方哲學，等於是突然就從最後一集演起的連續劇。也就是說，它是從「真兇就是這傢伙！」的結論講起，以高潮為起點。而且，只播了最後一集就結束，完全沒交代為何做出這樣的結論，也沒有把根據或推導的過程講清楚，只是單方面陳述結論，留下許多謎團就演完。

這種連續劇，看不懂固然是理所當然，但更大的問題還在後頭。

演完後，這齣戲的粉絲都聚集在一起，展開冗長的討論。而且，市面上還不斷有解說該劇的周邊讀本問世（像是《○○之謎》或是《○○的祕密》之類的著作），告訴大家「應該是因為這樣使然」，或是「錯了錯了，是這樣才對」等等。像這樣的解讀本增加到某個龐大數量後，單憑一己之力，就不可能一一拜讀。而且，由於這些著作都是每個作者自己的解讀，完全無法保證能說中連續劇裡想表達的真正意涵。於是，每本著作的解釋各不相同，讀得愈多，只會感到更加困惑。

在理解東方哲學時感受到的困惑，就和這種狀況很類似。

釋迦牟尼與老子等偉大的東方哲學家，確實講過一些話，只是大部分狀況下，他們的話很簡短，又沒有把明確根據與綿密的思考過程，清清楚楚告訴我們。因此，後世的人也只能從些許資料中推敲，「釋迦牟尼找到的真理（開悟的境界），應該是這樣吧」。只不過，每個人都有自己的不同解釋，時間一久，解釋版本也就愈變愈多，已經讓人搞不懂，哪個版本才正確，哪個版本講的才是真的。學得愈多，就愈迷惑。

因此，東方哲學的入門書籍，也只能交代各

種宗派（解釋）間的微妙差異，或是大範圍地介紹很多專有名詞，到最後，很容易變成無趣得可怕。就算寫得再好，頂多也只能講點表面的東西，介紹一些聽起來不錯的句子，像是提到釋迦牟尼就說「沒有執著，痛苦就會消失唷～」，提到老子就說「順其自然、放鬆心情，人生就會順利唷～」，在書末再加上一句「在你爭我奪的競爭社會中受苦的現代人，若能偶爾看看東方哲學中一些大而化之的思維，讓自己神清氣爽，也是不錯的唷」，就含糊其詞寫完一本書了。

但是，不能怪這種入門書的作者不好，或是怪他們實力不夠。東方哲學原本就是金字塔形結構的學問，真正了解的，唯有身處金字塔頂端的人。因此，要寫書的話，也只能寫成前述兩種類型。一種是像前者那樣，包羅萬象地詳細解說金字塔廣大底邊（各宗派）的特點；另一種是像後者那樣，從遠處抬頭仰望金字塔頂點，先說句「那不是我們所能到達的境界」，再從予以讚賞的安全角度評論。

無論寫出來的是這兩種入門書的哪一種，該書的作者原本就無意讓讀者理解東方哲學的本質。為什麼這麼說？因為任何一本這樣的書，在說明東方哲學時，一定都會在某處加上這種但書：

「所謂的東方哲學（釋迦牟尼的開悟、老子的道），都要等到實際到達那個境界、真正領會過後才能了解。光靠文字，沒有辦法學到真正意涵。」

而書這種東西，當然就是由文字所構成，這麼說等於是一開始就先投降，好像是宣告：「唔，你們就算讀過這本書，也沒辦法搞懂東方哲學啦。」（笑）

但回過頭來說，要理解東方哲學，確實只有一個方法，那就是只要你自己變成「金字塔頂點」（釋迦牟尼、老子）就行了。能夠理解金字塔頂點的，本來就只有金字塔頂點而已，別無他法。也就是說，唯有到達與釋迦牟尼或老子一樣的境界，能夠斷言「沒錯，我也弄懂真理了！」你才能說：「我理解東方哲學了。」

東方哲學家，是一群自稱史上最強的傲慢傢伙。希望各位別以為他們和「神」一樣高高在上，而把他們當成聖人般崇拜、放棄理解，應該要起身與之抗衡，認為他們和自己一樣都是人，不但要達到和他們一樣的境界，也要靠自己的雙手打倒他們。

第一章
印度哲學

悟的真理

Truths Of SATORI

東方哲學始於「自我探究」

耶耆尼伐爾克

所謂的東方哲學，就像一條複雜混沌的巨大河流，完全教人難以理解。

不過，無論任何河流，只要溯流而上，必然能夠找到某一條單純的「源流」。

同樣的，這條名為東方哲學的大河，也存在著它的「源流」。想了解東方哲學，就應該先找出源流，以那裡為出發點。

東方哲學的源流，那「最初的一滴水」，就始於印度。

Philosopher 01

古印度史上最強的哲人

耶耆尼伐爾克

Yajnavalkya

公元前 650 年左右～ 550 年左右

三世紀至四世紀間（在他活躍於世的大約一千年後），有人編纂了講述宗教與社會規範的《耶耆尼伐爾克法典》（Yajnavalkya Smrti）。

婆羅門的哲學

距今約三千五百年前，公元前一五〇〇年左右，居住在中東裏海（Caspian Sea）沿岸的雅利安人（Aryan），不斷朝東推進，進軍到了恆河流域。他們以武力壓制當地原住民達羅毗荼人（Dravidian），成功建立起自己的國家。這些雅利安人，就是現代印度人的祖先。

古代各種民族，都會把自然現象看成神的形體，雅利安人也不例外，出於對自然的敬畏，想像出「雷神」、「水神」等各式各樣的神。他們當時信仰的，就是崇敬這些神祇的民族宗教。接著，在漫長歷史中，他們開始創作一些讚美諸神的歌謠或故事，透過口傳形式，一代一代由父母傳給子女。在這樣的過程中，產生了稱為**「吠陀」**（Veda）的聖典。不妨將它視之為「將所有古印度諸神登場的神話（代代流傳下來的古老故

我們是最強的！
裏海
東方
我們要追求新天地！
雅利安人
（今伊朗）
攻占
達羅毗荼人
（今印度）
哇，來了一群感覺好可怕的傢伙！
中東

雅利安人意指「高貴的人們」（順便一提，伊朗有「雅利安人的國家」之意）

事）集大成之作品」。

在單純地相信神話故事的時代，主掌「神的儀式」的「祭司」，握有很大權力。這也是古代民族必定有的過程。說起來，古代人最害怕的事物，就是不知道何時會做出什麼好事的自然現象（洪水、地震、暴風雨、乾旱）。這些現象事關古代人的生死，有時還會毫不留情奪走許多性命。祭司就是要負責討好，會引發這種驚人自然現象（或者，能帶來大自然豐厚恩惠）的偉大神祇。因此在古代，他們尤其重要。

在這方面，雅利安人非常聰明。他們設計出種姓制度，把人區分為「祭司、貴族、平民、奴隸」四種階級，宣告自己是屬於最上位的祭司（婆羅門）階級。至於在交戰中敗陣、為雅利安人所統治的原住民，身分自然就低於祭司。

雅利安人為鞏固權力，還擅自以「事後加工」的方式，在吠陀聖典裡加了一些「婆羅門誕生於造物主之口」之類有利於自己的情節。結果，效果很好。婆羅門就藉由這種操作資訊的手法，成功取得宗教中的權威地位，民眾也逐漸敬仰起他們，認為婆羅門非常了不起，已經與古印度最高高在上的大神梵天（Brahman）合而為一。

這種以婆羅門為頂點的威權體制，後來逐步發展成「婆羅門教」，勢力一步步擴大到整個印度。

這些婆羅門以這樣的方式成為特權階級，成了不需要怎麼工作就能過優渥生活，在家無所事事的一群人。一般來說，這種不工作的人，多半都喜歡思考一些與生活無關的「閒事」。講白一點，他們成了「哲學家」。

順便一提，這樣的過程，在西方也相同。古希臘人不斷征服其他國家，徵集了許多為他們工作的奴隸，自己就變得閒閒沒事，因而發展出希臘哲學。再順便講一下，英文的「school」（學校），字源就來自古希臘語中的「閒暇」（schole）。

公元前八〇〇年左右，在特權階級婆羅門的思考活動下，吠陀不再是純粹的神話，漸漸也加進他們特有的哲學。這種帶有哲學內容的吠陀，特別稱之為**「奧義書」**（Upanishad）。

總之，出現了祭司這批閒人後，他們開始思考一些有點困難的問題，再把思考結果整理起來。這就是印度哲學、東方哲學的起源。

自我探究

那麼，最早的東方哲學，究竟思考什麼主題？

在西方哲學中，最早思考的問題是「世界的根源為何」、「絕對正確的事為何」等。也就是說，西方哲學所想的問題，可以認為是與「人類外部」的某些事物有關。

但是在東方就完全不同。東方哲學家想的都是與「自己」有關的問題，針對的是「人類內部」的某些事物。沒錯，東、西方關心的面向恰好完全相反。

事實上，在關心人類外部的西方，出現了亞里斯多德這位萬學之祖；以科學為首的「用於掌握與控管世界（外部）的知識或技術體系」，也十分發達。但是，東方在這方面的學問體系，和西方相較之下，可以說幾乎沒有什麼進展。

當然，我這番話的意思並非東方疏於做學問，也不是指東方學問落後西方，只不過是東方關心的面向與西方完全相反而已。純粹只是因為，西方投注在科學的那股精力與熱情，東方全都用來投注於探究「內部」的「自己」（我）。

東方哲學就是聚焦於人類內部，展開探究。古印度對於「何謂自己」（我）有活潑的討論，甚至於養成一種習慣：貴族會從全國各地找來有見識的人，設置一個地點公開討論。在古印度討論哲學的場合中，經常大勝對手的最強辯論家，就是有「奧義書大哲人」之稱的耶耆尼伐爾克。

有這麼一個關於他的故事。

一次，國王召集全國知識份子舉辦討論大會，並且在開場的問候中對參加者說：

「你們之中，最優秀的婆羅門是誰呀？我很想知道。看過來！這裡有一千頭牛角上綁著黃金的牛隻，我要把牠們送給最優秀的婆羅門！」

由於獎賞如此豐厚，大家都歡呼起來。就在參加者情緒激昂地大喊「哇啊啊啊啊！」、「太棒了，我決定拚了」的時候，耶耆尼伐爾克悠然走到眾人前面，信口對自己的隨從說：

「既然這樣，這些牛就是我的了。你幫我牽回去！」

明明都還沒開始辯論，他竟然就想擅自把牛帶回家。他這突然的行為，一時之間使得在場其他婆羅門都呆住。過了一會兒，大家都發起火來：「開什麼玩笑！」只是，這些婆羅門雖然一個個都找耶耆尼伐爾克挑戰，卻都慘敗在他的論點下，給人一種「哈哈哈，你們這群飯桶……我只花十秒鐘就擊垮你們」般的感覺。就這樣，耶耆尼伐爾克真的成為最後勝利者，得到了一千頭牛後悠然離去。他對自己的辯論實力信心十足，從他那可說是傲慢的言行中，就能看出當時他是何等的史上最強了。

梵我合一

就我們今天的認知，他的哲學，就是**梵我合一**這四個字。所謂的「梵我合一」，簡單說就是這樣的理論：

使世界得以成立的原理「梵」：布拉曼」（Brahman）與使個人得以成立的原理「我」：阿特曼」（Atman），其實是「同一件事」（合一）。

不過，「梵我合一」並非耶耆尼伐爾克原創的理論。他的老師烏達拉卡・阿魯尼（Uddalaka Aruni）也曾講過同樣的話，或者可以說，這是古印度哲學中的一套傳統理論。

根據「梵我合一」，他提出這樣的主張：

一個人只要能夠了解「阿特曼」（我、自己）的真實樣貌，與「布拉曼」（梵天、世界的根本原理）相同，就能從所有苦惱中解脫，到達「終極真理」的境界。

這麼看起來，或許給人一種宗教的感覺，或是會讓人覺得，那是古人的迷信與妄想。但「梵我合一」其實是相當清晰明快的哲學，甚至在現代也能適用。

「梵我合一」的哲學，在奧義書中是以故事的形式如此說明：

耶耆尼伐爾克想要捨棄一直以來的生活，離家旅行去隱居。

但他有妻子，因此他在出門前，告訴妻子要把自己的財產分給她。

他講完後，妻子卻問他這樣的問題：

「老公，我問你，假如這片滿是財富的大地都成了我的，我會因此長生不死嗎？」

耶耆尼伐爾克回答她：

「不，沒辦法。得到財富後，你可以過優渥的生活，但不可能長生不死。」

「既然這樣，我就不需要財富了。我更希望的是，你把所知道的長生不死的祕密告訴我。」

也就是說，「就算得到財富、成為有錢人，人終究一死，那這一切有什麼意義」。這種事情，每個人都曾經想過吧。據說，對於這個終極的質疑，耶耆尼伐爾克在出門展開流浪之旅前，給了這樣的答案：

「所謂的阿特曼是不滅的，在本質上是無法破壞的。
（中略）
對於阿特曼，我們只能說它『不是這個，不是那個』而已。
你無法掌握它，因為它無從掌握。
你無法破壞它，因為它無從破壞。
你無法依附它，因為它無從依附。
它不受束縛，不會動搖，也沒有受到損害的問題。
啊，怎麼樣才能感知到感知的主體呢？
我的妻子啊，所謂長生不死，講的就是這樣的事。」

《大森林奧義書》（*Brihadaranyaka Upanishad*）

以上就是足以顯現奧義書哲學真髓、最有名的夫婦對話場景。總之，耶耆尼伐爾克的妻子問他如何長生不死的問題時，他回答妻子：「阿特曼（自我）原本就是不死的，原本就是絕對無法破壞。」這句話不能單純以「就算死了，人的靈魂還是不滅」之類的神祕論來解釋。

想正確解讀耶耆尼伐爾克的話，就必須先搞清楚，他是如何定義「阿特曼」，也就是「自我」

（我）。

其定義其實不用再多想，在最後耶耆尼伐爾克回答妻子的那段文字脈絡中，已經能夠明顯看出來。為便於閱讀，我把那段文字改短一點。

「你無法掌握它（阿特曼），因為它無從掌握。
（中略）
啊，怎麼樣才能感知到感知的主體呢？」

以下，再把這段文字，轉換為更易於理解的說法。

「阿特曼是無法掌握的，因為你無從掌握它。
請仔細想想看就知道了。
要用什麼方法，才能感知到阿特曼（感知的主體）呢？
不，根本沒辦法吧！
因為，阿特曼是絕對無法掌握的。」

耶耆尼伐爾克在這裡要表達的是，阿特曼（我）具有「無法掌握」的特質。而推導出此一主張的前提在於，「阿特曼＝感知的主體」。他所謂的「阿特曼（我）＝感知的主體」，究竟是什麼意思？

在探討這問題前，還有一個問題：「阿特曼」，也就是「我」，究竟是什麼？

因為直接問「所謂的我，是什麼？」很抽象難懂，因此我們把問題具體化，換成以下這種問法：

「什麼是『我存在』的絕對必要條件？」

以下的內容有點長，但還是透過這個問題來探討看看「我」的存在本質吧。

首先，先以明顯錯誤的答案為例，依序看起。

例如，職業、頭銜等社會地位，它們是「我」存在的絕對必要條件嗎？

確實有人會說「我是〇〇公司的員工」，但很明顯，這並非「此時此地」的「我」存在的必要條件。因為，公司搞不好明天就倒閉，「我」可能就沒有工作了。職業或頭銜等等，都可能會消滅。但就算一個人的這些社會歸屬消失，「我的存在」還是不會像朝露般一下子消失吧。

除此之外，像是「我是個積極開朗的人」等等與我這個人有關的性質或個性等，也是一樣。很容易想見，就算這些性質或個性消滅，「我」還是會好好地存在。因此，它們對「我」的存在來說，並不是絕對必要條件。

肉體又如何呢？例如，手或腳是「我」存在的必要條件嗎？不，就算切除手或腳，「我」還是會存在，這是很容易了解的。它們終究不是必要條件。

那麼，「腦」又如何呢？這個問題就有點困難了。

姑且就現代人一般的感受來看，「腦＝我」似乎讓人覺得最適切。事實上，一旦腦子消失或損壞，那一刻，「我」似乎就會從此時此地消失。不過，假如從哲學角度嚴格考量「我的存在條件」，依然無法簡單做出「只要有腦，我就存在」的結論。

何謂腦？

究竟什麼是腦？簡單說，所謂的腦，是腦細胞（神經元）的集合，這些腦細胞，就是負責交換訊號、處理資訊的機器。這台名為腦的資訊處理機器，究竟是不是「我」的真正身分呢？

你可能很想說「對」，但假如從嚴格的角度來看，似乎仍然無法百分之百斷言，「腦是我存在的必要條件」。

之所以無法如此斷言，背後有兩個因素。

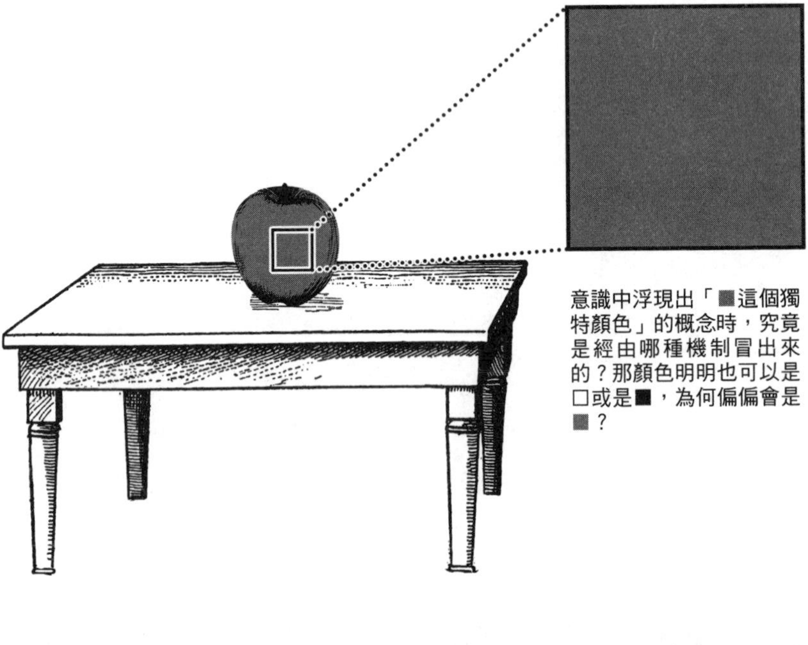

意識中浮現出「■這個獨特顏色」的概念時，究竟是經由哪種機制冒出來的？那顏色明明也可以是□或是■，為何偏偏會是■？

一個因素是：目前仍然不清楚，腦是透過什麼樣的機制意識到「我」。

舉個例子，假設你看到一顆蘋果。此時，你的意識中，就浮現出鮮明的「紅色蘋果的影像」。但這顆蘋果的「紅色」，究竟是透過什麼機制，如何在意識中產生？你是否能夠合理說明，到底是經由什麼機制，自己的意識中，才會浮現帶有某種特殊質感的「紅色」（紅色特有的那種色澤）？事實上，意識中的「紅色」究竟是怎麼回事，是連現代科學都還無法說明的謎樣現象。

或許有人會覺得，搞不好是這種情形：

「這只是因為腦的機制很複雜，以至於目前仍無法釐清這個問題。腦子會意識到『那種紅色』是無庸置疑的，只要腦的研究繼續發展下去，總有一天，應該還是能了解它背後的機制。」

不對、不對，不是這樣。認為「浮現在意識中的那種紅色是由腦子所產生」的想法，就常識來看或許會覺得適切，但絕不能算是無庸置疑。

要了解這件事，就必須先好好弄懂另一個根本問題：無論我們再怎麼設法了解腦這台機器背後的機制，依然無法說明，意識中產生「紅色」的這個現象，究竟是怎麼回事。

這台名為腦的機器，不過只是連續而反覆地進行同一個動作而已：腦細胞（神經元）受到來自外部的刺激而興奮後，釋放出化學物質，繼續刺激相鄰的腦細胞（神經元）。無論大腦如何複雜、執行如何了不起的資訊處理任務，它實際做的事就只是這樣。真正講起來，腦細胞只是大腦的零件。假如只看其中一個腦細胞，會看到它不過只是依循某種物理條件，機械式地默默交換物質。

當然，這種「只負責把自己持有的球（化學物質）交給相鄰同夥的機器」，假如聚集了一百四十億台，而且組合得當的話，確實足以構成驚人的回路，執行處理高度資訊的智慧任務。例如，它們可以因應「某種頻率的光線」（某種刺激型態），機械式地判定「目前有一種叫紅色的刺激，從視神經進來」，繼而形成一個告訴自己「我看到了紅色」的回路。

此時，這個回路所做的事，只要看成是「機器零件」所做的機械式動作（腦細胞之間交換化學物質），就完全能夠說明。

「為何這個腦子會認為自己看到了紅色？」

「那是因為，這個腦子裡的這些腦細胞，以這種方式運作使然。」

在這種形式下，是可以說明背後原理。

但是，也只能說明到這個程度。能說明的部分，充其量只是「把每一個機械零件的動作」組合在一起，所產生的「機械功能」（處理資訊）而已。除此之外的問題，也就是「在意識上，那種叫做紅色的現象，究竟如何發生」，依然完全無法說明。

為了更深入理解這個問題的本質，請各位想像一群「如網眼般聚集在一起的蚯蚓」。每一條蚯蚓都沒有高度意識可言，只是跟隨著外部刺激移動而已。假設我們拿樹枝去刺蚯蚓群邊緣的一條蚯蚓，給予刺激，受到刺激的那條蚯蚓會扭動起來，進而刺激相鄰的蚯蚓，而相鄰的蚯蚓也扭動起來，再刺激與牠相鄰的另一條蚯蚓……就這樣連鎖性地把刺激逐漸傳遞下去。

蚯蚓對刺激的感受程度不同，某一條可能特別敏感，只要一點小刺激就會反應過度，拚命扭動；另一條則可能十分遲鈍，刺激不夠大就不會扭動。當然，敏感的蚯蚓就容易把刺激傳達給周圍，遲鈍的蚯蚓則反之。只要能巧妙安排這些特性各不相同的蚯蚓，就能形成複雜的刺激傳遞管道，只要改變一開始所給的刺激型態，就能產生各種不同結果。

例如，假設以某種型態刺激第一條蚯蚓，刺激會沿著某條特定管道傳遞下去，一直到有蚯蚓觸動位於蚯蚓群另一端的開關，促使揚聲器播放出「是紅色唷」的聲音。假如再以另一種型態刺激蚯蚓，這次會沿著另一條不同管道傳遞刺激，結果觸動另一個開關，播放出「是藍色唷」的聲音。由於蚯蚓群是「因應外界輸入的不同刺激型

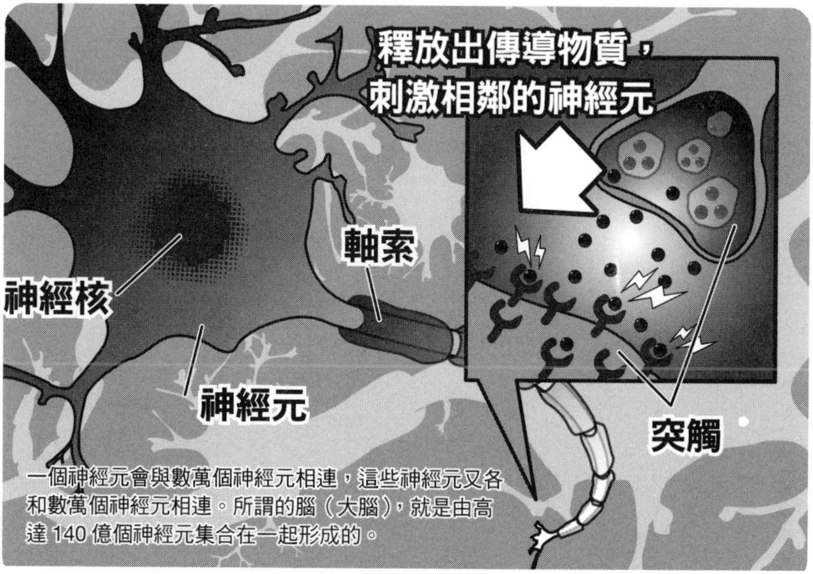

一個神經元會與數萬個神經元相連，這些神經元又各和數萬個神經元相連。所謂的腦（大腦），就是由高達 140 億個神經元集合在一起形成的。

態，產生與之相對應的不同結果」，因此，可以看成這群蚯蚓是在「處理資訊」。

雖然這樣的例子太過簡化，但是就根本的機制而言，腦子裡發生的事，與這群蚯蚓的例子其實一樣。

當然，實際的腦細胞比蚯蚓複雜，每個腦細胞都有幾十到幾萬個突觸，這幾十到幾萬個突觸又各與其他腦細胞相連。若以複雜程度而言，絕非蚯蚓的例子所能比得上。不過，單就「一受刺激，就去刺激相鄰同類」，並藉由這樣的反覆動作處理資訊而言，雙方的原理完全相同。

假如根據這樣的根本機制來思考，「大腦處理資訊」的這件事，就全然沒有不可思議可言。無論大腦做出何等高度而智慧的判斷，一切都只是腦細胞（蚯蚓）機械式動作下的結果而已。

那麼，又要如何說明，「我們意識到自己此時此刻看到了『紅色』」的現象？腦子是如何產生紅色這種意識？可以用什麼方式說明這種機制嗎？

坦白講，這是不可能說明的。

請各位仔細想想。腦子所做的事，說穿了就是這樣：小蚯蚓去碰觸相鄰的蚯蚓，相鄰的蚯蚓又去碰觸下一條蚯蚓……。為什麼這樣就會讓我們意識到「紅色」這種獨特質感（顏色的影像）？怎麼想，都難以說得通。

（以為能夠說得通的人，請把蚯蚓換成小學生，換個方式重新思考。假設有一群長了一萬隻手臂的小學生聚集在操場上，在玩一個團體遊戲，只要有人拍自己的肩，就依照既定條件也去拍隔壁同學的肩。假設拍著拍著，在某一瞬間，這群小學生拍肩的型態，就會變成相同於「腦子看到紅色的狀態」。認為可以說得通的人，等於是在主張，在這一瞬間，操場產生了「覺得看到那種獨特顏色的意識」。畢竟就實際角度來看，蚯蚓互相觸碰就能讓腦子產生「看到紅色」的意識，和小學生互拍就能讓操場產生「看到紅色」的意識，是完全一樣的意思。但這已經超出我們既有的科學或邏輯的範圍，必須能提出一些目前仍不存在的新想法，或是看待事物的新角度，才可能說明得通吧。）

到頭來，不管我們再怎麼研究這台名為「腦」的機器，再怎麼想要徹底弄清楚它的功能與機制，所能了解的，也只是它處理資訊的功能而已，在目前的學問體系下依然無法說明，紅色這個特定顏色是如何在意識中發生。而且，不光是「顏色」，舉凡「味道」、「疼痛」等可能在

意識中出現的各種現象，我們都同樣不可能說明。

「無論再怎麼闡明腦子的物理機制，仍然無法據以說明意識現象」——這個問題是一九九四年，由當時才二十八歲、不過只是個菜鳥哲學家的大衛・恰瑪斯（David John Chalmers）所提出來的。令人訝異的是，自那時以來，沒有任何人能夠提出完美的回答。

（順便一提，針對這個問題，或許有人會說「腦子很複雜，因此可以產生意識現象」，或是提出「腦子有一種能夠監視本身狀態的功能，就是那種功能產生意識現象」之類的答案，想要簡單打發，但是對哲學家來說，這種抽象而隨便的回答，絕對無法滿足他們。他們只要繼續逼問：「那你說，究竟是如何形成那種紅色的意識？請你具體說明原理，你說啊、你說啊」，就讓人回答不出來了吧。）

或許，一直以來的科學方法（也就是把某個系

說穿了，腦子所做的事，就只是「蚯蚓把刺激傳遞給相鄰的蚯蚓，不斷反覆下去」。

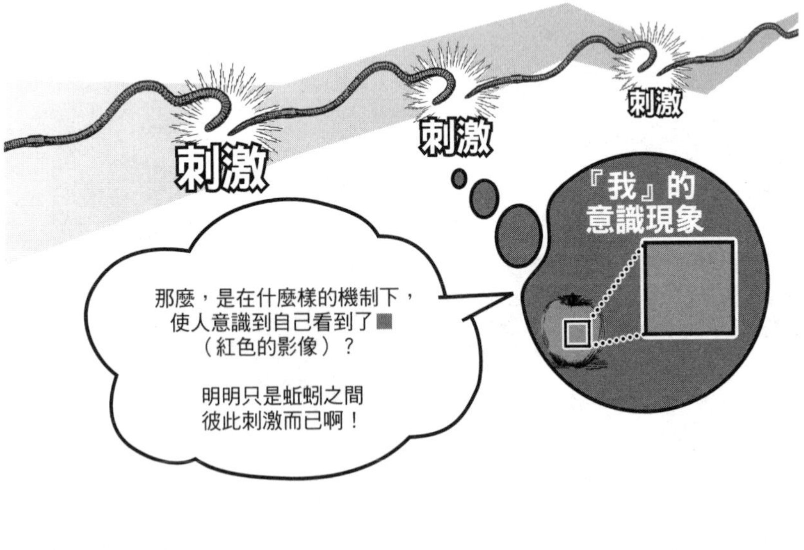

統分割為一個個零件（因素），再把這些零件（因素）的動作組合在一起，用以說明整個系統的動作）已經行不通，我們得找出全新的革命性論點來說明才行。

這個「待解決問題」到底要如何解決，就交由當代哲學家或是你（讀者）去傷腦筋（恰瑪斯的問題是在一九九四年提出的，相對來說算是最近的事，這很明顯會是我們現在這個世代應該解決的問題）。總之，目前狀況下，大腦如何形成意識現象，確實仍是一個尚無解答的問題。

好了，由於這個部分已經釐清，因此我們不能否認，事實上，可能不是腦生成「我」的這個意識現象。搞不好，是「靈魂」之類的某種未知因素寄生在腦中，就引發了意識現象也說不定！假如你不喜歡「靈魂」這種幻想式的說法，可以比較有科學感一點，改稱「未知的物理現象X」。意識現象的成因，事實上或許不是腦，而是此一「未知的物理現象X」。

因此，假如出於某種因素，我們的腦子不再有這種「物理現象X」，或許會出現一種情形：腦子還是可以一如往常像機器一樣發揮功能，還是可以讓我們開口說「夕陽是紅色的，好漂亮哦」，好像沒事般地持續過日常生活，卻同時讓我們「意識不到自己有過這些體驗」。反之，也有這個可能：就算腦子壞了，只要「物理現象X」依然存在，意識現象就仍然會持續存在。

假如把這樣的可能性考慮在內，我們就無法斷言，「腦」的存在就代表真正的我，腦就是我。

另一個無法如此斷言的可能是：「此刻我們所生活的現實世界，事實上或許只是一場夢。」

搞不好，你現在看到的這個世界，其實只是另一個世界裡「放在水槽中的腦」透過機器被動看到的「夢境」而已。

當然，既無任何證據可以證明此事，這也純粹是在雞蛋裡挑骨頭。可是，我們確實無法斷言這種事絕對不可能發生。因為，現在這個世界，搞不好真是一場「夢」！單就原理而言，這樣的質疑絕對無法百分之百排除。

而在另一個世界的水槽裡載浮載沉的腦，與我們這個世界的腦（如豆腐般白白的、軟綿綿的）可能毫無相像之處，而是硬得像岩石一樣。由於不能排除這樣的可能性，因此我們終究無法隨便指著自己的頭說：

「生成『我』這種意識體驗的，就是裝在這個頭顱裡的腦！此事不言而喻，是絕對確切的真理！」

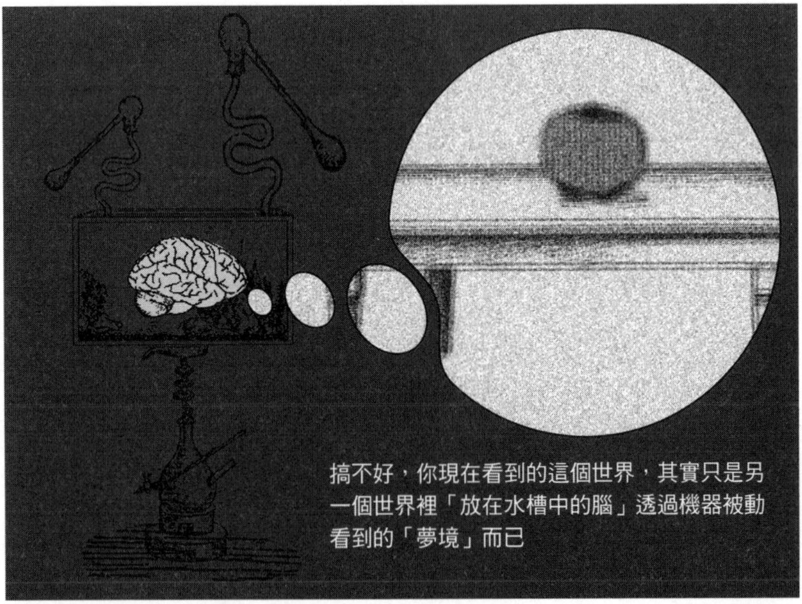
搞不好，你現在看到的這個世界，其實只是另一個世界裡「放在水槽中的腦」透過機器被動看到的「夢境」而已

基於以上因素，我們無法斷言，「腦」就是足以讓「我」存在的必要條件。

連靈魂之類的超自然因素，以及身處夢中這類非比尋常的設想都出現了，你或許會覺得這樣的推論是犯規也說不定。

但是，這就是「哲學」。要排除任何先入為主的觀念，一而再、再而三地徹底質疑，盡可能嚴密而確切地找出最正確的論點，一直到無法再鑽研下去的地步，才算是哲學。因此，這類因素的可能性，還是無法排除。

「我存在」的必要條件

那麼，到頭來，要讓「我存在」能夠成立的絕對必要條件是什麼？真的存在這種能禁得起哲學家猛烈懷疑、堅不可摧的條件嗎？

假如一定要有正確答案，必要條件就是「要有感受到『疼痛』、看到『顏色』之類的意識現象存在」。也就是說，「唯有存在著看到或感受到某種對象的那種意識現象」（伴隨著「紅色」等獨特質感的意識體驗），才稱得上是「我存在」。

關於這個問題，只要想想相反狀況（即沒有意識現象的狀況），就能不證自明。比如說，請試著想像，有一天早晨你起床後，不知為何，意識現象就從你身上消失了。也就是說，假設你的腦子一如往常運作，還是原本那台有機的機器。但是，「紅色」或「疼痛」等獨特質感，都不再出現於意識中。

腦內的腦細胞（蚯蚓），還是和過去一樣發揮處理資訊的功能，依照物理條件的不同默默運作。因此，坦白說，對於你的日常生活並未造成任何障礙。你還是可以一如往常上學或上班，也還是可以一如往常說「夕陽是紅色的」，也還是可以和別人交談，或哭或笑或生氣，一天一天過下去（當然，做這些事的時候，你完全沒有任何意識現象）。

好了，請想像今後你就持續過這樣的人生。這種狀況，稱得上是「我存在」嗎？

不消說，答案當然是否定的。

事實上，這種狀況，就等同於「自己死後，一個和自己一模一樣的別人（和自己的分子排列相同的機器人）出現，代替自己活下去」。這種

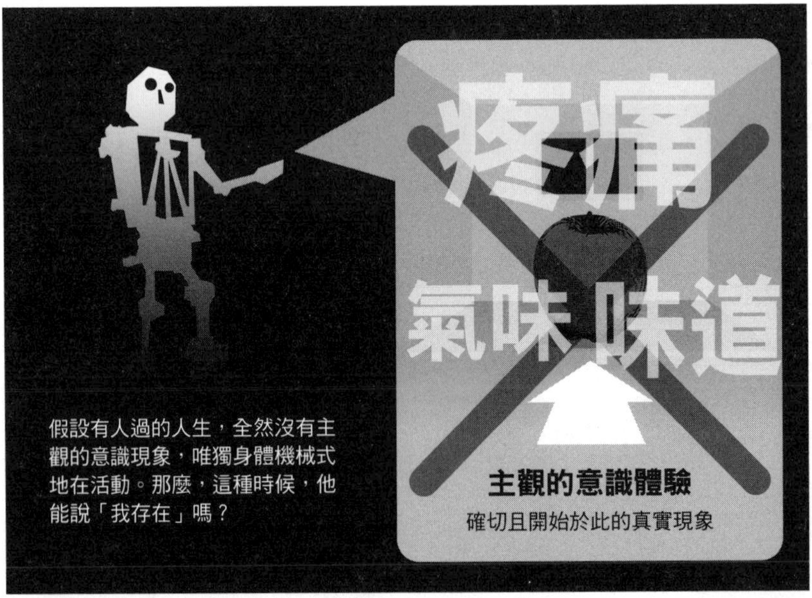

假設有人過的人生，全然沒有主觀的意識現象，唯獨身體機械式地在活動。那麼，這種時候，他能說「我存在」嗎？

狀況，可以說是「我不存在」。也就是說，假如身體存在，腦子也存在，但是卻沒有意識現象的話，「我」的存在就無法成立。

反過來說，只要意識現象依然存在，無論身體或腦子變得如何，「我」的存在就成立。假設你目前活著的這個現實世界，其實是一場「夢」。這麼一來，此刻你認為真實存在的身體或腦子，就會變成純粹的幻影，而非真正的存在。搞不好，你眼睛一張，會有個截然不同的身體或腦子在等著你也說不定。

然而，姑且不去管這些瑣碎問題的話，無論夢境還是現實，總之，只要你「看到了這樣的世界」（＝有這樣的意識現象），就可以說「正在看著世界的我」是存在的。

接著，我把目前為止提到的重點整理在下一頁。

在意識中出現的「紅色這種獨特的顏色」，是如何發生的？其機制目前尚不清楚。還有，意識中出現的東西，究竟是不是存在於現實中，也不清楚。但無論如何，只要看到了那種「名為紅色的獨特顏色」，毫無疑問就可以說：「正在看著它的我是存在的」。

結論是，針對「何謂我」這個問題，能抵擋任何懷疑而成立的答案，就是接下來這句話：

「所謂的『我』，就是『看到、感覺到紅色或疼痛之意識現象』的存在。」

這可以說是對於「我」最本質的回答，也是把「所謂的我就是自我形象」、「所謂的我就是身體」、「所謂的我就是腦」等各式各樣理論拋在腦後、遙遙領先的大前提。

假如略去意識現象等有些難以理解的說法、以更為單純的文字來表達，也可以這麼說：「看到了紅色、感覺到疼痛的，就是我。」

所謂的我，就是感知的主體

好了，現在言歸正傳，回頭看看耶耆尼伐爾克的論點。

他說：「所謂的阿特曼（我）就是感知的主體。」剛才我們得到的結論，剛好就是他講的。他所謂的「感知」，可以直接看成「看到了紅色、感覺到疼痛」。

當然，在耶耆尼伐爾克的時代，對於腦尚不存在科學的見解，也不存在什麼資訊處理回路，因此不會討論出如同剛才那樣的邏輯結構。但毫無疑問，至少耶耆尼伐爾克認為，「我」這個存在的本質，既非身體，也非思考等精神性活動，而是看到紅色、感到疼痛的「感知行為本身」。

事實上，這樣已經很了不起，不是嗎？請各位想想，那可是好久好久以前，公元前六〇〇年左右的時代。在我們現代人印象中，就算去問那麼久之前的古代人「何謂我」，他們充其量也只能指著自己的身體，給個「這就是我」的單純回答，要不就是給個迷信的回答：「神創造出來的靈魂就是我。」但耶耆尼伐爾克卻能講出「所謂的我，就是感知的主體」這種足以承受任何猛烈質疑、堪稱「真理」的大前提，給了「我」一個定義。身處那個時代的他能講出這種話，實在很讓人吃驚。

順便一提，耶耆尼伐爾克的年代，比最早提倡「萬物源於水」的西方哲學家泰勒斯還要早。

好了，根據「阿特曼（我）＝感知主體」的定義，耶耆尼伐爾克的言論，就變成能夠明快解讀的邏輯性文章。

「啊，怎麼樣才能感知到感知的主體呢？」

從文字脈絡來看，說話者是希望聽者講出否定的答案，才這麼問。也就是說，他希望對方回答「無論如何都做不到」。因此，他想透過這段話表達的意思是：

「我們絕對無法感知到感知的主體。」

事實上，他的此一主張，可以透過邏輯方法確切予以證明。

首先，我們先假定，自己已經「感知到了感知的主體」。耶耆尼伐爾克說「這種事情做不到」，因此我們就先假設「做得到」，以此為前提來思考。

總之，我們硬是當成自己已經「感知到它了」。這時候，我們會很想說「太好了，這樣就沒問題，我們感知到感知的主體了」，但是，既然開口講出「感知到了」，那麼這個「感知到了」的動作，應該就會有一個相對應的「感知的主體」（因為，假如沒有「感知的主體」，就不能說「感知到了」）。

也就是說，事實上，在某個地方，一定存在著某個堅決主張，「感知到了感知的主體」的感知的主體。

哎呀，這麼一來，不就變成也必須去感知到另外那個感知的主體才行，不是嗎？假如不是如此，就會變成「無法感知到感知的主體」了。

好吧，沒辦法，我們一樣硬是認為，自己「感知到它了」。

我們感知到了，「堅決主張『感知到了感知的主體』的感知的主體」。

這下沒問題了吧？不，並非如此。因為，同樣的問題又出現。既然開口說出「感知到了○○」，應該就一定會有相對於此一感知動作的「感知的主體」存在……

堅決主張「感知到了『堅決主張『感知到了感知的主體』』的感知的主體」的感知的主體，一定也會存在於某個地方，因此，又會出現另一個尚未被感知到的「感知的主體」。

就算我們再次硬說自己「感知到它了」，那又會再冒出另外一個「感知的主體」——只會變成不斷重複同樣的事情。

這種狀況，稱為**「無限迴復」**（infinite regress）。不斷重複的這種狀況，表示我們永遠無法到達這個境界：「感知到感知的主體了，這樣就沒問題！」以結論來說，就是：

「無法感知到感知的主體。」

順帶介紹一下，二十世紀最有魅力的哲學家沙特（Jean-Paul Sartre），在他的主要著作《存在與虛無》（*L'Être et le Néant*）中，是這麼說的。雖然內容有點長，但在此還是引用一下：

「我們似乎無法接受『對於意識之意識』這種說法。把意識還原為感知，代表著把身為事實與感知之特徵的『主觀—客觀』之二元性，導入意識中。但假若我們要接受『感知的主體—感知的客

體』這種對立的法則，會變成需要第三個層面，來使得感知的主體也成為感知的客體。而我們也會面臨進退維谷的窘境：不是停留在『感知的客體—被感知的感知的主體—感知的主體的被感知的感知的主體』等連鎖事項的其中一項之上（此時，現象整體會變成未被感知。也就是說，我們會經常遭遇到，對於自己以及最後的一項，必須無意識地反思的問題），就是得肯定無限迴復的必要性，而這是很荒謬的。這樣的話，除了根據存在論建立意識的必要性外，會出現另一個新的必要性，就是根據知識論建立意識，但這樣就重複了。所以，這不就表示，在意識之中，不能夠導入對立的法則嗎？對於自我的意識並非二元性的。假如我們想避開無限迴復，對於自我的意識，就必須是一種直接關係，不能夠是建立在感知上的關係。」

這是一段很有西方哲學風格、明確而有邏輯的文字。如果覺得不好懂，請至少讀一讀最後結論的地方。總之，沙特要表達的是：

「假設我能夠感知到我自己，就會引發一種稱為無限迴復的現象，而那在邏輯上是反常的。因此，『我感知到我自己』的這種關係，是不存在的。」

這番話的意思，其實就是：

「啊，怎麼樣才能感知到感知的主體呢？（沒辦法，辦不到）」

沙特和耶耆尼伐爾克講的，是同樣的事情。

亦即，假如接受「所謂的我，就是感知的主體」這樣的定義，我們就得同時接受「我無法把我自己當成感知的對象」這樣的邏輯性結論。

不是什麼什麼

另外，耶耆尼伐爾克針對「我」的性質，也做了以下陳述。

「對於阿特曼，我們只能說它『不是這個，不是那個』而已。」

這句話只要從邏輯角度思考，同樣也是自然而然會推導出來的必然結果。

由於阿特曼（我）絕對無法成為感知的對象，因此根本沒辦法說「我是A」、「我是B」之類的話。因為，當你說出「我是○○」的時候，那些「○○」一定都是「成了感知對象的東西」。這會形成以下這樣的句子：

「（絕對無法成為感知對象的）『我』是（已成為感知對象的）『○○』。」

但這句話其實完全無法成立。

所以，假如一定要用言語表達出名為「我」的存在，就只能使用否定的說法：「我不是A，我不是B。」

順便一提，沙特也針對這一點講過同樣的話。容我再次引用沙特的主要著作《存在與虛無》。

「總之，在我們說『感知到』的存在當中，我們唯一能夠碰到的存在，是『感知的客體』，不包括『感知的主體』。『感知的主體』是無法掌握的。（中略）『感知的主體』所能具備的唯一特質，就是『它不是什麼什麼的對象』。」

正如字面所言。沙特說，「不是什麼什麼的對象」是「我」（感知的主體）的特徵，這番話很明顯和耶耆尼伐爾克講的是同一件事。

《存在與虛無》由二十世紀最主要的知識巨人沙特所著，固然是西方關於「我」的最新、最厲害的哲學書，但是其中一些觀察，早在公元前六〇〇年左右，東方哲學家就已經探討過（這是當然，因為在古印度，耶耆尼伐爾克出現前，奧義書的哲學家就已經不斷鎖定「何謂我」的問題，鑽研哲學多時。相對的，西方卻是早早就和「我」這個無可替代的哲學主題分道揚鑣。一直以來，西方哲學所交好的，是神、社會、科學，以及正義等其他情人。但哲學之神很小氣、很吝嗇，唯有奉獻全部心力研究特定主題的人，祂才會給你真正的成果）。
總之，奇特的是，東方與西方達成了同樣結論：
「所謂的『我』，是一種特殊的存在，它只能以『不是○○』這種否定方式來描述。」
可是，就算東方和西方的偉大哲學家推導出這樣的結論，我們在日常生活中，還是會講出（或是會覺得）「我是○○」這樣的話。我們平常可不會去想到什麼，「對於我，只能以『不是這個、不是那個』來描述」。
停！就是這裡！
古印度的哲學認為，「明明在哲學上，『我不是○○』才是真理，但在日常生活中，我們卻會覺得『我是○○』」，這種「錯誤的認知」，正是這個世界上導致各種不幸的原因。
這究竟是怎麼回事？

各種不幸都是誤解

古印度在說明此事時，傳統上是以「舞者」與「觀眾」的關係來比喻。但今天改用「電影」與「觀眾」來說明，或許會更好懂。因此，在沿襲古印度傳統論點的同時，我們就改用這兩個關鍵字來說明看看。

請想像一下，在一個黑鴉鴉的電影院裡，只有唯一一個觀眾在看電影。

你是否有過以下這種經驗？由於電影拍得太過真實、效果太出色，以至於你忘記自己只是個觀眾，深陷其中，對電影主角產生了移情作用。

當然，無論移情作用多強，無論把自己與電影主角同化到什麼地步，實際上，電影與看電影的觀眾之間，沒有任何關係存在。

因為，無論電影內容為何，對觀眾而言，不過是純粹觀賞的對象。因此，不管電影內容談的是什麼高人一等的角色，或什麼淒慘的角色，觀眾也不會因而變得高人一等或是淒慘。

如果有人在電影院裡看過描述偉人生平的電影後，自豪地大聲叫道：「哇，我怎麼這麼了不起啊！」，或是邊哭邊喊：「嗚，為什麼我是這樣的人？我當初倒不如別出生還比較好！」……就變成純粹是「腦袋有問題」的人了（笑）。

我們看到這樣的人時，該向他們說什麼？

我們應不應該說：「你可別太得意忘形，要謙虛一點」，或是「狀況遲早會變好，你要打起精神」之類的話？

當然不是！我們應該馬上告訴他們，他們的念頭根本是錯的。

「冷靜一點，這只是電影，和你個人並無任何關係！在你身上什麼事也沒發生！」

但是，就算你這麼告訴他，假如對方是個平常就會把電影主角的情形投射到自己身上、產生移情作用的人，也會聽不進去吧。

「你在說什麼！這是現實！毫無疑問，這是發生在我自己身上的事！」

可是……假如，如果……因為某種因素，在電影院燈光亮起時，那人真正察覺到「自己只是在看電影」的話……

「哇啊啊啊，我完蛋啦！咦……欸？這是電影？」

那一刻，他原本以為存在的「問題」或「不幸」，就在一瞬間消失了。

到頭來，他自己根本完全沒有什麼不幸。先前之所以感到不幸，只是因為電影裡的主角很不幸，並不是他自己不幸。他是因為有了錯誤認知，才會自己在那裡一直嚷嚷著「我真不幸，我真不幸」。

這樣的狀況，和那種對絨毛玩偶產生移情作用，把它和自己同化的小孩很像。

假設，你對緊抱著絨毛玩偶的小孩說，「你現在把它抱在手上，就代表它不過是你抱著的對象。也就是說，你和絨毛玩偶是不一樣的」，他們也聽不懂。小孩子還無法理解這麼困難的事。

正因為小孩子很無知，才會誤把絨毛玩偶同化為自己。這會產生一些原本不該存在的問題：一旦弄髒了絨毛玩偶，或是不小心扯下絨毛玩偶的手臂，小孩子就會覺得受傷的好像是自己，而嚎啕大哭。

能夠珍惜絨毛玩偶是一件好事，將自己與絨毛玩偶同化，玩點扮家家酒遊戲也無不可。但假如小孩子認真地誤以為，絨毛玩偶就等於自己，就會把一些明顯多餘、原本不該存在的「不幸」都攬到自己身上。

不過，這件事本身並不是什麼大問題。就算置之不理，小孩子也會自己變得成熟，察覺到絨毛玩偶不等於自己。到那時候，不用任何人提點，他自己就能從絨毛玩偶的束縛中解放，獲得自由。

不過，這裡有個問題。

這個小孩子假如能深入探討關於自己的哲學，和古印度人一樣，理解到「針對『我』，只能說它『不是什麼』而已」，進而不再把自己與絨毛玩偶同化，固然很好，但假如他沒有這麼做，或許會一直維持在問題尚未解決的狀態。

等到他長大成人，就不會把自己和絨毛玩偶同化，然而，他並未理解問題根源所在。因此，長大後的他，改將自己和其他事物同化：外貌、頭銜、財產、別人對自己的看法、自我形象等等。

當然，這樣不過是單純改變「同化的對象」而已，問題本質還是沒變：因為和某種東西同化，覺得自己很不幸而煩惱。因此，假如他因為長得難看、地位或財產化為泡影、別人討厭自己、傷害自己，而認為自己很不幸，最後因為太過煩惱而決定自殺，他的想法就還是和小時候一樣幼稚。

「哇啊啊啊，絨毛玩偶髒了！」

對於這樣的「不幸」，在西方會採取具體對策，像是發明能夠把絨毛玩偶洗得乾乾淨淨的機器，或是制定不讓絨毛玩偶再次被弄髒的法律。

但是在東方，就不會這樣處理「不幸」，會直搗更為根本的部分，破壞「不幸」的存在。

「髒掉了又怎樣！你可不是那隻絨毛玩偶！拜託你，趕快捨棄這種愚蠢的錯誤想法！」

依耶耆尼伐爾克之見，一切不幸，都是因為對於「我」（阿特曼）的無知而產生，不過只是錯誤的認知。

耶耆尼伐爾克如此主張：

「對於阿特曼，我們只能說它『不是這個，不是那個』而已。
你無法掌握它，因為它無從掌握。
你無法破壞它，因為它無從破壞。
你無法依附它，因為它無從依附。」

假如，名為「我」（阿特曼）的存在，其本質絕非任何行為的對象，你只能以它「不是○○」來描述的話，自然也就絕對無法掌握它、破壞它、依附它了。

也因為這樣，耶耆尼伐爾克繼續主張道：

「它不受束縛，不會動搖，也沒有受到損害的問題。」

「自己的身體受束縛」是可能感知到的，但「我」卻是無法受到束縛的，因為就是「我」認知到那種束縛。

「心神動搖、令人討厭的獨特浮躁感」是可能感知到的，但「我」卻不可能會心神動搖，因為就是「我」認知到那種心神動搖。

「身體受傷害、有強烈疼痛感」是可能感知到的，但「我」卻不可能因為受到傷害而疼痛，因為就是「我」感知到那種受到傷害的疼痛。

就像一部電影再怎麼悲慘，片中的人事物再怎麼受到傷害，也不會傷害觀眾本身一樣，無論出現何種疼痛與悲慘的感覺，都傷害不到「感知到此事的主體」（我），或是讓它變得悲慘。

電影放映機可能壞掉。放映機假如停止運作，電影也會馬上中斷，電影院裡就會一片黑暗，但觀眾並不會因而受到傷害。

觀眾只是在看電影，如此而已；電影不播了，他們就不看，如此而已。等到電影又開始播，他們就默默繼續看下去，如此而已。無論電影播到一半中斷，或是放映機被破壞，對觀眾本身都無法造成任何影響。

「所謂的自我（阿特曼）就是鑑賞者（觀眾），與鑑賞的對象（舞者）絕非同一者。無論鑑賞的對象（舞者）是什麼，都無法損害或破壞鑑賞者（觀眾）。」

一旦察覺到這個事實，世上所有不幸就會瞬間消失，自己就會成為史上最強、最無敵的存在！

「『我』（阿特曼）是不滅的，在本質上是無法破壞的。

（中略）

對於『我』(阿特曼),我們只能說它『不是這個,不是那個』而已。
你無法掌握它,因為它無從掌握。
你無法破壞它,因為它無從破壞。
你無法依附它,因為它無從依附。
它不受束縛,不會動搖,也沒有受到損害的問題。
啊,怎麼樣才能感知到感知的主體呢?
我的妻子啊,所謂的長生不死,講的就是這樣的事。」

就這樣,耶耆尼伐爾克明確點出「我」的本質,把史上最強、最無敵的境界(終極的真理)教導給妻子後,就外出去某地旅行了。

「我」不存在

釋迦牟尼

「我（阿特曼）絕無受損的可能」

這是有聖者之稱的奧義書哲學家耶耆尼伐爾克的哲學。他的這套哲學，引發了古印度社會大規模的變革。

之所以這麼說，是因為古印度把人的身分，分為「祭司、貴族、平民、奴隸」四個階級，其中的「婆羅門」（祭司）等特權階級，享有最高地位，可以為所欲為。但是，若依照耶耆尼伐爾克的哲學，「我」實在不應該有這種與生俱來的階級才對。

Philosopher

02

破壞「我」這個概念的
佛教開山祖師

釋迦牟尼

公元前五世紀左右？

他最後留下的話是：「好，我要你們再次回想：一切事象都會逐步衰滅，你們要精勤於修行」。

婆羅門不過是在看一部名為婆羅門的電影，奴隸不過是在看一部名為奴隸的電影。無論看的是什麼電影，觀眾（感知的主體）自己並不會因此變成婆羅門，或是奴隸。

耶耆尼伐爾克已經闡明，「我」（阿特曼）的本質在於「不是○○」這種否定的性質。因此，我（阿特曼）不是婆羅門、我（阿特曼）不是奴隸，也就理所當然。

所以，這種歧視性的階級制度，根本就是謊言一片。

還有，自古以來，婆羅門就一直聲稱，能夠到達終極真理（布拉曼）境界的，唯有偉大的婆羅門。這一點，假若從耶耆尼伐爾克的哲學來看，一樣也很奇怪。由於「我」（阿特曼）並沒有什麼與生俱來的階級，無論是誰，只要知道了「我」（阿特曼）的本質，應該都能達到無敵狀態，成為史上最強的存在。

就這樣，耶耆尼伐爾克的哲學，一方面撼動了婆羅門的特權，另一方面也是一種革命性觀點，讓過去受到身分制度壓制的婆羅門以外的人，產生勇氣。

結果，許多人不再仰賴婆羅門（祭司）的力量，以一己之力探究起「我」（阿特曼）。也就是說，他們開始探討哲學，後來還在古印度引發一大風潮，很多人都覺得，「太好了，我也要達到最高境界，從一切不幸中得到解脫！」

佛教的開山祖師釋迦牟尼，也是加入這股風潮的其中一人。他屬於「剎帝利」（Kshatriya）階級，也就是「戰士、貴族」的身分，而不是婆羅門，但為了追求最高的境界，他決定出家（離家修行）。

出家

關於釋迦牟尼的出家，有這樣的故事。

他原本是一國的王子，過著自由自在的優渥生活。某天，他想出城遊玩。就在他正要從東門外出時，看到門的另一邊有個滿臉皺紋、步履蹣跚的老人。

「那個人怎麼了？為什麼他會變成那樣？」

這是釋迦牟尼初次看到老人。事實上，他待在城裡時，無論去哪裡，都會有僕人急忙搶在他之前先清掃、美化、裝飾過。他一向只走這種已經弄得乾乾淨淨的路線。這是因為釋迦牟尼的父王下令：「你們只能讓他看到美麗的事物」，卻也讓他連一片枯葉都沒看過，長大後變成一個連「老」或「枯萎」等現象都不懂的人。

他提出疑問後，侍從回答道：

「那個叫做老人。」

「只有他變成老人嗎？」

「不，您和國王都會變成老人。當然，我或是任何人，只要年歲增長，也一定會變成那樣的老人。」

釋迦牟尼聽了覺得很難受，從東門退了回來。

接著，他想走南門外出，卻看到門的那一邊，有個瘦小衰弱的男子正痛苦地打滾。

「那個是？」

「他是病人。人只要生病，就會變成那樣。」

感到害怕的釋迦牟尼從南門退了回來，這次他打算從西門外出，卻看到門的那一邊，有一群人在為往生者悲嘆。

「這次又怎麼了？」

「大概是有人死了吧。人都會死。」

「我也會嗎？我也非死不可嗎？」

「沒錯，王子和我總有一天都會死，絕對逃不了。」

侍從的話給了他很深的衝擊。為之愕然的釋迦牟尼又從西門退了回來，最後來到北門。他看到門的另一邊有個身穿黃色袈裟、手持缽、直直望著前方走著的男子。

「他是什麼人？」

侍從回答道：

「他是出家的修行僧。所謂的修行僧，就是希望到達終極真理的境界，超越老、病、死之苦痛的人。」

「原來有這樣的路啊……原來有這樣的生存之道啊……。好，我決定了，我也要成為修行僧，還要克服老、病、死的苦痛。」

釋迦牟尼就這樣決定要出家，完全捨棄王子的地位與家人，離城外出。

以上就是有**「四門出遊」**之稱的故事。這樣的情節感覺上太巧了點，不像史實，比較像是後世編出來的故事。但姑且不管這些，「釋迦牟尼體認到老病死的苦痛以及人生無常後，為追求克服的方法而出家」，這一點應該是事實。

因為，這其實是當時的「流行」。

如前所述，當時的印度，掀起了史上空前的哲學熱潮，許多人都為了達到最高境界而出家成為修行僧。其中，出家者必定有的動機，就是想克服老、病、死的苦痛所帶來的不幸。

「出家＝追求一種能克服老、病、死苦痛的境界。」

一般人都以為，這樣的傳統始於釋迦牟尼，但事實上完全不是。看看四門出遊的故事就知道，在釋迦牟尼創設佛教之前，就已經有修行僧了。這些傳統，在早於釋迦牟尼幾百年之前，耶耆尼伐爾克等奧義書的哲學家，以及承繼這套哲學的許多其他哲學家，就已經耗費漫長的時間建立起來。

請各位回想一下，在釋迦牟尼之前，耶耆尼伐爾克的妻子就已經講過：「假如我會死，那麼拿到什麼財富也就沒有意義了，不是嗎？還不如告訴我能夠克服死亡的方法。」也就是說，釋迦牟尼想達到的「克服死亡的境界」，在當時的印度早就已經存在。

因此，怎麼講都不是釋迦牟尼突然發明出這樣的境界。雖然，後來他在菩提樹下開悟而到達那種境界，但並不表示他就是人類史上的第一人。

從這個角度來看，釋迦牟尼的思想絕非原創，他也絕不是突然降臨印度、創造出一切的神一般的人。他只是沿襲古印度承襲自奧義書哲學的傳統而已。這一點，請各位記住。

好了，出家後的釋迦牟尼，變得如何了呢？

他造訪許多修行僧前輩，成為他們的弟子，學習印度哲學。但遺憾的是，他卻跟不上大家。無論他再怎麼想學習印度哲學，都無法得到能夠滿足的結果，也就是克服老、病、死苦痛的境界。無可奈何下，釋迦牟尼離開了師父，帶著跟隨他的五個夥伴，一起進入山中展開苦行。

所謂的「苦行」，正如字面意思，是一種「徹底讓自己受苦的修行」，像是閉氣或斷食等等。但為何要苦行？想到達克服老、病、死苦痛的境界，與苦行有什麼關係？

為什麼釋迦牟尼非得苦行不可？其實，這也是當時古印度的一種「流行」。

苦行

要說明所謂的苦行是什麼，就必須提到一些稍微複雜的事。

釋迦牟尼所追求的「克服各種苦痛的境界」，源頭來自於耶耆尼伐爾克的哲學。這一點剛才已經提過。耶耆尼伐爾克所提示的境界，十分有邏輯，也十分合理。

•所謂的「我」，是感知的主體。

•因此，「我」不會成為感知的對象。

（因為，無法「感知到感知」）

•因此，「我」絕不會受到損害。

然而，你難道不會產生這樣的懷疑嗎？

「我（自己、阿特曼）絕對不可能受到損害」的論點，在道理層面可以理解，但人畢竟還是討厭疼痛，也害怕死亡啊。到頭來，即使聽了這番話，也沒有對我們日常生活帶來任何改變，不是嗎？

正是如此。就算懂得「道理」，一切還是一如往常。

理解耶耆尼伐爾克想要表達的論點後，雖然我們知道了這樣的「知識」，卻不會因此從明天起就能夠說「這樣我就是無敵的！我什麼也不怕」。我們頂多只能說：「你想講的事情我懂，我知道也有這樣的想法存在。」

這真的很令人困擾。因為，耶耆尼伐爾克已經說明了「只要這樣這樣，自己就是無敵」的道理，聽的人也能理解，知道「原來如此，只要這樣這樣，自己就是無敵」。但是，聽過之後，卻完全不覺得「自己已經變得無敵」。這樣的狀況，究竟教人如何是好？

「那個，不好意思。我沒有變無敵耶，可以再教我一次嗎？」

有一種方法是，或許可以再找耶耆尼伐爾克問問看。搞不好是自己聽漏什麼，或是還有其他尚未公開、更深層的祕密，這次他會講出來也說不定。

不，耶耆尼伐爾克恐怕只會重複再講一次同樣的事情吧。因為，他的主張在邏輯上非常清楚。對於「A等於B，B等於C，所以A等於C」這種邏輯性的、完整的清晰論點，實在無法要他講得更清楚。或許他會再補充一點例子說明，但講到最後，還是會和之前講的相同。

「對於『我』，你只能說它不是這個，不是那個，所以——」

假如聽的人，已經把耶耆尼伐爾克所講的內容，當成有邏輯的論點好好理解過，就算再聽一次同樣內容，也不會有什麼改變。

「是，對，結果和上次講的是一樣的東西嘛。這件事我已經懂了，但還是和以前一樣害怕死亡，完全沒有變無敵的感覺啊……」

那麼，要不要直接向耶耆尼伐爾克抱怨呢？毫無疑問，他一定會露出嚴厲表情這麼告訴你：

「你是阿呆嗎？你只不過是以為自己搞懂了而已，其實根本還不懂！」

你看，這就是東方哲學的麻煩之處。

在東方哲學中，經常會碰到像這種古怪的場面。聽的人明明說「我可以理解你講的事」，講的人卻會否認對方已經理解：「不，你其實還沒搞懂。」

之所以會這樣，是因為東方有種獨特的思考習慣，認為光是懂得知識，還不能算是真正理解。

在東方，人們認為，凡事一定都要伴隨著足以感覺到「啊，原來是這樣啊，是這種情形！我懂啦！」的強烈體驗或實際感受，才能夠算真正理解。而這種「透過體驗真正理解」的狀態，稱為「開悟」，以和一般的了解區別。

這種「透過體驗真正理解」（開悟），與「知道知識」之間，有著奇大無比的差異。

舉個例子，假設你聽到一則傳言，說「某條巷子裡有蛇出沒」。只要探頭看看那條巷子，確實可以看到很像是蛇的東西。當然，那麼可怕的地方，沒有人敢太靠近。不過，某天，有個人鼓起勇氣走進那條巷子，看過之後跑來告訴你：

「那裡沒有蛇，只有一條繩子而已。」

而且，他還條理分明向你說明，為何那裡不會有蛇。他告訴你，「就蛇的習性來說，不可能出現在那裡」之類的話。假設他的說明很適切也很有邏輯，你也因而覺得「嗯，沒錯，你說得對，我沒有辦法反駁」。

但假如那人問你：「那麼，你要不要現在馬上去那條巷子看看？」你還是會害怕、腿軟。

看到你這個樣子，那人感到不可思議地說：

「欸？我剛才不是和你說明過沒有蛇了，你忘了嗎？要我再說明一次嗎？」

不是這樣的，就算他再說明幾次，最後你還是只能學到「知識」而已。而光靠「知識」了解「那裡沒有蛇」，仍然毫無意義。因為，現在要你去那條巷子，你還是不敢去。總而言之，你的腦子裡支持著「沒有蛇」的道理，但心裡卻想著「搞不好那裡還是有蛇」。這樣的話，你就完全稱不上「真正知道沒有蛇」。

那麼，如何才能真正知道呢？得等到你自己實際去體驗、確認，才能知道是不是真的沒有蛇。

假設你鼓起勇氣進入那條巷子，戰戰兢兢靠近看起來像蛇的那個東西。

「那真的只是繩子嗎？……我雖然覺得他講的道理很對，但事實上那該不會真的是蛇吧？」

等到你靠近一看——那是一條繩子。從上面看，從側面看，都是繩子。拎起來左看看，右看看，真的就是繩子！

你急忙跑回去，向其他朋友報告這件事。

「我看到了！那是一條繩子！」

但你這個朋友因為沒去過那地方，對他來說，這只不過是資訊、知識而已。就算得到了你講的知識，他還是不想靠近那條巷子。

「我就說是繩子了啊。再說，你想想看嘛，如果是蛇的話——」

「嗯嗯，你說得對，完全就像你講的，我可以理解。」

聽了你的說明，朋友表示懂了。非但如此，他甚至還能把你和他講的事情，原封不動再講給別人聽。這清楚證明，他已經正確理解你的意思，也記在腦中成為知識吸收起來了。

但即便如此，他還是死也不靠近那條巷子！

你問他：「沒有蛇對吧？」他會回答：「對對對，沒有蛇。」兩人明明意見相同，但假如你邀他：「那我們一起去那裡看看吧」，他卻會發著抖回答你：「今天我有點不方便……」，就想要逃走。

看到他的樣子，你一定非得講這句話不可吧：

「其實你還沒真正搞懂吧！」

透過體驗理解

這個蛇的故事告訴我們：

不能將道理當成知識記下來就算了，要有實際體驗，產生「啊，原來是這樣」的感受之後，才能說「我真的懂了」。

這一點，在耶耆尼伐爾克的哲學中也同樣適用。

「自我（我、阿特曼）絕對無法成為感知的對象。」

看到耶耆尼伐爾克的這番話，就算理解它的意思，當成「知識」記起來，假如自己還是一如往常背負著不幸過日子，沒有真的變得無敵，那就毫無意義。
「自我（我、阿特曼）絕對無法成為感知的對象。」
必須要實際透過「體驗」理解這句話，產生「啊，原來是這樣」的感受，到達「真正理解」（開悟），才有意義。

但現在有個問題。
「只當成知識知道的人」與「透過體驗真正理解（開悟）的人」，本質上雖然完全不同，講的卻是同樣的內容。
比如說，以前面蛇的故事為例，這兩種人（徒具知識的人與開悟的人）所講的結論都一樣是「嗯，那裡沒有蛇」。
而且，兩人的論點也一樣。
「因為，那是一條繩子。」
兩人講的是同樣的話，聽的人絕對分辨不出來，到底誰才是「只知道知識」的人，誰才是「真正理解」（開悟）的人。搞不好，兩個人都是「只知道知識，沒有真正理解的人」也說不定。由於他們講的是同樣內容，光從說的話來看，實在無從判斷。
假如真的要分辨，應該不是從「言語」上去看，而是要從「實踐」判斷，也就是看平常的生活態度。

例如，在前面蛇的那個故事裡，一個人假如平常都說「那裡沒有什麼蛇，只是一條繩子」，但是一靠近那條巷子，態度就明顯變得不安，我們就可以判斷：「啊，這傢伙只不過嘴上講講而已，還沒有真正理解嘛。」也就是說，從一個人實際的行為來看，應該可以推測出他是真的已經懂了，還是假懂。

由於當時耶耆尼伐爾克的哲學蔚為風潮，其哲學中的理論（道理）早已眾所周知，任何人只要找個偉大修行僧（哲學家）當老師、成為他的弟子，這些知識要學多少有多少。

因此，到處都可以聽到有人說，阿特曼如何如何，感知的對象如何如何，或是講述耶耆尼伐爾克的哲學。毫無疑問，也會有人自稱，已經到達與耶耆尼伐爾克相同的「無敵的境界」。

但如前所述，嘴上講著「只要這樣這樣，自己就無敵」的人，假如光聽他的話，仍不足以判斷他是嘴上講講而已，還是真的懂了才這麼說。只要這個人正確而適切地引用耶耆尼伐爾克的哲學，描述那樣的境界，聽的人就完全分辨不出來。

只有一種方式可以分辨。就如先前講過的，不是靠言語，而是以對方實際的行為來判斷。

例如，你面前來了個修行僧，跟你講了這樣的話：

「我已經悟出自我的本質，到達無敵的境界。」

好了，要如何判斷，這名修行僧只是口頭說說，還是真的開悟？只要這麼說就行了：

「哇，你好厲害。那麼……請先讓我打你一百下再說♪」

講完後，就讓他痛苦個半死。打他、踢他，一直到他鼻青臉腫為止。既然他已經理解到這種哲學：「自我（我）只是觀眾而已，是一種不會被任何事物觸及，也不會受到損害的存在」，假如他真的懂了，應該耐得住任何疼痛才是。

假如修行僧在別人搥他、踢他、鞭打他，讓他痛得要死後，哭喊著：「哇，好痛好痛！拜託你快點停手」，請求原諒，我們就知道，這傢伙的主張是謊言一片了。

「咦？怎麼回事？和你剛才講的不一樣耶（笑）。」

雖然以上只是玩笑話，但反過來說，除此之外，又有什麼方法能夠證明呢？

無論一個人對無敵的境界，也就是對「克服各種不幸的終極境界」說了什麼，都會受到質疑：「那，你是真的懂了嗎？」因此，唯一方法是，只能請如此主張的當事人「姑且進入高度不幸的狀態，並展現面不改色的樣子」，以實際行動證明。

這種方式，也適用於驗證對自己的質疑。例如，假設你是個修行僧，你對自己有這樣的疑問：「我已經學了哲學，也學到奧義書的深遠知識。但我真的懂了嗎？我是否已到達印度自古以來的那種境界，可以說出我是無敵的？」

只有一種方法能解答這樣的質疑——苦行。苦行後，假如承受不住，就知道自己還不足；苦行再苦，假如能帶著感到幸福的心情承受，就知道自己已經到達那種境界。「能夠承受得住多少苦行」，等於是一項指標，可用於顯示一個人實現耶耆尼伐爾克的「無敵境界」到什麼地步。因此，自行體嘗苦痛的修行，也就是苦行，才會受到重視。

當時的古印度就是這麼認為。只要耐受得住苦痛，就等於客觀證明，已經悟出「電影與觀眾本身無關」的真理，進入無敵的境界。

因此，釋迦牟尼也跟隨當時的流行，展開苦行。據說，他的苦行超乎想像嚴苛。苦行這種東西，就是愈苦愈好。假如苦的程度不上不下、可以耐受得住，那就毫無意義。超出忍耐界限的疼痛、苦痛，是最好的。唯有承受得住這樣的苦行，才能實際感受到進入無敵的境界。

釋迦牟尼維持這樣的苦行長達六年。據說，他後來瘦得只剩皮包骨。

只是，雖然維持這種程度的苦行，釋迦牟尼卻還是未能到達開悟境地。此時他突然察覺到，這樣子苦行是沒有用的。不，根本是造成反效果。

「苦行沒有意義。不，苦行這種行為本身，反而有礙於開悟。」

於是，他捨棄苦行，步上了**中道**。

中道

釋迦牟尼捨棄苦行、步上「中道」的事情非常有名。但這個「中道」具體而言，是什麼意思？要注意的是，他所講的「中道」，並不是所謂「適度比較好」的意思。

假如釋迦牟尼苦行到瀕臨死亡才體會到的「中道」，竟然只是「不要吃太多，也不要吃太少，吃

釋迦牟尼苦行像

剛剛好最好唷～」」，那也未免太沒意思了點。這種事不必別人講大家都知道，就連小孩子都知道，不必花上六年，是馬上就能察覺的道理。

不對，中道講的不是這個。根據釋迦牟尼過人的洞察力，所謂的中道，意思是「開悟與苦行（極端的狀態）之間，毫無任何因果關係，苦行反而還可能阻礙開悟」。

為何苦行會對開悟造成反效果？那是因為，苦行帶有一種促進「自我錯誤同化」的效果。

請各位想一想，耶耆尼伐爾克原本講的「終極境界」，是因為察覺到以下這個真理才成立的：

「電影與觀眾是兩回事，無論播什麼電影，都不會對觀眾造成任何影響」。就是因為這樣，才會基於「無論看的是何等淒慘的電影，應該都能超然看待」的邏輯推演，產生出苦行的想法。

但曾幾何時，世人反倒更重視苦行本身，也就是更關心看的電影有多淒慘（痛苦的體驗）。

「嘿嘿……我已經三天沒睡囉……怎樣，很了不起吧？」

「哪有，我今天已經進入第四天了……」

「咦，真的嗎？好厲害啊！你又往開悟更近一步啦！」

會這麼說的人，很明顯已經偏離原本的目標：「理解自我的本質、停止自我的錯誤同化」。他們的所做所為，只是在競相誇耀自己比較能忍而已。

當時的古印度人就像這樣，把「能夠忍受多大的苦痛」，當成是衡量「開悟實現機率」的指標，相互競爭，還形成一種蠢到不行的傳統：假如有人能夠忍受誰也忍受不了的苦痛，大家就會為他拍手喝采，拜倒在他腳下，表示「我比不上你，請收我為弟子」，把他當成聖者崇拜。

這很明顯是走錯了方向。

假如真正理解耶耆尼伐爾克的哲學，就應該能夠判斷，這麼做，只是在觀賞一部「忍受苦行、贏得大家讚賞」的電影而已，與觀眾本身並無任何關係。

但當時的人卻誤以為，只要觀賞這麼一部「完成苦行、贏得讚賞」的電影，自己一定也可以實現某種成果。總之，這等於是一種觀眾沉浸在電影中，與之同化的狀況。明明原本的目的在於改掉自我的錯誤同化，卻反而促成這樣的同化。

而且，麻煩之處在於，做愈多苦行，所謂的自尊或自我，就會一步步強化。

「怎樣，看到了嗎？我可以忍受這麼大的苦痛！」

此外，苦行之下，精神會變得恍惚，更容易產生一些神祕體驗，像是看到了光芒或是神的樣貌等。這會引發苦行者的成就感，而開始與那種成就感產生同化。

「神聖光芒包圍了我，諸神來為我祝福了！我似乎到達頗高的境界了！和完全不努力的凡人相比，我畢竟是不同的，我已經確切靠近終極境界了！」

然而，古印度哲學家所到達的「境界」，才不是這麼莫名其妙的東西。

「我看到了光，我看到了神的樣子。」

那又怎麼樣？這種事有什麼價值可言嗎？無論那光芒或是神的樣子是真是假，全都只是「感知的客體」，全都只是感知的對象而已。真正重要的是，要能夠確實理解，「我」和這些感知的對象完全沒有任何關係，它們也無法觸及到「我」。

因此真正講起來，就算吃到苦頭後又哭又喊，懇求著要停下來，也無所謂。因為，那是身體自然而然的反應。

身體感受到痛，就會想要逃離，因為那是它的工作；身體感到餓，就會想要進食，因為那是它的工作。

假如真正了解「『我』並不是身體」，應該就能理解到，忍受饑餓與耶耆尼伐爾克說的境界毫無關係。無論身體承受住苦痛、拚命忍耐，還是承受不住而大哭大叫，「我」都只是個在一旁觀看的鑑賞者。無論身體這台機器如何反應，都不會對「我」有任何影響（但是，卻有人把「忍住饑餓」當成是到達那種境界的指標，這形同是把「身體」與「我」給同化）。

結論是，到達耶耆尼伐爾克的境界與苦行（極端的狀態）之間，沒有任何因果關係。非但如此，反而還會有反效果。

因此，「中道」（不極端的狀態）可說才是最適於得到開悟的狀態。

耶耆尼伐爾克等奧義書哲學家，提示了一種「克服種種不幸」的最強境界，但大眾卻誤解那樣的境界，因而在當時的印度產生一股苦行風潮。釋迦牟尼則是要大家別再跟隨這種流行。

釋迦牟尼否定苦行，宣告「中道才是通往開悟之道」，為印度哲學掀起一股莫大的革命。他導正了自耶耆尼伐爾克的哲學中產生的錯誤傳統，把印度哲學的歷史拉回正軌。

開悟

擺脫苦行的釋迦牟尼，後來如何了？他回歸原本的目的，亦即理解「自我的本質」，在樹下不斷默想。那棵樹就是眾所周知的菩提樹。

他已經沒有耐住苦痛以實現目標的想法了，只是一直默默坐在那裡。

這時，據說他腦子裡浮現各種雜念，內容恐怕是「若能開悟就太好了」、「所捨棄的家人」、「異性」之類的事情吧。

但無論浮現何種雜念，都只是「感知的對象」而已。無論出現何種感知的對象，都與只是純粹鑑賞者的自己沒有任何關係。因此，這樣的雜念只要不當一回事、視若無睹即可。

釋迦牟尼無視於任何浮現的雜念，持續坐在那裡。也就是說，無論上演什麼電影，他都一直維持純粹觀眾的身分。

過了一段時間後，曾幾何時，電影（雜念）消失了，釋迦牟尼進入了全然的寂靜。

——這時，奇蹟發生了。

釋迦牟尼終於在這寂靜中悟出「自我的本質」，悟出了「真理」！

他總算到達古印度哲學家脈脈相承的「無敵境界」，克服了各種不幸！

佛教的教義

日後，大家就稱如此開悟的釋迦牟尼為「佛陀」（醒悟的人）。

根據流傳的說法，剛開悟時，釋迦牟尼曾經想放棄把自己開悟到的事傳播出去，因為他心想：「這樣的境界，講了別人會懂嗎？」但是他後來改變想法，決定要窮其一生，把自己的所得傳播出去。

假如有人問「佛教開始於何時？」，可以說，就開始於釋迦牟尼做出這個決定的那一瞬間。

釋迦牟尼開始傳播開悟內容的第一步，就是先去告訴曾一起苦行的五個夥伴。那五個人誤以為，釋迦牟尼是因為墮落才捨棄苦行，因此無視於他的到來，也不聽他說話。但面對釋迦牟尼滿懷自信的態度，他們終於願意聽他說話，最後成了他的弟子。

這是釋迦牟尼第一次說法，稱為「**初轉法輪**」。

在第一次說法時，他到底講了什麼？

根據傳承，據信釋迦牟尼當時講的是**四諦**與**八正道**。這兩項是佛教基本中的基本，是最根本的教義。以下就分別說明。

四諦

「四諦」的「諦」，代表著「把真理講清楚」的意思，可解釋為「四真理」。那麼，何謂四真理呢？如下所示：

苦諦：「苦」的真理
集諦：「苦的原因」的真理
滅諦：「苦的消滅」的真理
道諦：「如何滅苦」的真理

苦諦這個真理，就是「人生是苦的」。再怎麼掙扎，人都會有老、病、死相隨，這樣的苦絕對逃不了。一開始，得先對此事有所自覺。

集諦這個真理，就是「那樣的苦是有原因的，原因在於執著（欲望）」。在苦諦中已明確點出「苦」的存在，而那樣的苦之所以發生，是有明確的原因，原因就在於執著（欲望）。

滅諦這個真理，就是「只要去除該原因（執著），就能消滅苦」。總之，存在著一種所有苦都消失的終極境界。

道諦這個真理，就是「有方法可以消除那樣的苦、到達終極境界」。

把這四真理放在一起，簡單講就是：雖然人生充滿苦，但苦的原因在於執著，只要能去除執著，就能去除苦，而到達那種境界的方法是存在的。

八正道

在四諦的道諦中，釋迦牟尼闡明了「有方法能夠到達終極境界」的真理。他所謂的方法，就是「八正道」。

八正道正如字面所示，意即「人類實踐正確生活方式的八種方法」。

正見：正確的看法

正思維：正確的思維

正語：正確的用字遣詞

正業：正確的行為

正命：正確的營生方式

正精進：正確的努力

正念：正確的意識方向

正定：正確的精神安定

由於項目很多，我不在此一一說明。總之，就是要妥善而正確地去看、去生活，妥善而正確地去聽、去生活；只要行這樣的正確生活方式，自然而然就會開悟。

以上就是四諦與八正道，也是堪稱佛教基礎的教義。

只是，聽到這些教義，可能沒有多少人會覺得：「哇，聽到這些真是太棒了。好，明天起我就要來實踐八正道。」

大部分狀況下，會這麼想的人或許比較多：

「你說苦的原因在於欲望，這個我算是能夠了解。但是要消除它，不會太勉強嗎？你說有方法可以消除，我本來還很期待到底是什麼方法，結果只是正確地看與聽嗎？好失望哦。」

我可以深深體會那種心情。大多數對釋迦牟尼沒有特殊情感的人，聽過這些東西之後只會說「哦，這樣呀」，就算了。

我很想用很長篇幅來說明「不是這樣，八正道其實很了不得」，但在此姑且先跳過四諦與八正道的部分，再往下看吧。因為，四諦與八正道只是釋迦牟尼哲學「入口」般的東西，不能算是釋迦牟尼哲學的核心。

在釋迦牟尼的哲學中，比這還重要的概念是：

「阿特曼（我）不存在。」

也就是**無我**的主張。

這樣的主張，並非單純闡述不可以有「我如何如何」的自我中心想法、要捨棄這種「我如何」的欲望，而有更深層的意義。

無我

說起來，「我不存在」的主張，在當時的印度比我們想像的要重大，可以說是顛覆天地般的衝擊性言論。因為，「我不存在」的無我主張，很明顯與耶耆尼伐爾克的哲學相矛盾。

耶耆尼伐爾克是以「我」（阿特曼）存在做為前提發展邏輯，也主張只要了解「我（阿特曼）」的本質」，就能到達無敵的境界。然而，釋迦牟尼卻說我（阿特曼）根本不存在，等於是否定耶耆尼伐爾克的主張之前提，這將使得培育出耶耆尼伐爾克的哲學，以及古印度哲學家的傳統奧義書哲學，完全瓦解。

這意思是，釋迦牟尼提出的主張「我（阿特曼）根本不存在」，會讓耶耆尼伐爾克等古印度哲學家的奧義書哲學，化為泡影。這對於相信奧義書、相信古印度傳統哲學，為了理解阿特曼的本質而死命苦行的人而言，是何等重大的衝擊。

不過，若因此就認為釋迦牟尼完全否定奧義書哲學，就太過急躁了些。釋迦牟尼一直在追求的「開悟的境界」（克服老病死的境界），原本應該是源自於奧義書的內容，也就是源自於傳統古印度哲學。

但為何釋迦牟尼會講出不同於奧義書的話？

原因在於，奧義書的哲學中，有一項致命的問題存在。

耶耆尼伐爾克犯了一個重大錯誤，這或許是因為他是個天才，才會如此；也可能是因為，奧義書原本就設定為「某些雀屏中選的人才能讀懂的典籍」吧。

總之，耶耆尼伐爾克沒有考慮到一件事：

「所謂的大眾，一定會產生誤解。」

耶耆尼伐爾克把絕對無法掌握的「我的本質」，定義為「阿特曼」這個字，但大眾也因此強烈意識到「我」（阿特曼）這個字。其結果是，大眾直接把這個字當成一種「道理」。

「對於我（阿特曼），你只能說它『不是這個，不是那個』而已。」

「我（阿特曼）無從掌握，也無法傷害。」

在這種形式下，「我」（阿特曼）變成了一種概念。

由於「我」（阿特曼）的本質原本就是「無法成為對象」、「無法說它是○○」，因此照理說應該無法用概念（所謂的我，是一種無法說它是○○的東西）表現出來才對。因為，「能夠以概念表現出來的我」，很明顯就變成「感知的對象」（感知的客體）了，而非感知本身。

也就是說，能夠以概念表現出來的我（以阿特曼這個字表現出來的我），並不是真正的我。

但如果這麼講，大眾又會誤解。

「原來如此，無法以概念表現出來的，就是我呀。」

「我，就是無法以概念表現出來的東西，沒錯吧。」

大眾說什麼都無法停止使用「我，就是○○」的形式。

但耶耆尼伐爾克當時所表達的是，「我，就是○○」這種形式造成的束縛（也就是說，明明「『我』不能成為感知的對象」，卻使用「我，就是○○」的形式，把「我」視為某種東西而同化），正是一切錯誤的所在，也是不幸的開始。假如認為「我就是一種叫做○○的概念」，和某種概念同化，其實是還沒有搞懂古印度的奧義書哲學。

結果，古印度人雖然不再把「我」和財產同化，不再把「我」和地位或名譽同化，不再把「我」與肉身同化，卻還是把我和「阿特曼」（無法掌握的我）這個概念同化。

因此，釋迦牟尼為了導正這種奇怪狀態，才會無可奈何講出與奧義書哲學矛盾的話。就像被迫否定苦行一樣，他也被迫否定奧義書哲學。

為了破壞「我」（阿特曼）的這種概念、切斷同化的鎖鍊，釋迦牟尼才會被迫成為破壞這一切的人。

他的偉大之處，在於獨自面對早已根深柢固、又是古印度傳統、當時最無上的奧義書哲學，並在導正其中的誤解後，把印度哲學的潮流帶回正軌，還否定了「阿特曼」的概念，為下一個時代催生出新的東方哲學。

萬物皆「空」

龍樹

一開始只有五名弟子的佛教組織，在釋迦牟尼的壓倒性魅力下，順利聚集了信徒，連國王、貴族等富有階級，也都前來皈依，捐建了祇園精舍等寺院。由於建立起經濟基礎，佛教組織大幅成長、不斷擴張，最後逐步發展成為超越婆羅門教的印度最大宗教。

但人都會死，釋迦牟尼也不例外，祂在八十歲時因食物中毒死亡。

Philosopher 03

大乘佛教的終極武器

龍樹

公元 150 年左右～ 250 年左右
主要著作《中論》

日本稱頌其為八宗之祖（八宗包括平安時代之前就傳入的南都六宗，以及天台宗、真言宗）；淨土真宗則尊稱其為「龍樹菩薩」。

結集

大部分時候，偉大的宗教教祖一旦去世，宗教組織就會出現大問題。

教祖在世時，無論出了什麼問題，只要請教他、由他判斷就行。但教祖過世後就無法如此，只能由弟子彼此商量、決定事情。

比如說，基層信徒提出這樣的問題：

「戒律告訴我們，不能囤積食材，只能食用當天托缽得到的東西，對吧？但囤積鹽是不是沒關係呢？把這鹽撒在托缽得到的食物上，可以嗎？」

真是非常細微的問題。假如教祖還活著，只要講一句「可以」或是「不行」，就能解決問題，但眼前已無教祖這種至高無上的領導者，所以就算只是這類小問題，也會成為爭吵的根源。

一名弟子說：「當然不行，鹽也是食材。」

但另一名弟子卻說：「不，鹽也可以當成藥使用，藥不是食材，因此保存也沒關係吧。」

雖然只是這點無聊小事，但組織一旦缺乏最高領導者，即使是這等小事也無法平順決定。於是，漸漸形成了「鹽派」與「反鹽派」兩個派系，組織內部逐漸產生嫌隙。

好了，這類的問題不斷出現。

「這件事如何？」

「那個教義可以這樣解釋嗎？」

當然，基本上要根據教祖，也就是釋迦牟尼生前講的話來判斷。理論上，要照這樣的方式處理：

「那時，佛陀是這麼說的，因此，這個問題應該如此因應。」

但令人困擾的是，釋迦牟尼不喜歡以文字形式留下自己的話。因此，他生前講過什麼，只能仰賴他身邊弟子的記憶。

即便如此，任何一個弟子都不可能聽過釋迦牟尼講過的所有話，而且也有記錯的可能。不，非但如此，弟子還可能會因為自己個人需要，而用不同角度解釋釋迦牟尼講過的話。

因此，佛教內部出現了一項活動：弟子聚集在一起，分別提出自己記憶中釋迦牟尼講過的話，然後整理為經典。這樣的活動稱為「結集」，在釋迦牟尼死後定期舉辦。

然而，製作經典的過程極為困難。原因在於，每個人從釋迦牟尼那裡聽到的內容不盡相同。說起來，釋迦牟尼原本就不是那麼注重「前後一致」。因為，對他來說，最大的目的在於，引導自己眼前的人到達開悟的境地。所以，他會視對象，採取各種不同技巧與方式為對方說法。

例如，曾有這麼一個故事。

一天，有個抱著小孩的母親跑來找釋迦牟尼，問他一個問題：

「我的孩子生病了，現在動也不動，要怎麼樣才能治好他的病？」

但事實上，她抱在懷裡的孩子早已死亡，身體都腐爛了。釋迦牟尼的弟子們都覺得這個女子很麻煩，因此面面相覷，並在釋迦牟尼耳邊悄聲提出建議：「這個母親已經瘋了，還是不要和她有牽扯比較好」、「就告訴她您不是醫生、不懂醫術，把她請回去吧」。

但釋迦牟尼卻對那個母親說：

「好，我來教你怎麼治好他的病。你回鎮上，問問看有沒有哪一家從來沒死過人。找到之後，就向那家人討來芥末子，這樣就能治好孩子的病。」

聽了釋迦牟尼的話，那位母親很高興。她急忙回去，到處向鎮上的人打聽：「您府上是否沒有人去世過呢？」可是，沒有任何人回答是。任何一家給的答案，都是曾經有人去世：「唔，前些日子，我爺爺他……」、「我的二兒子日前……」。每個人回答她的時候，都露出寂寞的神情微笑著說。

看到這些人的神情，這位母親突然覺得難為情。鎮上的人，全都體驗過親人死亡的殘酷現實，但現在已經接受，也好好地積極活著。事實上，這個母親早就知道自己的孩子死了，她之所以堅稱「孩子沒死、只是生病」，只不過是在無理取鬧。不，非但如此，她還透過展現出瘋狂的樣子，陶醉於自己是個「失去心愛孩子的悲哀母親」。

體悟到這件事後，她回來向釋迦牟尼道謝，懇請釋迦牟尼收她為徒。

釋迦牟尼說：「病似乎治好了呢。」

這是釋迦牟尼很有名的故事。聽了這個故事，或許會有人吐槽：「如果她剛好問到一戶新成家的人，該怎麼辦？」，或是覺得「如果是我一定不接受，會很氣自己受騙吧」。但這類個人感言，還是先擱在一旁吧。

姑且不管能否接受這樣的故事，總之，故事要表達的是，釋迦牟尼很喜歡採用這種迂迴方式。他並不是一個會從高高在上的角度，把有些難懂的理論或教義硬塞給弟子的那種教祖。也就是說，他不會以「這件事就是這樣」的形式教導道理、說服別人，而會告訴對方「請你試著這麼做」，讓對方透過實際去做，而能有「啊！原來如此！」之類的感覺，從親身體驗中理解（開悟）。

由於釋迦牟尼很重視這樣的做法，因此弟子所聽過的釋迦牟尼的話，有時也會存在著矛盾。例如，他對某個弟子可能會說「往右邊走比較好」，對另一個弟子卻說「往左邊走比較好」。若單純這樣看，會覺得釋迦牟尼的話有所矛盾，但其實只是因為某個人碰巧能夠藉由往右走而得到開悟的體驗，另一個人則可能藉由往左走而得到，釋迦牟尼才會分別給不同建議。

既然釋迦牟尼的談話內容會因為對象而調整，就無法單憑匯整聽者的記憶來整理他的言論。因為，無論釋迦牟尼生前講過什麼話，弟子都必須先判斷，到底應該照著句子直接的意思解讀，還是這番話只是針對特定個人、出於特定意圖才講的，不能直接解讀？

例如，剛才那個母親的故事裡，釋迦牟尼說的話就屬於「另有意圖，只對那個母親才有效」，因此，弟子沒必要把「去找芥末子」一事當真。然而，假如不知道那個母親已經完全轉念（這才是釋迦牟尼講那番話的真正用意），只把釋迦牟尼的話記錄下來，會認為釋迦牟尼是個會講迷信言論的人；假如還認真把它當成教義，事情就可能變得非常嚴重。所以，只把「釋迦牟尼講了A」、「釋迦牟尼講了B」這樣的內容收集起來並非良策，必須大家一起討論、一面推敲釋迦牟尼真正的意圖、一面解釋談話內容，再整理為經典。

不過，一個群龍無首的組織，畢竟無法完成這麼困難的任務。不同弟子之間，當然會出現解釋上的歧異，而開始對立。這樣的對立，在釋迦牟尼死後一百年、第二次的結集時，很快就成為致命問題，也使得佛教組織一分為二。

根本分裂

「可以把前一天布施到的鹽存起來，撒在食物上。」

「正午以後仍可以進食。」

「可收取金錢儲蓄起來。」

像以上這些戒律，有一派人認為「很多戒律雖然一直以來都存在，但由於非常不容易遵守，所以破除也沒關係」，認同這一點的團體因為人數較多，稱為「**大眾部**」；相對的，認為「戒律就是戒律，絕對不許打破」、不認同以上事項、要求較嚴格標準的團體，因為人數較少，而且多為長老（上座），因此稱為「**上座部**」。

自釋迦牟尼創建佛教後，佛教組織一向都只有一個，這時卻分裂為「大眾部」與「上座部」。在這之後，佛教就一而再、再而三地反覆分裂下去了，這最初的分裂，就稱為「**根本分裂**」。

後來，大眾部自稱為**大乘（大的交通工具）佛教**，稱上座部為**小乘（小的交通工具）佛教**，瞧不起對方。但事實上，並沒有什麼證據可以證明，大乘佛教比小乘佛教優秀。大乘佛教在倡導自己的優點時會說：「我們的船比較大艘，可以載很多人，載一百人也沒問題！」但假如船夫，也就是教團的指導者，並未正確理解釋迦牟尼的哲學，就完全沒有意義，並不會純粹因為船比較大，就比較了不起，甚至還可以這樣想：假如船夫並未開悟、仍在迷惘，那麼船愈大，開錯方向時受到的傷害反而也愈大。

不過，大乘佛教確實很成功。不同於必須要有高度覺悟才能遵守的小乘佛教戒律，大乘佛教的戒律，修改得較和緩、成為較適用於大眾的版本，因此從宗教組織的角度來看，其成功自非小乘佛教所能比得上。接下來，就要看大乘佛教（大船）的指導者（船夫），是不是已經正確理解釋迦牟尼的哲學。但巧妙的是，這也不是問題。因為，大乘佛教出現一個已正確理解釋迦牟尼的哲學，還予以發揚光大的天才——他就是龍樹。

「大眾部」要求放寬標準的十件事

1. **鹽淨**	可以把前一天受施的鹽存起來撒在食物上	6. **久住淨**	未列入戒律的禁止事項，只要有先例可循，就可以做
2. **二指淨**	正午以後（一直到日晷的影子未過兩指之前）仍可以進食	7. **生和合淨**	過了正午仍可飲用牛奶
3. **聚落間淨**（他聚落淨）	托缽用完一餐後，假如仍是上午，可以再到另一個村莊去托缽	8. **水淨**	可飲用未發酵之椰子汁
4. **住處淨**	不必在固定地點舉辦教團的反省會，也可以在其他地點舉辦	9. **不益縷尼師壇淨**	坐具的邊雖有規定大小，但只要不加邊，坐具也可以選用自己喜歡的大小
5. **隨意淨**	教團的決議事項，可以在全員沒有到齊的狀況下做出決定	10. **金銀淨**	可接受金銀或金錢的供養，並且儲蓄起來

註：「淨」這個字是容許的意思

龍樹是公元一五〇至二五〇年左右的佛僧，又叫那伽閼剌樹那（Nāgārjuna）。他認為，在釋迦牟尼的哲學中，**緣起**才是佛教的重點所在，並將之精鍊為**空的哲學**。說起來，「空」這個字，在龍樹之前就問世的大乘佛教經典《**般若經**》中，就已經出現過。但是，在龍樹賦予「空」哲學的意義、系統化地整理過後，大乘佛教才成功建立起不輸傳統小乘佛教的穩固地位。假如沒有龍樹，搞不好大乘佛教只會是個譁眾取寵、俗不可耐的新興宗教，或許也會消失在歷史洪流中。

那麼，龍樹的「空的哲學」是什麼？《般若經》裡又寫了些什麼？

很遺憾，《般若經》是一部多達六百卷以上的超龐大經典，雖然很了不起，但實在很難完全說明箇中的深遠哲學。還好，幸運的是，有另一本經典，已經把厚重的《般若經》，濃縮為區區兩百六十二個字。那本經典就是**《般若心經》**，裡頭有一句話**「色即是空」**，我們都十分熟悉。

不過，《般若心經》是一本作者不詳的經典，並非龍樹所寫。但由於它是記載佛教真髓的經典，不分宗派的人都會閱讀它，可謂經中之經，堪稱君臨佛教界的「經典之王」，因此要用來解說龍樹的哲學，也最適切。所以，我會在本章試著談談《般若心經》的內容。

般若心經

在此，先將《般若心經》當成教科書一樣，簡單介紹一下它的背景。有些重點或許和前面講過的重複，但以下還是把它們列出來：

- 是一本作者不詳的謎之經。
- 據說是濃縮自六百卷的《般若經》。
- 現存最古老的原典（梵語版），收藏於日本奈良的法隆寺。
- 平常我們看到的般若心經，是《西遊記》裡那個唐三藏的原型「唐三藏法師玄奘」的中譯本。

《般若心經》的中譯版內容如下所示。

「般若心經」（唐三藏法師玄奘譯）

觀自在菩薩、行深般若波羅蜜多時、照見五蘊皆空、度一切苦厄。舍利子、色不異空、空不異色。色即是空、空即是色。受想行識亦復如是。舍利子、是諸法空相、不生不滅、不垢不淨、不增不減。是故空中、無色、無受想行識、無眼耳鼻舌身意、無色聲香味觸法。無眼界、乃至、無意識界。無無明、亦無無明盡、乃至、無老死、亦無老死盡。無苦集滅道、無智亦無得。以無所得故。菩提薩埵、依般若波羅蜜多故、心無罣礙。無罣礙故、無有恐怖、遠離一切顛倒夢想、究竟涅槃。三世諸佛、依般若波羅蜜多故、得阿耨多羅三藐三菩提。故知、般若波羅蜜多、是大神咒。是大明咒。是無上咒。是無等等咒。能除一切苦。真實不虛。故說般若波羅蜜多咒。

即說咒曰、

揭諦揭諦　波羅揭諦　波羅僧揭諦　菩提僧莎訶

這就是所謂的《般若心經》，假如再譯為白話，則如下所示。

①觀自在菩薩過去進行深遠的「智慧的修行」時，
領悟到這世上的各種存在與現象，
都是空（沒有實體），

就從一切苦惱中得到解放了。

②舍利子啊，
色和空沒有兩樣，空和色沒有兩樣。
色也就是空，空也就是色。
感受、思考、判斷、意識，這些精神作用，也全都是空。

舍利子啊，這世上的一切存在都是空。
既沒有生這回事，也沒有滅這回事。
既沒有弄髒這回事，也沒有弄乾淨這回事。
既沒有增加這回事，也沒有減少這回事。

③因此，在這個空的世界中，沒有色，
沒有感覺這回事，沒有想這回事，沒有判斷這回事，沒有意識這回事，
這些精神作用全都是無。

也沒有眼、沒有耳、沒有鼻、沒有舌、沒有身體、沒有意識。

也沒有它們所感知的顏色、聲音、氣味、味道、感觸，
以及意識的對象。
從雙眼所見的世界，到意識所想的世界為止，
一切都是無。

沒有無明，也沒有無明消失這回事。
沒有老死，也沒有老死消失這回事。

既沒有「人生是苦」的真理（苦諦），
也沒有「苦的原因在於煩惱」的真理（集諦）。
也沒有「只要去除煩惱，苦就消滅」的真理（滅諦）。
也沒有「煩惱有方法（修行法）可去除」的真理（道諦）。
沒有知道，也沒有得到。
原本就沒有得到這回事。

④菩薩由於進行「智慧的修行」，心中沒有掛罣。
因為沒有掛罣，也就沒有恐懼。

遠離認知的顛倒世界，到達安詳境地。
三世（過去、現在、未來）的所有的佛，
都因為這種「智慧的修行」，而達到完全開悟的狀態。

因此，人應該要知道。
知道「智慧的修行」裡的神祕真言（咒文）、
知道變得明確的真言（咒文）、
知道無可超越的真言（咒文）、
知道無可相比擬的真言（咒文）。
是可以去除一切苦痛、
真實無偽的東西。

那麼，就來講「智慧的修行」的咒文吧：
揭諦揭諦　波羅揭諦　波羅僧揭諦　菩提僧莎訶
（去吧，去吧，往彼岸去吧，完全抵達彼岸的人就是開悟了，祝你好運！）

色即是空、空即是色

那麼，趕快來一行一行看《般若心經》吧。

「觀自在菩薩過去進行深遠的『智慧的修行』時，

領悟到這世上的各種存在與現象，

都是空（沒有實體），

就從一切苦惱中得到解放了。」

這裡所講的「觀自在菩薩」，就是所謂的觀世音菩薩，是大乘佛教中誕生的一位空想的佛。有個大前提要先講。在大乘佛教中，並不認為**佛陀（因為開悟而覺醒之人）**只有釋迦牟尼一位。假如以前真的有個叫釋迦牟尼的人開悟了，那麼在人類過去數千年以上的歷史中，毫無疑問也會有幾個早於釋迦牟尼開悟的人——秉持這種想法的大乘佛教，就創造出多位除了釋迦牟尼之外的已開悟人士，像是觀自在菩薩或文殊菩薩等等。

順便一提，雖然在中譯的《般若心經》中沒有，但是在梵語版《般若心經》中，有一段序文描述以下的狀況：這位觀自在菩薩與釋迦牟尼等人一起修行，並且當場講起佛教的精髓。這雖然是和史實完全不符的奇譚，但可以理解，大乘佛教當然會希望自己創造出來的人物能夠多活躍些。這屬於不便公開討論的事，我們就跳過吧。

總之，第一行寫的是：「有一位偉大的佛，擁有自在觀看事物的能力。祂看穿這個世界上一切都是『空』（沒有實體）之後，就從所有苦惱中得到解放了。」

「舍利子啊」

所謂的舍利子，是釋迦牟尼一個嫡傳弟子的名字。也就是說，這部佛經，是在記錄一些要對舍利子說的事情。至於對舍利子講話的人是誰，眾說紛紜。假如照著梵語版內容，那就如同前述，是「觀自在菩薩所講」。但講的人是誰並無影響，假如你真的很在意觀自在菩薩只是一位幻想般的神祇，那可以簡單替換成「釋迦牟尼在對他的弟子舍利子說話」。

「色和空沒有兩樣（色不異空），空和色沒有兩樣（空不異色）。

色也就是空（色即是空），空也就是色（空即是色）。感受、思考、判斷、意識，這些精神作用，也全都是空。」

一講到《般若心經》，最有名的就是這一句了——

色即是空、空即是色。

這裡所謂的「色」，指的是雙眼可見、雙手可觸、可確信真正存在的東西，或者也可以想成是「物質」。相對的，所謂的「空」則代表沒有實體的意思。

因此，「色即是空」，亦即「所謂的色，也就是空」，就代表「物質沒有實體」的意思。而接下來的「空即是色」就是相反過來，所以是「沒有實體就是物質」的意思。

「A和B沒有不同，B和A沒有不同。A就是B，B就是A。」

結果，這段話不外乎是把這段內容，用饒舌的調調帥勁十足地講出來而已，只是單純想強調「A＝B」這件事。

而A就是「色」、B就是「空」，因此就是

色（物質）＝空（沒有實體）。

那麼，具體而言，空所代表的「沒有實體」，究竟是什麼意思？

坦白說，與「空」相近的概念，早在釋迦牟尼仍在世的佛教初期階段，就已經存在。在釋迦牟尼開悟的事項中，有一件叫「緣起」，龍樹就是把它發揚光大、發展出「空」的哲學。

緣起

釋迦牟尼所悟出的「緣起」是什麼？他以一流洞察能力體認到：「各種事物，一定都會因為某種因緣發生，既而不斷生生滅滅，沒有永遠不變的這回事。」

人們常會說「很高興有這個機緣參加活動」之類的話，意思是，這件事是在「剛好有熟人邀約」、「原本的行程突然取消、空出時間」等程度不大的「間接原因」（稱之為緣）全部累積在一起，才導致事情發生。事情絕對不會毫無緣由自己發生。

以「A同學正往學校走去」為例。或許有人認為，A同學是以一己之力引發此一現象，但事實上，假如學校蓋在反方向，他毫無疑問就不會朝著目前這個方向走。或者，假如沒有前人發明學校這種東西，他根本也不會去學校。他踩在上面、往前走的那條路也一樣，是有人在那裡施工鋪路才形成的，他才因而得以走在上面。

像這樣，不過只是走到學校的現象而已，就已經是大量而複雜的緣（間接原因）交織在一起才構成，事情絕不是單純自己發生。同樣的，任何事物或現象，都無法單獨存在，而是許多「緣」（間接原因）彼此交錯才會發生，是一種從無到有、又從有到無，沒有實體的東西。

龍樹就根據這樣的「緣起」，發展出一套「空的哲學」：「各種事物、現象，都是在相互關連下成立的，並非以實體的型態確切存在。」

空的哲學

要了解龍樹的「空」（沒有實體），《彌蘭陀王問經》（*Milindapañha*）是最適切的佛典。

有一天，彌蘭陀王向高僧那先比丘（Nagasena）問道：

「你是那先比丘嗎？」

那先比丘回答：「對，別人都這麼叫我。不過，那只是一種『名稱、概念、慣用稱呼』而已，事實上並沒有『那先比丘』的實體存在。」

眼前明明就是那先比丘本人，為什麼他卻說自己「沒有實體」（＝空）？

國王訝異地繼續問道：「那先比丘啊，假如你沒有實體，那麼收受袈裟、食物、寢具、醫藥品的人是誰？努力修行的是誰？還有，假如你沒有實體，那麼我殺了你，不就可以當成不是殺生了嗎？既然你都說『大家叫我那先比丘』，那麼大家口中的那先比丘到底是什麼？你這身體不是那先比丘嗎？」

「你錯了，不是。我的指甲、牙齒、肌肉、骨頭，並不是那先比丘。」

「那麼，看到什麼、感受到什麼的感知作用與意識，才是那先比丘嗎？」

「你錯了，不是。」

「既然這樣，不就哪裡都沒有那先比丘了嗎？難道你是在說謊，開我玩笑？」

那先比丘的回答實在太教人摸不著頭緒，國王感到很傷腦筋。

這時，那先比丘突然轉換話題。

「不過，今天可真熱呢。對了，陛下你今天是踩著炎熱的地面徒步走來的嗎？」

「不，我搭馬車來的。」

「那麼，陛下，現在換我問你了。馬是馬車嗎？」

「不，不是。馬就是馬吧。」

「那麼，韁繩是馬車嗎？車輪是馬車嗎？鞭子是馬車嗎？」

「不，都不是。」

聽到他的回答，那先比丘笑道：「既然這樣，不就哪裡都沒有馬車了嗎？你說自己坐『馬車』來，難道是在說謊，開我玩笑？」

國王沉吟了一聲。

「原來如此。也就是說，馬、車輪以及韁繩等等，構成了『馬車』這個『名稱、概念、慣用稱呼』，並沒有『馬車』的實體存在，是這樣嗎？」

「陛下，你說得好。你已經理解『馬車』這種東西了。我也和馬車一樣，是因為有指甲、牙齒、肌肉、骨頭及意識組合在一起，才產生了一個叫『那先比丘』的名字，並不是因為有什麼確切實體叫做『那先比丘』。陛下啊，我聽說，在釋迦牟尼仍在世的時代，曾經有人[1]告訴他這樣的話：『就像把多個部位集合在一起，才構成車這個字眼一樣，每一個名稱，都要先有要素存在，才會形成那個名稱』。」

假如把前述《彌蘭陀王問經》的例子換成現代說法來解釋，大概是這樣：

「所謂的『自行車』，只不過是將把手、踏板、輪子、鏈條等許多零件組合在一起後，如此稱呼成品而已，並不表示存在著一種叫做自行車的獨立物件。」事實上，假如拆下把手、踏板，「自行

1 此指金剛比丘尼對釋迦牟尼所講的一番話。若根據北傳的《雜阿含經》的記載，這段話是「如和合眾材，世名之為車；諸陰因緣合，假名為眾生」。內容相近的南傳《相應部》則是這樣的措詞：「猶如諸支集，而起車之名；因於有五蘊，而有眾生名」。

車」就消失了。但我們拆下的明明不是「自行車」這東西啊！意思是，這種叫「自行車」的東西，並不是某種敲起來會有聲音的確切實體，我們只不過是把一種由把手、踏板等零件集合在一起的東西，稱為「自行車」而已。

這樣的說法，也完全適用於構成自行車的零件。例如，我們以為「把手」是一種確實存在的物體，但事實上，它也是把「鐵原子」聚合在一起變成這種形狀，人們再如此稱呼它而已，並不表示有一種叫做「把手」的東西確切存在。只要分解為一個個鐵原子，「把手」就會在一瞬間消失。

那麼，構成把手的「鐵原子」，總該是確切的東西了吧？基本上，根據一般人的認知，會把原子看成「形狀圓圓的小粒子」、一種確切的實體。但事實上，它和「自行車」、「把手」都一樣。

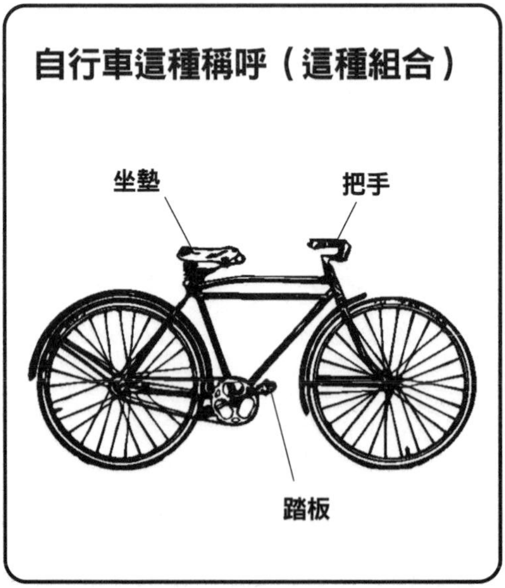

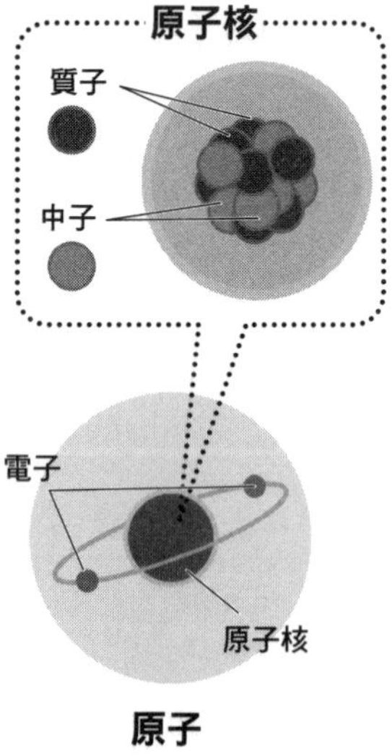

只要看右頁的圖就很清楚。鐵原子只不過是把「原子核」與「電子」這些元素組合起來後，再如此稱呼成品，並非真有一種叫做「鐵原子」的東西確切存在。只要分解為「原子核」與「電子」，「鐵原子」就會如露珠般消失。

原子核也一樣，它是由質子與中子構成。質子也一樣，它是由多個夸克構成。那麼，夸克就是確切的實體嗎？拆解至此，由於已經極為微小，超出能夠觀測的界限，因此無從確認。但無論如何，就連我們平常以為確切存在的物質，其實也和自行車一樣，沒有實體。

總之，我們不過是從某種因子的集合體中，切割出一部分來，幫它取個名字而已，並不表示，使用那個名字的東西，就是存在於那裡的某種獨立而確切、永遠普遍的東西。

對於「只切割出一部分、幫它取名」一事，每個人可以依照自己的喜好決定「要怎麼切割哪個部位」，並不是非得按照一定規則、一定要怎麼切不可。

因此，舉個例子，我們可以把「把手」及其周圍的「氧分子」，以及碰巧就在它對面的「郵筒」三項因素結合在一起，切割出來，再幫它取個名字。不，應該說，假如從這種角度看待它們，將會有人因而享受到某種好處（價值）的話（例如，假設有人可以因為這三項東西之間產生的關係，而在自己右手聚集起龐大的宇宙能量、繼而釋放出原本隱藏的潛在能力），那麼毫無疑問，應該早就已經有人把這樣的存在切割出來，也幫它取好名字了（像是「永恆之血」之類的）。

當然，對於無法理解這種好處（也就是找不出其價值）的我們而言，一定會覺得，把「把手」、

「氧」、「郵筒」結合在一起，還幫它取名字，是一種異常行為，因為，根本不存在這種東西。

因此，假如有人對你說：「嘿，你看，那邊有個『永恆之血』耶」，你的回答一定是：「那只是你自己這麼說吧？哪裡有什麼東西叫『永恆之血』？不可能真的有這樣的東西（實體）存在。」

現實也是如此。無論自行車、郵筒、鐵原子、國家、銀河系、那先比丘，還是永恆之血，全都一樣，只不過是人們擅自這樣命名，並不表示這樣的事物（實體）真的存在。全都是人從外部擅自設定「從這裡開始到這裡為止的範圍，就稱為把手」，把它切割出來，才會產生名為把手的事物，假如沒有這個前提（沒有把某部分切割出來的人），我們就無法說把手這個事物存在。

到目前為止，我們討論了「物質」這種「空間上的靜態東西」，但同樣狀況，也適用於「現象」（事件）這種「時間軸上的動態東西」。從以下這

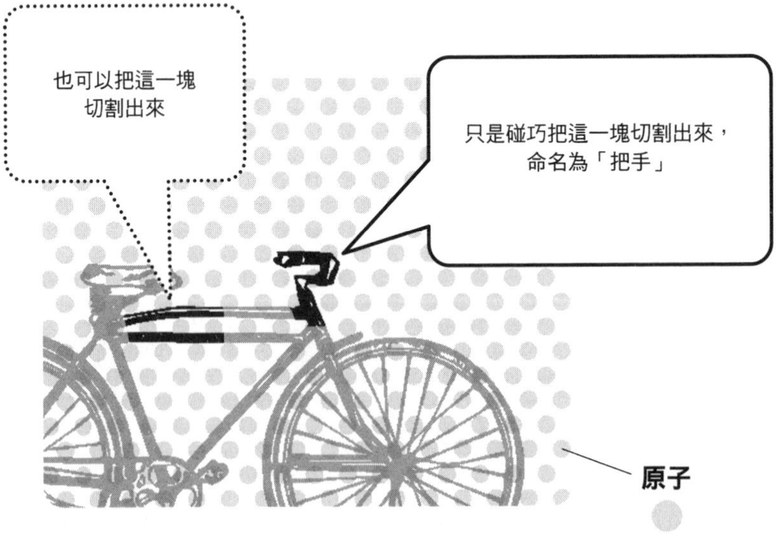
也可以把這一塊
切割出來
只是碰巧把這一塊切割出來，
命名為「把手」
原子

個角度切入，或許會比較好了解這概念：在「空的哲學」中，各種事物都是在相互關係下成立。

假設，在某個地方發生了一件事，「A球飛了過來，撞到B球，把B球彈飛」。基本上，我們會把這樣的事象看成不容否認的事實，認為這是一件再清楚不過的事。然而，事實上，不過是因為我們心裡擅自認定「A這個加害者，單方面把力量使用在B這個受害者身上」，才會產生「A把B彈飛」的認知。

說起來，各種物理現象，都是**「交互作用」**。所謂的「交互作用」，正如字面所言，就是「相互產生作用」（相互造成影響）。現代物理學認為，宇宙中發生的所有物理現象，背後一定都有交互作用的存在。這意思是，無論何種物理現象，都一定是「電磁力、重力、弱力、強力」四種力量的其中一種所引起，而這四種力量，每一種都是交互作

交互作用

（引力或斥力）

物理學中所謂的力，
定義為二者間的「交互作用」（彼此牽引的作用，或彼此推離的作用），
而且只存在以下四種：

1.重力　2.電磁力　3.弱力　4.強力

用。講明白一點，在這個宇宙中，有的只是交互作用而已。也就是說，絕對不可能發生「某個東西，單方面對另一個東西造成影響」之類的事。

因此，我們日常生活中雖然常說「蘋果掉到地上了」或類似的話，但這現象其實是蘋果與地球間，一種叫重力的交互作用所造成的結果。真的要講的話，一般的描述方式是有問題的，因為，蘋果也以同樣強度的力量牽引著地球。既然這樣，正確的描述就應該是「蘋果與地球相互牽引」才對，如果說「蘋果掉到地上了」、「蘋果因為地心引力而掉下來」，就太過片面、太小看蘋果。到頭來，這樣的描述或認知，其實只是人類擅自認定的說法。

此外，我們也會把現象區分為「原因」與「結果」，認為「原因↓結果」是一種絕對關係。例如，以剛才的兩顆球為例，就是把事情區分為原因（A球飛了過來），以及結果（B球被彈飛）來思考。然而，假如一開始就沒把B球放在那裡，A球與B球就不會相撞，所以也可以看成，「B球在那裡」才是真正原因。

這麼一來，就變成可以互踢皮球，指責對方是造成碰撞的原因。

「會相撞是因為你飛過來，是你的錯！」

「不對，會相撞是因為你在那裡，是你的錯！」

但如果「原因到底是什麼」，會像這樣因為某一邊的主觀看法而改變，就代表「原因」只不過是「擅自認定」之下的產物。

也就是說，我們平常在講的「原因」一詞的真正內涵，其實來自於每個人的「擅自認定」，並不表示確切存在著一種不證自明的「原因」。

接著，我再提出另一種關於原因與結果的觀點。

「A球飛了過來，撞到B球」，就代表可能有某種主體，「故意把B球放在A球可能撞到的地方」。這時候，假如把引發「撞到」這種結果的真正原因（背後黑手），看成是「故意把B球放在那裡的某種主體」，應該是一種還算自然的想法吧？其實，我們也可以從完全相反的角度，看待這種原因與結果之間的關係。

請各位試著換個想法，把「故意把B球放在那裡」，換成「為了讓B球被撞到才放在那裡」，或是換成「因為會撞到B球才放在那裡」。這種狀況下，「撞到」可以說反倒成了引發「把B球放在那裡」這個結果的原因。

也就是說，可以用兩種不同解讀角度，輕易一百八十度扭轉原因與結果之間的關係：

「因為把B球放在那裡，所以才會撞到。」

「為了被撞到，才把B球放在那裡。」

當然，或許有人會對這樣的說法提出反對意見：「這樣講不對。有時候，也可能真的是剛好把B球放在那裡，結果發生符合物理法則的自然現象而已吧。這種時候，我們就不能說，有一種『希望B球被撞到，才把它放在那裡』的意志在背後運作。因此，原因和結果之間的關係，並不會逆轉。」

然而，我們又哪裡能斷言，不存在那樣的意志呢？

因為，搞不好，神在創造宇宙時早就已經想好，要在那個地點、那個時刻，讓A球與B球相撞也說不定呀！神搞不好就是為了實現這件事，才在綿密的計算下，設定物理法則（植入這樣的程式）也說不定呀！

事實上，假如創造出宇宙的神跑出來，向提出反駁的人說：「嗯，是真的唷，我是為了讓它們撞到，才巧妙設計出物理法則、創造出這個宇宙。我就是為了這件事而創造宇宙」，那麼，持反對意見的人，應該也就不得不承認，「撞到」才是真正的原因（事情的起源）。

假如那個人又提出反駁：「哪有這種事，現在根本還不知道有沒有神存在，而且就算神存在，祂也不會理會這種問題吧？」你還是可以回答他，「你這樣不就等於承認，根本還不確知有沒有那樣的意志存在嗎？既然這樣，不就等於你也無法判斷，到底哪個是原因、哪個是結果嗎？」

明明無從判斷，明明不知道哪個才是真的，卻說「就是這樣」，這不折不扣正是「擅自認定」的想法。

〔或許對方還會奮力提出反駁，說「哪有這種事，你只是在詭辯。物理法則是一種再清楚不過的東西，現象不過就是照著發生而已，原因和結果之間的關係，不證自明」，但西方哲學家休謨（David Hume），老早之前就否定這樣的論點。他說，「物理法則這種東西，只是人類根據經驗上的習慣，擅自認定『存在著這種絕對法則』，再轉換成信念而已，根本無從得知是否真正存在著那樣的法則。」也就是說，沒有不證自明這回事〕。

好了，就像上面講的這樣，我們日常生活中認為確切存在的「物質」（A或B）、「現象」（A把

B〇〇了），其實都是出於我們每個人的「擅自認定」，導致「看起來是這樣」而已。

這個世界的真正面貌，原本其實是沒有A也沒有B可言、沒有這個與那個可言、一切都黏呼呼混合在一起的海一般的東西。我們是從這片黏呼呼的海（一切都連結在一起的巨大關連性）當中，刻意切割出「這是A」、「這是B」，或是切割出「A↓B」這種特定方向運作的關係，再為它們取上「〇〇現象」的名字，或是描述「A把B〇〇了」，如此而已。

當然，諸如此類的命名或描述，都是根據某種價值標準所切割出來的、世界的一部分而已。我們不可能用這樣的命名或是描述，就正確呈現出世界（整體）的全貌。

但我們卻草率地說出「蘋果掉下來了」、「那傢伙打了我」之類的話，以為這些話就能呈現出世界的真貌（事實上，搞不好是臉打了拳

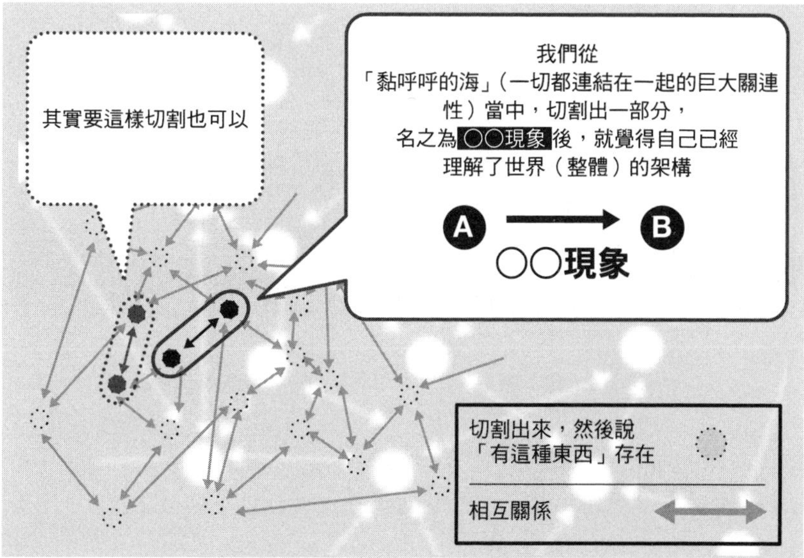
其實要這樣切割也可以
我們從
「黏呼呼的海」（一切都連結在一起的巨大關連性）當中，切割出一部分，
名之為〇〇現象後，就覺得自己已經
理解了世界（整體）的架構
A
B
〇〇現象
切割出來，然後說
「有這種東西」存在
相互關係

頭）。

這段話講得有點長，總之，這裡想表達的是：「我們認定『存在』的東西，全都是因為我們自己先把它那樣『區隔』出來，它才那樣存在的，絕非因為有那種東西（的實體），所以才存在」。

就是這樣。假如反過來看這件事，就是：

「這種沒有實體的東西（為了區隔而畫出分隔線，才出現的東西），正是我們所認定『存在的東西』。」

也就是說，色即是空、空即是色。

「色也就是空，空也就是色。」

存在沒有實體可言，存在的是沒有實體的東西。

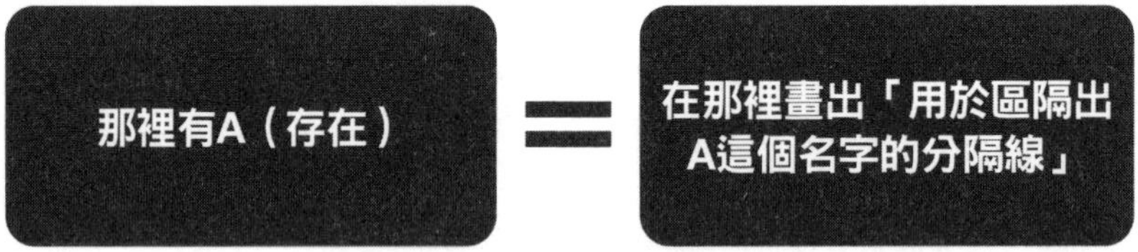
那裡有A（存在）
＝
在那裡畫出「用於區隔出A這個名字的分隔線」

「存在」、「有什麼存在」，相當於「為了區隔而畫出分隔線」。

般若（智慧）的境地

但遺憾的是，剛才說明的「色即是空」，既不是《般若心經》的核心，也不是佛教的真諦。「空」的哲學，充其量只是先備知識、只是最初的入口，因為《般若心經》才剛講到開頭的地方而已，接下來才要進入真正的核心。

順便一提，《般若心經》的「般若」，是巴利語「pannà」的音譯，而「pannà」原本就有智慧的意思。因此，《般若心經》也就是「智慧心經」，事實上是為了說明智慧，才寫出來的一部經。

那麼，《般若心經》所揭示的「般若」（智慧）是什麼？

一般的通俗說法是：

「萬物皆空，皆為沒有實體的虛幻，因此再怎麼執著也沒有意義。釋迦牟尼悟出了這個真理、遠離執著，也克服一切的苦。但就算知道這些，對我們來說依然十分難以做到。不過，只要你用一切都是空的角度去看這個世界，你的心不就變得很輕鬆了嗎？」

一般人很容易誤以為，這種類似生存法則般的東西，就是《般若心經》的「智慧」。

這樣的通俗解釋有它的美妙之處，一般人也很容易理解吧。但事實上，這並非《般若心經》所揭示的「智慧」。

我們暫且先繼續看《般若心經》接下來的部分吧。

「無區隔」的落實

從「色即是空」之後，才是《般若心經》的真正精髓。

「舍利子啊，
這世上的一切存在都是空。
既沒有生這回事，也沒有滅這回事。
既沒有弄髒這回事，也沒有弄乾淨這回事。
既沒有增加這回事，也沒有減少這回事。」

只要人類不對照某種價值標準（每個人依喜好選用的區隔方式），這世界就不存在長的東西、短的東西。同樣的，也就不存在髒的東西、乾淨的東西（順便一提，自行車、鐵原子、國家、銀河系也同樣不存在。因為，它們都是根據某種價值標準切割出來的，和長的東西、短的東西相同）。

「因此，在這個空的世界中，沒有色，沒有感覺這回事，沒有想這回事，沒有判斷這回事，沒有意識這回事，這些精神作用全都是無。」

好啦，從這裡開始，《般若心經》開始逐步進入奇怪的內容了。

在這段文字中，我希望各位注意的重點是，它的主張已經從「空」轉向「無」了。目前為止，《般若心經》提出了許多「空＝無實體」的主張；從這裡開始，則要根據前面講的「空」，進一步帶出「所以，無（不存在）」的論點。

亦即，主題從「空」（無實體）轉換為「無」（不存在），《般若心經》也從這裡開始大膽斷言，一些現實中明顯應該存在的、我們主觀的意識體驗，全都是「無」（不存在）。

順便一提，大多數《般若心經》的入門書中，對於這部分內容，都會以這樣的方式解釋：

「在這裡突然講到無，或許會讓各位感到驚惶失措，但佛教絕非虛無主義。這裡所講的無，不是指『不存在』，請把它看成是『因為空，所以執著也沒用』。」

如前所述，通俗的角度，會把《般若心經》解讀為「一本告訴我們凡事都沒有實體、都是虛幻，所以無需再執著的出色佛經」，因此想當然會出現如上的解釋。事實上，「空」（無實體）也就算了，「無」（不存在）聽起來似乎就講得太過。

因此，不同解說者，可能會在說明時，把「無」替換為「不執著」。

然而，本書會直接照著字句內容解釋。我們就先當佛教是虛無主義、《般若心經》要表達的是「無＝不存在」，再繼續看下去。

因為，在《般若心經》參照的內容中，也包括龍樹所寫的《中論》一書。在這本書裡，龍樹一直談到這個「無」、那個「無」，不斷否定一切。

為何龍樹要主張「無」？他明明可以只講一些「因為沒有實體，所以就捨棄執著生存下去吧」之類的話，因為，那樣講可以讓群眾拍手叫好，讚許「原來如此，講得太棒啦」。但他卻刻意使用「無」這種強烈的否定字眼，原因何在？

這在佛教的歷史中有其原因。從釋迦牟尼的時代開始，原本就存在著像那先比丘的故事中所講的那種說法：「就像把不同部位加在一起，才構成了馬車這個字一樣，每個名稱，也都是相關要素累積而成。」

也就是說，很早之前，「空」就已經存在著這個思考基礎了：「事物都是要素的集合，並無實體」。只是，在釋迦牟尼死後，這樣的思維隨著時間過去，漸漸演變為如下解釋。

「雖然沒有實體，但成為該實體源頭的『要素』本身，是『存在』的吧。」

前面我們談過，原子是由「原子核與電子」這些要素所構成，原子核是由「質子與中子」所構成，因此沒有實體。但假如像這樣不斷分解下去，你難道不覺得，遲早會碰到無法再分解下去的絕對要素（有實體的東西）嗎？

佛教徒也有這樣的想法。雖然任何事物都是在關連性下成立，是形成之後又會消失的虛幻，但創造出那種關連性本身的根本性「要素」，應該還是存在於某個地方。

於是，他們把這種根本性「要素」，定義為永遠不變存在的東西，開始主張，應該建立一門學問，分析要素的種類與關連性，予以系統化。

這似乎可以成為一門了不起的學問，只是，它已經和釋迦牟尼一開始想表達的觀點，走上完全相反的方向。最後，這門嘗試性的學問，就在毫無根據下，隨個人喜好定義出各式各樣的「要素」，設想各種論點。到頭來，只漸漸形成了堆積如山、令人難以了解的複雜論文，狀況變得無法收拾。

龍樹是少數正確理解與繼承釋迦牟尼哲學的人之一，他一定得阻止這樣的事情繼續下去。因此，他必須寫一本以強調口吻徹底否定的經典，提到「沒有那樣的要素存在」、「你們從常識來看認為存在的東西，全都是無」、「沒有過去、現在與未來，也沒有長、短。一切都是相對關係，只是看起來像是『有』而已，事實上還是『無』。」

這個部分，和釋迦牟尼所講的「我（阿特曼）不存在」，可以看成是同一件事。

龍樹不得不講「無」。因為，只要一說「有」，釋迦牟尼真正想傳達的事，就會化為泡影。龍樹很清楚，只要徹底否定，前方就存在著一個「釋迦牟尼體驗過的那種境界」。就因為這樣，他才會寫出一本徹底講「無」講個沒完的經典。所以，繼承龍樹哲學的《般若心經》，也一樣徹底說明「無」

的這個否定。

「也沒有眼、沒有耳、沒有鼻、沒有舌、沒有身體、沒有意識。
也沒有它們所感知的顏色、聲音、氣味、味道、感觸，
以及意識的對象。
從雙眼所見的世界，到意識所想的世界為止，
一切都是無。」

沒有眼、沒有耳、沒有感覺、沒有意識，也沒有意識的對象，就連這個世界也是什麼都沒有。我要先聲明，這些話並非「萬物皆空（擅自認定）」，所以不該執著」的意思，而是「無」。《般若心經》對於我們常識中認為確實「有」的事物，也一樣斷言「沒有這種東西」、予以否定。

然而，《般若心經》的否定大刀，不只是砍向世界而已。

「沒有無明，也沒有無明消失這回事。

沒有老死，也沒有老死消失這回事。」

所謂的「無明」，就是沒有開悟的狀態，「無明消失」就是開悟。因此，第一句話的意思是，「無論開悟或是沒開悟，完全都是假的，一開始就沒這回事」。但這已經明顯在否定整個佛教了，因為佛教原本就在追求「據說釋迦牟尼已達到的開悟境界」，這時卻說「沒有那樣的開悟存在」，等於是通盤予以否定。

接下來的「沒有老死，也沒有老死消失這回事」，固然也可以照字面解釋，但這其實也包含了對佛教「十二因緣」教義的否定。

所謂的十二因緣，就是採取「因為有無明，所以有○○；因為有○○，所以有△△，因為有△△，所以有老死」這種形式的主張，總之是一種佛教特有的理論，認為「因為有無明，所以在連鎖反應下，才會有老死這種不幸」。反過來說，就是「只要無明消失（開悟），老死也會消失」，因此是賦予學佛者動機的重要教義。但《般若心經》卻乾脆否定它，說它「完全是騙人的，沒有這回事」。

接著，仍持續否定佛教的教義。

「既沒有『人生是苦』的真理（苦諦），

也沒有『苦的原因在於煩惱』的真理（集諦）。
也沒有『只要去除煩惱，苦就消滅』的真理（滅諦）。
也沒有『煩惱有方法（修行法＝八正道）可去除』的真理（道諦）。」

釋迦牟尼所講過的基本中的基本，也就是「四諦」以及「八正道」，《般若心經》也全面否定。《般若心經》否定一切，無論是釋迦牟尼還是佛教的根本教義，全都不放過。

無，無，徹底的無！

但這樣子否定，到底能得到什麼？能得到什麼了不起的見解嗎？不能！《般若心經》連那樣的願望，也要徹底破壞！

「沒有知道，也沒有得到。
原本就沒有得到這回事。」

在這瞬間，《般若心經》已經否定一切。它否定了物質、世界、感覺、意識、佛教、釋迦牟尼的開悟，說「沒有這種東西！」，徹底破壞它們，否定個沒完沒了。

《般若心經》來到這裡，又突然轉換了文章走向，唐突地講起一些正面的話。

「菩薩由於進行『智慧的修行』，心中沒有掛罣。因為沒有掛罣，也就沒有恐懼。遠離認知的顛倒世界，到達安詳境地。三世（過去、現在、未來）的所有的佛，都因為這種『智慧的修行』，而達到完全開悟的狀態。」

到不久前，明明都還在說「無，無，無開悟可言，無得到可言」，怎麼態度又突然大轉變？

這裡要注意的重點是，跑出了「智慧的修行」這個詞。雖然一開始也出現過，但藉由實踐「智慧的修行」，似乎就能達到開悟的境地。

這個「智慧的修行」所指為何？其實，到目前為止講著「無、無」，否定一堆東西的這件事，正是「智慧的修行」。那麼，為何嘴裡講著「無、無」，不斷否定，就是一種「智慧的修行」？再者，智慧（般若）指的究竟又是什麼？

智慧的祕密

有兩種方法可以「學習事物、理解事物」。

一種是組合既有知識，不斷藉此增加新知識。

例如，我們可以從「加法」和「重複」的知識中，理解「乘法」（加法的重複）的新知識；也可以從「乘法」與「倒過來」的知識中，理解「除法」（乘法倒過來）的新知識。還有，我們把「加」與「乘」等演算知識組合起來，就能理解「方程式」這種新知識。只要不斷下去，總有一天，我們應該也能理解微分、積分等高度知識。

這種方法就是像這樣，運用新得到的知識，獲得其他知識。這也是我們日常生活中用於理解的方法。

這種理解的方式，稱為**分別智**。

而雖然我說「組合知識」，但所謂的知識也就是「言語的集合」。例如，「○○是××。」「因此，在△△的部分就□□，而且☆☆。」

無論何種知識，一定都能運用某種語言，根據語言規則串連在一起，以文句的形式呈現。因此，「組合知識、獲得新知識」，不折不扣就是一種組合一些言語（文句）、創造新言語（文句）的行為。

關於「言語」，龍樹在《中論》一書中留有如下的考察。

「去這件事，和去的人不能分開。如果我們說『去的人去』，那就有兩種去了。一種是『去的人的去』，另一種是『去這件事的去』。」

不愧是出了名難懂的《中論》。乍看之下，根本搞不懂這段文字在講什麼。但如果把「去」換成「走路」，或許就好懂一些。

平常，我們會自然而然使用「走路」這個詞，但事實上，存在的是「走路的人」（走路的山田、走路的鈴木），絕非（從走路的山田拆出來的）「走路」這件事本身，擁有某種存在的實體。

但是，我們卻擅自把「走路」從「走路的人」（走路的山田、走路的鈴木）拆出來變成一個詞，講得好像存在著一種叫做「走路」的普遍現象。

對此，龍樹大力提出質疑。

「大家都毫不在乎地用『走路、走路』這種說法，但怎麼可以擅自把它從『走路的人』拆出來？說起來，假如存在著從走路的人拆出來、純粹的『走路』這種現象，那不就變成要講『走路的人走路』了嗎？幹嘛要講兩次？」

頭好痛。呼嘯的勁踢在呼嘯，打中的拳頭已打中[2]。這種措詞方式很可笑。

2 這兩句都是日本漫畫家島本和彥的格鬥作品《炎之高校生》動畫版的片頭曲歌詞。

原本就沒必要把「走路」從走路的人分離出來。因為，如前所述，這個世界原本就像是個一切都相連的「黏呼呼的海」。也就是說，並不存在一個，已經明確為不同事物劃分好區隔線的世界。

但人類卻硬要切割這個不該切割的世界，把世界劃分為「這個」與「這個以外」。接著，把「這個」取名為「A」，說「A存在」。想當然耳，「A」這個字所指稱的「這個」，並沒有「實體」。因為，「這個」所代表的，只不過是硬在什麼也沒有的地方畫出區隔線，劃分為「這個」與「這個以外」兩部分才產生的。

總而言之，無論A也好，B也罷，石頭也好，山也罷，走路也好，講話也罷，一切話語所指稱的都不是「存在於世界上的東西」（實體）；它們指稱的，事實上只是根據某種價值標準畫出來的區隔線所顯現出的部位。因此，所謂的言語，可以說就是「區隔」（區隔線）。

所以，組合一些言語（知識）、得到新言語（知識），就等於是組合各種區隔、形成新區隔。

「透過一套區隔（差異）的體系，掌握事物（世界）。」

就是因為這樣，才稱之為「分別（區隔）智」。

無論科學、數學還是哲學，只要是以言語（用於區隔的符號）的組合做為記述方式，全都隸屬於「分別智」的範疇。還有，與我們最有切身關係的「思考」這種行為，由於也只能在言語組合的範圍中產生，因此也屬於分別智。所以，所有人類的知識活動，都算是分別智。

但人類除了「分別智」以外，還有另一種理解方式。不，正確來說是「理當會有」。

因為，請各位想想看。人類的知識活動，確實因為「言語的組合」呈現出很出色的成果。但最早的「言語」，又是從何而來？

例如，嬰兒。嬰兒是在完全不懂言語之下來到這個世界。因此，他沒有辦法透過思考（透過組合言語、從事知識活動）理解事物。

當然，就算我們對他說「蘋果」這個詞，他們聽在耳裡，也只會覺得是一首以「ㄆㄧㄥˊㄍㄨㄛˇ」的音為旋律的歌而已，腦海中不會浮現「蘋果」二字，也不會浮現紅色水果的影像。

不但如此，就算拿真正的蘋果給嬰兒看，他也不知道那就是蘋果吧。這時的「不知道」，絕不表示「不知道它的名字叫蘋果」。

大人只要一看，就可以馬上判斷「盤子上放著蘋果」，但對於絲毫不懂言語的嬰兒而言，根本連蘋果與盤子的區隔線（差異）都還不知道。而且，他們也還沒有，從這個世界切割出一種叫做「放在什麼上面」的普遍概念，自然無從理解眼前狀況。假如嬰兒能夠理解「蘋果放在盤子上」，就表示他已經能區分盤子與蘋果，就算不知道「蘋果」這個名稱，也不知道怎麼發「蘋果」的音，在哲學上，依然可以視為「他已經學會了言語」。

只是，小嬰兒最初的「理解」，從何而來？

他得先從「黏成一片的景色」中，區分出「這個」以及「這個以外」兩個部分。他得先從這個世界，切割出原本並非以「實體」型態存在的普遍概念。他得察覺到，就算音高完全不同，爸爸與媽媽發出來的「ㄆㄧㄥˊㄍㄨㄛˇ」的旋律，依然是用於指稱同一對象的符號。

小嬰兒是如何從完完全全的「零」的狀態，形成這樣的理解？由於他還不懂言語，至少，他不可能像我們平常那樣，透過「運用言語的思考活動」（分別智），實現那樣的「理解」。

這意思是，真的有另外一種方式，可以讓我們就算不用任何語言，也能理解這世界！

這個另一種方式，正是《般若心經》中稱為「般若」（智慧）的東西。也由於可以不使用語言就能理解，因此也稱為**無分別智**。

所謂的「無分別智」，正如字面所言，就是不仰賴區隔（把某種東西從世界切割出來，即「語言化」），而是以直覺方式理解事情。事實上，釋迦牟尼所悟出來的「真理」，正是一種只能以無分別智（智慧）理解的東西。因此，佛教徒以達成無分別智的境界為目標，佛教則提示他們達成那種境界的方法論（修行法）。

那麼，怎麼做才能達到無分別智的境界？非常簡單，只要停止區隔就行了。所謂的無分別智，任何人在還是嬰兒時都曾經擁有過，因此只要停止區隔、放棄「分別智」，回到嬰兒時的「極度的無知」，那麼我們最初的理解能力「無分別智」，一定就會再次出現。

那麼，如何才能停止區隔？有效的方法是，「否定一直以來區隔的事」。正因為如此，《般若心經》才會格外強調一切都是「無，無」。這是不留活口的絕對否定，一連串的「無」攻勢。無論腦子裡閃過何種思考、區隔或言語，《般若心經》都會馬上擊潰它。

「世界這東西，是確切存在的吧。」
「是你擅自認定而已，沒那種東西！」
「可是，我們確實有看到這個世界的意識體驗呀。」
「是你擅自認定而已，沒那種東西！」
「釋迦牟尼是個神一般的偉大人物，只要照著祂的教誨去做即可。」
「是你擅自認定而已，沒這回事！」

對於思考（分別智）創造出來的所有事物，《般若心經》都施以「否定」的暴力，將對方破壞得體無完膚。《般若心經》就是想要把所有區隔破壞殆盡，好把它的讀者都打入虛無的地獄。

但遺憾的是，這種「一古腦兒逐一把腦海裡浮現的東西，以無的攻擊否定掉」的方式，並不適用於「無分別智」。就算使盡全力，還是會差那麼一步，否定不了它。

原因在於，「無」的否定攻擊，碰到了說什麼都擊潰不了的、最最堅固的「區隔」。無論再怎麼強烈否定，都絕對破壞不了這最強的區隔。這種區隔就是：

「我」與「他者」的區隔

「我與他者」、「自己與世界」、「我以及非我之物」，這恐怕是我們最先建立的區隔。它是最原始、最起初的區隔。

例如，當別人跟我們說：「沒有所謂的蘋果，趕快去除認為有蘋果的擅自認定吧」，我們或許可以理解、放棄蘋果這種區隔（把蘋果以及非蘋果之物切割開來的區隔）。但就算我們不斷放棄諸如此類的區隔，到最後，一定還會留下最堅固的區隔，那就是名為「我」的區隔（字眼）。

這個名為「我」的區隔，絕對無法以「無」的攻擊予以擊潰。因為，就算所有東西都能用「無」否定，正在使用「無」做出否定的我，還是存在吧。

就算再怎麼質疑自己的存在，「正在質疑

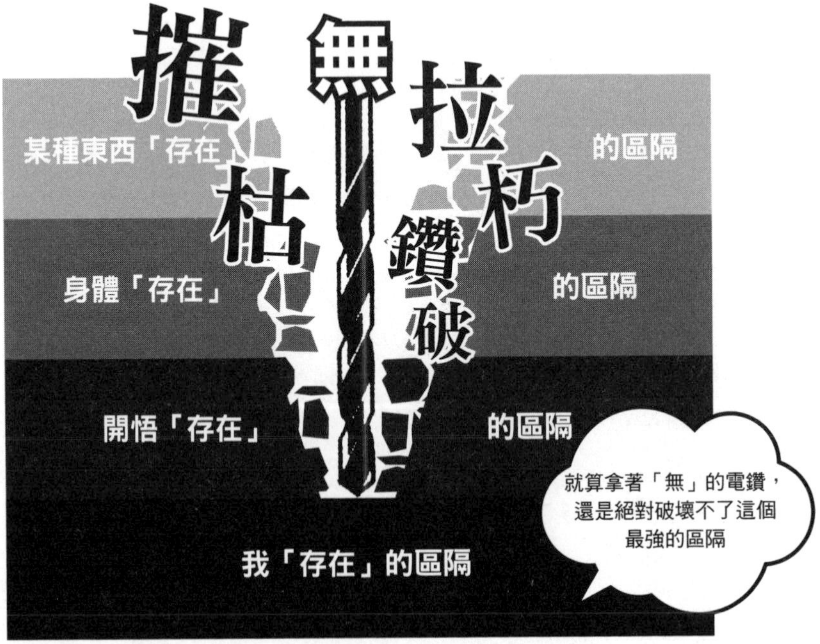

的自己」，本身就是一種絕對不容質疑的存在。就算你「質疑正在質疑的自己之存在」，還是會有「正在質疑此事的自己」存在。同樣的，不管你再怎麼主張無世界、無我，「正在主張無的我」，也還是一定存在。

「我」是為了「我存在」而設的區隔，是我與非我之物的區隔線，也是無從破壞的絕對領域。AT Field[3]。

但唯有成功破壞這最後的區隔，佛教中追求的「終極的智慧」（般若），才會出現。

講到這裡，《般若心經》要進入最後的部分了，而且呈現出驚人的發展。

「因此，人應該要知道。
知道『智慧的修行』裡的神祕真言（咒文）、
知道變得明確的真言（咒文）、
知道無可超越的真言（咒文）、

3 日本動畫《新世紀福音戰士》中的專有名詞，全名是「Absolute Terror Field」，意指尋常槍砲彈藥絕對無法打入的「絕對領域」。

知道無可相比擬的真言（咒文）。
是可以去除一切苦痛、
真實無偽的東西。」

不知為何，《般若心經》這時唐突地把「咒文」搬了出來。

「在『智慧的修行』最後收尾的階段，
有一些偉大、神祕而強力的咒文，
只要朗誦咒文，一切就搞定囉。」

為何突然講到這麼有神祕感的東西？到目前為止，不是徹徹底底否定許多事物嗎？又為什麼像是突然翻臉不認人一樣，講什麼「有了這種咒文，就能一舉成功」之類的話？總覺得這麼做有種功虧一簣的感覺。

而且，釋迦牟尼一向對咒文之類的東西敬而遠之，一向不和這種神祕事物扯上關係。假如《般若心經》宣傳咒文，豈不是沒有照著釋迦牟尼的哲學去走，反而在最後關頭露出佛教的馬腳嗎？

並不是這樣！就算《般若心經》提出了釋迦牟尼否定過的、「咒文」帶有的不可思議力量，也還是一樣遵循釋迦牟尼的哲學。

順便一提，為了不讓各位誤會，我要先講清楚，《般若心經》中提到的咒文並沒有太大的意思，更別說擁有什麼不可思議的力量了。假如光聽咒文就能開悟，大家老早就開悟了吧。假如光是講出咒文就能帶來奇蹟，應該老早就可以避開和尚因為宗教原因而遭殺害之類的所有歷史事件了吧。無論神祕主義者說什麼，歷史上很多事件已足以證明，咒文並不帶有什麼不可思議的力量。

但這樣也很好。或者，應該反過來講：什麼莫名其妙的不可思議力量完全不存在，反倒是一件好事。不過我要特別聲明，就算這樣，「咒文」還是很了不起。因為，要想打破「最後的區隔」，沒有什麼比咒文來得有效。

咒文的效用

說起來，在所有區隔都毀壞時出現的「無分別智」，究竟是什麼？

不再區隔、停止思考，只是默默維持純粹的意識（觀眾身分），慢慢的，覺得一切合而為一的瞬間，就會到來。一切都會融合在一起，沒有他者與自己之分。不過，這未必是令人心醉神迷的美好體驗。

一切區隔都毀壞、一切都融合在一起，意謂著自我的瓦解。那是一種，一滴水滴入大海，與之溶為一體、而漸漸消失般的體驗。那是一種，垂懸在樹枝末端的葉子枯落、化為塵土，逐漸消失在空氣之中般的體驗。那是一種，令人恐懼的**「死亡體驗」**。

耶耆尼伐爾克曾經在奧義書中提到：

「原因在於，在一個存在兩個層面的地方，是由其中一方看另外一方、其中一方嗅另外一方、其中一方嚐另外一方、其中一方向另一方說話、其中一方聆聽一方、其中一方思考另外一方、其中一方觸摸另外一方、其中一方認知另外一方。但是當萬物變成那個人的阿特曼時，要由什麼來看什麼？要由什麼來嗅什麼？要由什麼來嚐什麼？要由什麼來向什麼說話？要由什麼來聆聽什麼？要由什麼來思考什麼？要由什麼來觸摸什麼？要由什麼來認知什麼？……人要藉由什麼，才能認知到，能夠藉以認知這一切的那個東西？」

上述第一段內容要表達的觀點在於，正因為有「我與世界」、「自己與他人」、「認知者與認知對象」等二者（兩個層面），「看」、「嗅」、「交談」、「觸摸」等行為，才能夠成立。

接著，耶耆尼伐爾克又說了「但是」。

「但是，當萬物（世界）變成那個人的阿特曼（我）時」

這句話的意思是，當原本用於區分「我」與「世界」的界線消滅時；當「自己與他人」的區隔消失時；當世界成為我時——

「要由什麼來看什麼？」

就無法再做前述那些行為。要「看」某種東西，得有一個前提，就是要有「看的主體與被看的對象」二者（兩個層面）存在。但原本用於區隔二者的分界線既已毀壞，「布拉曼」（感知的客體、世界）與「阿特曼」（感知的主體、我）既已合而為一，那根本連「看」、「嗅」、「觸摸」之類的描述方式都無法使用了。

而這種無法再說「看」、「觸摸」、「認知」的境地，對於日常生活的「我」而言，不折不扣就是「死亡」。與「世界」成為一體、不再有兩個層面後，一種名為「與他者有所區隔、切割出來的我」，也就「不存在」。

想要追求無分別智的人，就一定得對抗這種恐懼（我不存在的恐懼）。

只差一步了。只要能打破那種恐懼，只要能再踏出一步，進而破壞自己與世界這種最後的區隔，「無分別智」的境地，就在那一頭等著你。

好了，已經讀《般若心經》讀到這裡的人，需要的是什麼？

不可以再和他們講道理。對著只差一步就到達無分別智的人，假如還和他講什麼「所謂的空就是這樣、所謂的緣起就是這樣」、「什麼○○都是無」之類的道理，只會使得言語的解釋（區隔）入侵，害他難得的體驗化為烏有。

因此，不可以講道理。不可以講邏輯。不可以說服。這些都會有反效果，都會害他退回有區隔的世界。

在這種狀況下，已經不需言語。就連「色即是空、空即是色」，也都是有害的不純物質。

現在真正需要的，是某種能從後面稍微推一把的東西，是能夠讓他產生些許勇氣的小契機。

因此，在這種狀況下，假如還有什麼字眼有效的話，那就是「咒文」了。不，就只有「咒文」了！

所謂的咒文，就是帶有魔法的字眼。咒文並無邏輯上的意義，或者應該說，沒有意義比較好。

「奇奇音普伊普伊」

「阿布拉卡達布拉」

「巴梅樂庫拉路克」

只要是這種讀起來很順的字眼，隨便什麼都可以。正因為這樣，《般若心經》的譯者，並沒有把咒文部分譯為中文，而是借用一些中文字，保留原本的發音。

「那麼，就來講『智慧的修行』的咒文吧：
揭諦揭諦　波羅揭諦　波羅僧揭諦　菩提僧莎訶」

但這段咒文倒還是挺貼心，雖然翻譯的人刻意不把咒文的意思譯出來，但就算譯出來，也還是很有幫助。假如譯出來的話，咒文會是如下這段話。

「去吧，去吧，往彼岸去吧，
完全抵達彼岸的人就是開悟了，祝你好運！」

就是這段話。即使譯出來，既沒有太大意義，也沒有隱含什麼高度哲學見解，只是單純地說「你趕快到彼岸（對岸＝那邊的世界）去吧」，就是這麼段話而已。

不過，沒有比這段話還適切的話吧！

有個人站在懸崖邊。只要再踏出一步，他就能了解一切，就能得到原本追求的終極境地。但那一步很恐怖，就好像站在高樓大廈屋頂往下看一樣。頭暈、想吐、自我的瓦解、覺得自己將死的確切預感。假如這個人只有「我想要開悟」這種水準的想法，缺乏強烈信念，恐怕踏不出這一步。

但只為了踏出這一步，只為了走完這一步，他已經捨棄人生的一切，才總算來到此地。無論多害怕，如今的他，也已經不容許逃走。

好了，對著這個在懸崖邊發抖的人，或是對著打算往下跳的你自己，該講什麼話好呢？如前所述，不能夠講道理。

既然如此，就只能講這個了吧！

就只能全心全意如此呼喊了吧！

「去吧！去——————吧！去——————————吧!!」

還有，咒文的最後一句。

「祝你好運！」（僧莎訶）

佛教的奧義書《般若經》的核心是《般若心經》；《般若心經》的核心是真言；真言的核心，就是這句「僧莎訶」了。假如有人問你「佛教的精髓是什麼？」，你也只能回答他這個字眼吧。

「僧莎訶」這個字事實上沒有意義，只是用於展現「祝福」的一個字，也是感嘆的吶喊。因此，就算想譯出來，也無從譯。

如果硬要譯出來，大概只適合譯成以下這樣的字眼吧。

「Viva！」（萬歲！）

「Hallelujah！」（哈利路亞！）

「Ah！」（啊！）

「That's all！」（就這樣！）

核心的核心的核心。對著地獄底部踏出那一步時的「祈禱的字眼」。

「Good Luck！」（祝好運！）

講出口後，鼓起所有勇氣朝地獄一跳，結束那最後的區隔。而就在那一瞬間——奇蹟發生了。

那是據說釋迦牟尼體驗過的開悟。無我的境地。梵我合一。阿特曼與布拉曼的界線消失、合而為一的無上境界。

在這種境界中，《般若心經》的讀者將可透過體驗，理解到古印度哲學家追求過的「我」的真理，理解到「日常言語中的我」（阿特曼）等打從一開始就不存在的真理。而且不是當成知識理解，而是透過「無分別智」（智慧）這種不同層次的方法。

所謂的佛教，並不是要把釋迦牟尼的哲學當成知識傳達出去的教團。它是一個為了讓大家體驗到，釋迦牟尼以及古印度哲學家所到達的「那種境界」，針對方法持續鑽研了幾千年的研究者集團。

因此，佛經中寫的不是知識、教訓或生存技巧。所謂的經，是一種為了讓讀者能藉由閱讀，產生與釋迦牟尼或古印度哲學家同樣的開悟體驗，周詳而縝密計算出來的實踐用書。佛經就是為此才要傳遞給後世，就是為此，大家才會一讀再讀。

《般若心經》總整理

在此再重新看看《般若心經》的整體內容吧。假如真心想理解《般若心經》，就不要只抽取「色即是空」之類的搶眼部分、過度解釋；重要的應該是，要透過通篇的文章脈絡，好好掌握撰文者的意圖。

正如本書九五至九八頁所示，般若心經可分為四個部分（①～④）。

①是序文、概要。若以論文來說，相當於摘要。

②是說明空的哲學。我們所看到、觸摸到的，擅自以為「確實存在」的色（物質），事實上只是從「關連性之海」中，藉由「某種區隔」切割出來的，只是看起來像某種樣子而已。因此，並不是真的存在那樣的實體（有硬度的粒子般的東西）。這段提出這樣的理論。

③是空的哲學之實踐。根據到前一段為止所說的「空」，對任何事物都以「無、無」否定之，邀請讀者回到開始有區隔之前的初始世界（嬰兒時的世界）。

④是最後一幕。想達到無分別智（般若）的境地，就必須克服「自我瓦解」、「死亡」的恐怖體

驗。為此，要大家使用咒文、鼓起勇氣，進而超越那種死亡的恐懼。

以上就是本書對《般若心經》的解釋。

「一起在萬物皆『空』的基礎上，唸出真言、實踐無分別（智慧）的行為，使個勁，嘿唷一聲進入開悟的境界吧。」

這就是代表佛教精髓的最強經典《般若心經》的內容。

印度佛教的終結

然而，如此精妙的哲學看在大眾眼裡，卻非常難以理解。大眾不想聽這種艱澀無聊的東西，他們希望有更明確、更好懂的東西。或許是神明的加持、對死後生活的保證，或是什麼神祕力量。

因此，為了讓更多人願意聽聽佛教，必須不斷採取一些較大眾化的做法，像是舉行神祕儀式祈求幸運、設計許多迷人而有個性的神佛來崇拜等等。

只是，這樣的大眾化對佛教來說，卻成了致命傷。

因為，印度已經存在著印度教這種為大眾所接受的民族宗教了。印度教已有濕婆神（Shiva）、雪山神女（Parvati）、象頭神（Ganesh）等充滿個性的神；也有崇拜神像、舉行咒術儀式就能得到庇護的神祕教義，根本已經成功聚集大眾喜好的因素。

到頭來，佛教的大眾化，只是在向印度教靠近，也使得佛教在印度的存在價值消失。因為，假如佛教向印度教靠近，變得相似，那幹嘛還需要佛教？就信原本就有的印度教不就好了嗎？事實上，假如要印度大眾只能挑選一個拜神的宗教，他們一定選擇崇拜印度教自古以來的神祇。

（例如，佛教把印度教的濕婆神更名為大黑天後，導入佛教。但印度人在考量拜哪個神比較能夠靈驗時，根本沒必要故意選擇變差了的山寨版吧。）

還有，十三世紀左右，伊斯蘭教徒大量入侵印度時，佛教的神祕儀式或咒文，不知為何沒有發揮效力。和尚遭到虐殺，寺院也遭受徹底破壞。這樣的事件，給了印度佛教最後一擊。在印度已失去存在意義的佛教，已無復興的力量，就這樣在印度完全消滅了。

「耶耆尼伐爾克↓釋迦牟尼↓龍樹」，是自古以來承繼下來的哲學體系。如今，卻無人繼續理解與承接下去，狀況非常悲慘。他們的哲學會這樣埋沒在歷史中、就此消失嗎？

不，他們的偉大哲學是不會式微的！

它們飛出印度，展開了一趟力求自我了解的旅程！

往東而去！

東方哲學是「純粹的耳朵」

何謂東方哲學？(2)

東方哲學所到達的「真理」是什麼？是一種對於「自己（我）的本質」的傑出觀察。但令人困擾的是，這種真理，無法以「知識」的形態在眾人之間共享。

打個比方，你聽到有人說明，「釋迦牟尼到達的真理，是這樣這樣的東西」，也完全聽懂箇中意義，將它當成「知識」一字不漏地記下來。而且，只要有人問你，「釋迦牟尼最後到達的真理是什麼」，你都能完美地回答：「總之就是緣起、空、無我，還有如此這般的東西。」好了，一般而言，這樣的你，應該已經算「懂得釋迦牟尼所到達的真理」。

但東方哲學家絕不會認同。不可思議的是，就算你得到關於真理的知識，他們也不會承認你已經了解真理。他們恐怕會這麼說：

「『得到關於真理的知識』和『了解真理』，是兩碼子事。」

關於這一點，西方就完全不同。在西方，你得到什麼「知識」，就等於你已經「了解」它。例如，只要你擁有與某件事（哲學、科學理論等等）相關的知識，而且能夠根據這樣的知識做出完美說明，別人就會認同「嗯，你已經懂得這門學問了」。

但是在東方，擁有知識，或是能夠做出清晰的解說，都不算是「了解」的充分條件。因為，在東方，只要沒有伴隨著「我懂了！」、「啊，原來如此！」之類的體驗，別人不會認同你已經真的了解。

就是因為這樣，本書才會在一開頭講到，讀過本書、吸收知識後，也不可能就此理解東方哲學。假如想了解釋迦牟尼到達的「真理」，前提是你得和釋迦牟尼一樣，有過「啊，原來是這樣」的強烈體驗、有過開悟的體驗，才能算數。在東方，藉由實際體驗，體會到「理解」的感覺，才稱得上是真正了解。

「了解真理」這件事

那麼，「當成知識吸收」與「伴隨著體驗而理解」，究竟差異何在？為何光是當成知識吸收，別人並不會認同你是真的了解？

為理解這件事，請稍微想像以下狀況。

假設，你出生在一個「一看到耳朵，就會感到興奮的文化大國」。在那個國家，有一種奇妙的習俗：女性出生後，就會包住耳朵過生活，只會讓真正深愛的男性看自己的耳朵。假設你是從小在這種國家長大的男性……毫無疑問，包括你在內，全國男性應該都會想著「哇啊啊啊啊，好想看女生的耳朵啊」。

假如，出於某種意外，有個美少女的耳罩脫落，你驚鴻一瞥，看到了她的耳朵……那麼，她會滿臉通紅大叫「啊，不許看！」，你則會覺得「太棒了！」，興奮到心臟快要破裂吧。

在這樣的世界裡，大家都執著於耳朵，人生也是以耳朵為中心。有的人會跑到很遠的城市購買耳朵寫真集，以免熟人撞見；有的人會瞇著眼睛，觀賞在耳朵的地方打上馬賽克的ＤＶＤ，費盡心機想要看出耳朵的形狀。非但如此，甚至還有人為了看到女生的耳朵而犯罪，像是強拉對方露出耳朵，或是偷拍等等。

至於你，只要一想到耳朵，就會燃起低等的情欲，也因而陷入自我厭惡的痛苦中。

有一天，你家來了個外國人。在他的國家，並沒有不讓耳朵外露的文化。因此對他來說，耳朵根本沒有任何特殊意義。聽了你的煩惱後，他笑翻了。

「莫名其妙，你到底在做什麼呀！」（笑）

竟然會這樣！在這世界上，竟然存在著不執著於耳朵的男人！

你大受打擊。不過，認真講起來，世界各國的文化與價值觀原本就各不相同。例如，有的國家認為「脖子長的女性很美」，有的國家的人則認為，「下唇厚的女性很美」。假如那些國家的人來找你商量：「我好想摸別人的下唇，都快要為此犯罪了，怎麼辦才好？」，你應該也只能回答他：「莫名

其妙，那就戒掉這種喜好不就好了嗎？」（笑）

總之，耳朵原本並沒有什麼固定的價值，是因為個人自己的認定，才賦予它這樣的價值。因此，可以從邏輯推導出的結論是，自己對於耳朵的價值感與執著，只是一種空虛的東西，並無確切實體。

可是，就算得到這樣的知識，就算理解這樣的道理，事情也沒有任何改變啊。

當然，光是講講，就只限於紙上談兵。

「什麼耳朵不耳朵的，根本不算什麼，只是自己的執著。只要察覺到耳朵沒什麼太大價值，捨棄那種執著就行啦。這麼做，就能逃離為耳朵所困的苦惱。」

原來如此。你十分了解這樣的道理，也認為就是這樣沒錯，言之有理！

但是，就算這樣又如何？就算知道這道理，也同意這道理，日常生活還是沒變啊。你還是一如往常，會在夜深人靜時，上網輸入「耳朵 圖片」這兩個關鍵字搜尋。

你下定決心，要和這樣的自己說再見，要克服對耳朵的執著。因為，那位對耳朵毫無執著的外國人，看起來生活得如此幸福。

有一天，你在樹下持續默想。你排除任何先入為主的想法，也不再評定自己的欲望到底是好是壞，對於腦海浮現的想法，只一直以「無、無」否定，堅定地持續觀察自己內心發生的事。

等到你的思考停住、區隔消失的那一瞬間——那是極其短暫的一瞬間，但在那一瞬間，「智慧」出現了，某種奇蹟也到來。你進入嬰兒般的純潔境界，實際感受到「此刻正在發生的事情之本質」。

你是在親身體驗下理解的，並不是透過知識、邏輯或是言語。

你總算悟出終極的真理了。

「這 不 過 是 耳 朵 而 已」

「哇啊啊啊啊！」你大喊著，抱著頭倒在地上。

「一直以來，我到底在做什麼？根本愚不可及！不過只是耳朵而已啊！我一直以來那麼苦惱，根本一點也不值得啊！」

過去以來，自己竟然為了耳朵那麼拚命，實在太愚蠢也太丟臉，你自己也覺得可笑。

天亮了，你來到街上一看，世界在你眼中已經變得完全不同。你體會到一種極其輕鬆的自由感受，就好像自出生以來一直束縛著你的枷鎖，終於解開了一樣。如今，你得以帶著這樣的幸福感看待世界。只是……。

「哇，大家還在拚命為耳朵癡狂耶！」

世人還是一如往常，執著於耳朵，為了耳朵的事苦惱。你覺得十分悲哀，想要設法把自己的「理解」傳達給別人知道。

可是，該對他們講什麼才好？就算告訴他們「我就說，你們只是自己陷入那種想像而已，耳朵不過就是耳朵啊」，又能夠說得通嗎？

事實上，雖然你設法用語言傳達出自己了解的事，但完全不管用，周遭的人完全無法理解。

接著，發生了出乎你意料的事。

在那些你交談過的人當中，開始有些人，嚮往起能夠對耳朵抱持超然態度的你，最後還稱你為「超越了對耳朵執著的聖人」，崇拜起你來。

你心想：「唉唷喂呀，真無聊，根本沒有那麼了不起呀，這只不過是很普通的事情。我只是就突然覺得，原來耳朵不算什麼。」

你對於周遭的尊敬目光感到厭煩，決定先避一避風頭，躲到杳無人煙的深山裡去生活。等到過一陣子，你又下山來時，事情已經演變得非常誇張。竟然已經有人成立把你當成教祖的宗教團體，視你為神的化身、當你是信仰對象。

「教祖大人總算下山來了！」

這樣的傳言，短時間內就傳了開來，教團的人蜂湧來到。教團的代表向你致意：

「教祖大人，我們等您很久了！我們成立了一個教團，要向您學習您那了不起的教誨，還要把它傳播出去。請您看看，現在已經有一千名以上的弟子了。包括我在內，已經有幾個人照著您的教誨，成功脫離對耳朵的執著。教祖大人，請您務必領導這個教團。」

你覺得這個教團實在很可疑，因此堅決婉拒擔任教祖率領大家。於是，教團成員說，「既然如此，那請您在我們當中挑選一位接班人。」你心不甘情不願地同意，說「那倒是可以」，於是參加了挑選接班人的大會。幾個候選接班人來到你面前，口頭描述自己達到的境界，以及理解程度。

「對於耳朵這樣的東西，我不屑一顧，它毫無價值可言！我已經克服欲望了！」

「耳即是空，空即是耳！」

但你總覺得哪裡怪怪的。像這樣大聲講出已經斷絕對耳朵的執著，是一件相當奇怪的事。當然，他們嘴上講的事情並無問題。或者該說，他們等於是在重複你以前講過的事。若以「知識」的角度來看，內容完全相同。

但是，他們真的達到和自己相同的理解狀態嗎？真的和自己一樣，已經理解了嗎？

你試著畫出耳朵的圖，微笑著拿到他們面前。

「這是——！！」

「哇啊——！！」

對於你突如其來的行動，大家都滿臉通紅地吼叫起來。有人發起脾氣，有人閉上眼睛，像唸咒般拚命說著：「那只是耳朵而已，那只是耳朵而已。」

你覺得好失望。聽起來，他們似乎已斷絕對耳朵的執著，是一個聖人集團，在社會上也受到大家尊敬。但事實上，他們似乎只是知道耳朵沒有什麼特別價值的道理、了解這樣的知識而已，沒有任何一個人真的有過和你相同的體驗，進而悟出真理。

好了，以上故事告訴我們的是，「當成知識吸收」（得到知識），與「透過體驗了解」（有所開悟），有根本上的差異。

總而言之，得先在實際體驗下，了解到執著於耳朵的愚蠢之處，以及「這不過只是耳朵而已嘛」

（笑），才稱得上脫離那樣的執著，才稱得上「真正了解」。

在亂成一團的信徒中，你發現，唯有一名男子強忍笑意，冷眼看著現場的混亂。

你看著他的眼，試著對他露出「真是無聊得可以」般的微笑。於是，他也向你露出「唉，真的不好意思，真拿這些傢伙沒辦法」般的苦笑。

你十分確信，在這群人當中，唯有他已經透過與自己一樣的「體驗」，真正了解，而不只是當成知識吸收。

「你叫什麼名字？」

「迦葉（Mahakasyapa）[1]。」

你走近他身邊，把耳朵的畫遞給了他。

1 釋迦牟尼的十大弟子之首也叫這個名字。

第二章
中國哲學
道的真理
Truths Of TAO

戰國時代登場的哲學家

諸子百家

埃及文明、美索不達米亞文明、印度河文明等各種文明，都始於大河附近。在中國也同樣如此，據說公元前五千年左右，在黃河、長江等大河流域，形成了成為目前中國原型的文明。

在文明興盛的古代初期，大河的幫助很大。因為，人們可以在其中捕魚、洗衣；只要能巧妙引來水源，還可以耕種田地、擁有豐富收成。由於「水」是人類生活最重要的必要因素，擁有豐富水源的大河對古代人而言，等於是孕育生命的母親。

另一方面，大河也會帶來很大的災害。一旦水量因為某種因素增加、形成泛濫、發生洪水，大河就會像龍一樣變得凶暴，徹底破壞人們的生活。大河會淹掉房屋、淹掉田地——人們耗費數十年建立起來的城市，就在一夜之間化為一座瓦礫山。對古代人而言，大河是一隻難以對抗的異形怪物。

大河就像這樣，兼具「帶來好處」與「造成破壞」的兩面性，令人畏懼。然而，沒有水又無法生活，人們不可能遠離這隻可怕怪物。所以，他們還是從瓦礫山中站起來，花幾十年、幾百年的時間，重新建立城市。

只是，大河依然嘲笑人類重建的努力。每隔幾十年、幾百年，就會帶來一次大災害，再次引發洪水，毫不留情地破壞重建後的城市。

從歷史記載以前，洪水與重建的無限迴圈，就不斷重複上演。人類多次體認到水的恐怖之處以及自己的無能為力，卻也只能一次又一次呆然佇立於瓦礫堆前。

堯、舜、禹的故事

但是，某一天，有個英雄出現了。

這個英雄就是「堯」。他對著受到洪水災害而悲嘆度日的人們，提出極為了不起的想法。

「一起用我們的雙手打倒大河吧！假如每個人只靠自己的力量，當然打不過大河。但人類只要能通力合作，就算對象是大河，也應該能夠戰勝！」

堯這個人，竟然想要對一直以來都以絕對強者之姿君臨大地的大河，提出挑戰書。他主張，只要眾人通力合作，就可以讓洪水不再發生，呼籲大家一起做治水工程。

聽了他熱情的一番話，大家都發憤圖強，團結一致，為了防堵大河泛濫，堆起土砂、興建堤防。有時候，也會採用開闢支流、拓展河道等方式改造河川。

只是，那是一個既無卡車、也無挖土機的時代。想當然耳，單靠他這一代，不可能在廣大的中國完成大河治水工程。久而久之，堯這位英雄人也老了，於是，他決定挑選接手與大河作戰的接班人。

這裡有一個重點：堯雖然有兒子，卻不打算要他接班。因為，真正重要的是，接班人有沒有達成目標的能力，有沒有為大河旁的居民實現悲壯心願的能力。一個人應該要擁有這種能力，才能擔任領導者，和什麼血緣不血緣的並無關係。於是，他詢問周遭的人，有沒有誰適合接手這樣的工作？

結果，他找到一個叫「舜」的男子。舜的母親很早就去世，他是和父親、父親再婚的繼母，以及繼母帶來的拖油瓶一起生活。

舜每天都過得很悲慘。繼母與拖油瓶徹底冷落他，每天欺負他。而且，欺負的程度愈演愈烈。他們要舜去修理屋頂，等他爬上屋頂，就放火燒小屋，害他差點燒死；他們要舜去打掃水井，等他進入水井，就從上面倒土，害他差點遭活埋。這樣的對待，早已超出欺負的層次了。

但舜並沒有因為遭到這樣的對待就自暴自棄，也沒有怨恨家人。他只是看向前方、踏實過活，還是孝順對待想害自己的家人。

舜這種和善敦厚的性格，據說甚至造成一種現象：只要他在哪個地方，人群就會聚集，過了一年就形成村落，過了三年就形成城市。

外界對舜的好評，也傳入堯耳中。他認為這樣的人可以承接他的工作，因此決定由舜擔任接班人。

突然獲得提拔，舜當然感到訝異，於是拚命工作以回報堯的期待。也由於他人品高尚，一些原本為惡之人不知不覺都消失了，諸事也進行得很順利。

只是，舜一樣未能完成治水工程。

於是，他又任命一個叫「禹」的優秀人才，擔任治水工程的負責人。

禹和大河之間，其實存在某種因緣。事實上，禹的父親在堯的時代，也是治水工程的負責人，但父親花了九年時間卻未能做出成果，後來，為了負起責任，遭到放逐。禹也因為父親的關係，過得很辛苦。不難想像，每一天，他都要面對侮辱、嘲笑，被別人在背後指指點點。

這樣的他，能力受到肯定，獲拔擢為治水工程的負責人，當然要拚命做了！

因為對大河這隻怪物的經年怨恨，因為想回報仁慈的舜認同自己的那份期待，也為了彌補父親的遺憾，禹徹底投入治水工作。

但他的治水方式已超出常軌。由於他一整年都一直在河中作業，最後腳受傷，難以行動。但他不願停手，還是瘸著腿前往第一線，毅力十足地默默推動工程（順帶一提，在中國稱瘸著腿走路為「禹步」，就是出自這裡）。

人類十分渺小，經常會碰到心有餘而力不足的情形，甚至到了絕望的地步。相較之下，大自然的力量何等強大！可是——

可是，有時候人的熱情還是能勝過它！

付出自己的腿當代價後，禹總算完成了治水工程！人類靠著不斷努力，照樣能讓大河這條強大的龍臣服！

住在大河旁的人們，總算實現了悲壯的心願。

舜慰勞了漂亮完成工作的禹，也告訴他，要把自己的位置讓給他。

禹相當驚訝，連忙婉拒。

「不、不可以，我怎麼能接受？舜大人不是有公子嗎？請您讓公子接您的位置吧。」

但其他人不允許這樣的事發生，因為禹已經是任何人都認同的英雄了。就這樣，禹繼承舜的位置，國家也漸漸發展起來。

以上就是中國史書裡所寫的堯、舜、禹三人的故事。他們都是挺身面對自然現象的偉大王者，大家也認定他們是以治水工程防止泛濫的英雄。

這個故事的重要之處在於，他們三位王者之間全無血緣關係。三人都很傑出，兼具足以率領人群的高度領導力以及高尚人格；也正因為這樣，人們才那麼尊敬他們，促使他們自然而然坐上君王的位置。而且，他們在年老力衰時，也都會找尋最優秀的人才，把接下來的事託付給對方。

為了面對自然現象的威脅，比較有能力的人就雀屏中選成為領導人，繼而產生國家這個共同體，逐步發展下去。日後的中國，原型就來自於以這種形態展開的原始國家。

世襲與革命

然而，第三個王者禹去世時，這種理想的國家形態消失了。禹的兒子繼位成王。

事實上，禹已經從家臣中挑選最優秀的「益」接班。但益卻推辭，讓位給禹的兒子。

這是中國史上最早的**「世襲」**，在那瞬間，名為「夏」的王朝就成立了。之後，世襲成了傳統，國家這種組織，不再是「一群人為了與自然對抗而團結起來的共同體」，而變成「以某個家族為頂點的權力機構」。

這下可麻煩了。由於是以世襲方式決定誰來當王，而不是看能力或人品，以機率來看，總有一天，會出現很糟糕的王。

夏朝第十七代君主「桀」，由於貪戀一個叫「末喜」的絕世美女，不管國事，恣意浪費國家財產，昏庸至極。

這麼一來會如何？那還用說，就會產生**「革命」**。

「開什麼玩笑，這樣的王朝我已經受夠了！」

就這樣，民眾的不滿爆發，當時最優秀的人物成了大家力拱的英雄，所有人都聚集到英雄那裡，要打倒昏庸暴君。

成湯（後來的湯王）原本是桀王的優秀大臣，但他發起革命，以武力奪取政權。於是，新王朝「殷」（又稱為商）就建立了。但殷朝也同樣採用世襲體制，結果又發生同樣的事。

殷朝第三十代君主「紂王」，由於貪戀一個叫「妲己」的絕世美女，建造了酒池肉林（從天花板上吊下肉來，弄得像森林一樣；積存酒水，弄得像水池一樣，再舉辦大型宴會）、大肆鋪張浪費；哪個家臣要是敢進諫言，就處以極刑，最後還讓他們出洋相，引妲己發笑，實在是昏庸得可以。

這麼一來會如何？那還用說，又會產生「革命」。

就這樣，完全相同的事又發生一次，一個叫武王的英雄發起革命，推翻殷朝，建立了新王朝

「周」。

因此，「堯．舜．禹」的子孫，等於重複了兩次以下的模式：

「建立王朝↓以世襲方式決定接班人↓出現昏君↓滅亡」

順便一提，接下來的周朝也脫離不了世襲的束縛，出現了「幽王」這個昏君，他貪戀一個叫「褒姒」的絕世美女……（以下省略）

就這樣，還是無法改變世襲之下出現昏君的歷史潮流。

不過，即便如此，建立周朝的人可不是笨蛋。王族想要維持自己的權力，所以當然會想採用「世襲制度」，這也沒辦法（但這種制度在決定接班人時不會產生紛爭，確實是它的優點），但身為中國史上第三個王朝，可不能像上次、上上次的王朝那樣，說滅亡就滅亡。因此，必須建立堅固的國家體制，就算出現有些昏庸的君主，也不至於動搖國家。

周朝的其中一項策略，就是建立稱為**封建制度**的新體系。所謂的「封建制度」，就是分割國土、交由各地域最有實力的貴族來管理的一種統治方式。

中國這片土地十分廣大，統治者不可能完完全全從這一端到那一端都親自掌控。周朝的想法是，希望透過這種階段式的統治，管理廣大的土地。

這種名為封建制度的新機制，由於形成一個由上而下的金字塔結構，因此也需要明確的上下關係（也就是**身分制度**），好讓這樣的機制成立。總之，要為每個人設定身分（階級），身分較低下的人，不能違抗身分較高的人，而且要徹底實施。如此，金字塔的秩序才得以維持。

周朝就實施這種以周王為頂點的封建制度、身分制度，在有秩序的治理之下，成功建立起與前代王朝不盡相同的牢固國家體制。

只是，就算有封建制度、身分制度，還是會有人無視於制度、搗亂秩序。

先前也提過，中國土地之廣大可不是鬧著玩的。當時又不像現在，有網際網路還是手機，因此資訊也不像現在那麼容易取得。就算有誰在哪裡想要謀反，也無從得知。搞不好，地方的貴族會在野心驅使下，集結起來攻擊中央也說不定。

中央政權雖然想靠自己的武力擊垮這批豺狼虎豹，但再怎麼想，地方的軍事力量如果全部集中起來，必定還是比中央強大。因此，光靠軍事力量就想壓制地方叛亂，是很不切實際的想法。

好啦，在這部分，周朝也很聰明。他們為自己發明了一種以神祕權威為名的新武器，做為軍事力量以外的壓制方式。

當時的人認真相信，有一位名為「天」的神（位於人類之上，是某種主掌世界所有現象的神祕力量）。而周王自稱為「天」的使者，聲稱自己接受「天」的命令，要來統治人間。也就是說，周王提高自己的權威，說自己不只是純粹的君主，也是「天意的代言人、天上來的使者」，亦即「天子」。

還有，周王宣稱自己是各地貴族的「宗主」，還說：「只有周王能夠為地方的貴族，舉行祭祀祖先魂魄的儀式。如果周王不舉行儀式，你們祖先的魂魄就無法安眠。」

結果，竟然大成功！就這樣，「只要對周王無禮，天就會發怒，先祖魂魄就會作祟」的迷信，就普及了起來。

「反抗周王，就等於粗暴對待你父親、母親、爺爺、奶奶的魂魄！你要是這麼做，祖先會氣得半夜到你枕邊來找你唷！」

這樣的迷信傳開後，各地貴族再怎麼充滿野心，士兵與重臣也不會贊同吧。

原來如此，和完全以軍事力量鎮壓地方比起來，這樣的方式合理多了。

只是，以這種神祕權威防止叛亂的策略固然很有效，地方貴族的欲望，卻也不會因為這樣就消失。

由於各地是委由貴族自治，想當然耳，他們在當地都是以王自居、為所欲為。他們因而累積起龐大財富，也培養出強大的軍事力量，但貴族只會想要更多、更多、更多的權力而已，這些含著金湯匙出世的人都是特權階級，怎麼可能按捺得住對權力的欲望？

但他們卻又無法違抗周王。「違抗周王＝違抗神、違抗祖先的魂魄」，因此違抗周王只會不得人心，沒有人跟隨。

這樣的話，要怎麼辦？答案只有一個。

「從周王以外的傢伙那裡搶奪。」

總之，固然不能違抗周王，但反過來說，只要不違抗周王，做什麼都行。這些貴族就以自己的軍事力量，向鄰近的貴族發動戰爭，在欲望驅使下，展開搶奪彼此財產的爭奪戰。

春秋戰國時代

就這樣，開啟了群雄割據的春秋戰國時代。在此，我把說明至今的中國歷史，簡單做成一張圖（參見次頁）。

於是，貴族就以中國這片廣大土地為舞台，展開自相殘殺的大戰。

在這種不是你吃我、就是我吃你的弱肉強食時代，可不能再好整以暇了。假如再發呆下去，將面臨他國的侵攻而滅亡。

要避免滅亡，只有一個方法，就是把自己的國家經營得比鄰國還強。也就是說，擁有比鄰國貴族還強的軍隊、生產比他們還多的糧食、建立比他們還強的政治體制。

只是，這當然並非易事。為實現這樣的目標，需要大量優秀有能力的人才。於是，為了找尋能使國家強盛的有能人才，貴族開始四處奔走。

A國：「太好啦！我們請到○○老師啦！」

古代中國的歷史

聖王（堯·舜·禹）的時代

敵人是大自然！
能夠統領大家的人，
就成為王（領導者）！

↓

夏朝·商朝

然而，曾幾何時，變成了世襲……
過程中，出現了昏君，
國家瓦解！

↓

周朝

然而，世襲在人情上不能廢除。
那麼，至少要建立一個
很有秩序的強盛國家！

↓

王原本就不可能管理所有土地，
因此要分別交由貴族統治！
建立起王、貴族、平民這樣的身分制度！

↓

等一下！貴族變得愈來愈強盛啦！
為了防止他們叛變，王宣稱自己是
「天」（神）的代理人！

↓

貴族：「好的好的，我們不會
對王出手！可是……其他貴族
的土地，就全都是我的啦！」

↓

進入春秋戰國時代

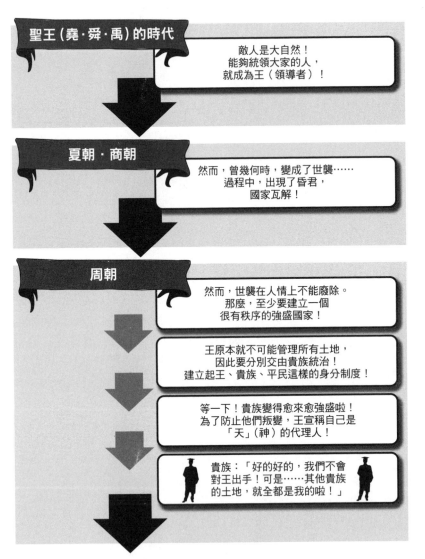

B國：「什麼？A國請到那個風評很好的〇〇老師當顧問，作物收穫量還因而變成兩倍？這，這怎麼可以！假如他們運用到手的財富，聚集兵力攻打過來，不就慘了嗎？我們也不能坐以待斃！有沒有別的國家還沒有聘請的了不起的老師？」

「我們重金禮聘，請務必提供您的智慧！」要像這樣雇用擁有巧智的人才行。對貴族而言，這是他們賭上「生存」的最優先任務。

就這樣，沒有貴族血脈的平民，有了千載難逢的好機會。因為，只要憑藉自己的才能，就能成為貴族口中的老師。

「太好了！我也要鑽研學問，成為名震天下的知識份子，讓貴族來挖角！」

於是，周朝興起一股空前的治學浪潮，孔子、墨子、孟子等名為「什麼什麼子」的偉大老師輩出（順便一提，「子」有老師的意思。因此，孔子、墨子、孟子就代表「孔老師、墨老師、孟老師」的意思）。而以某某子（老師）的學問為中心、稱為「家」的思想派別，也一個個形成，為數眾多。

所謂的「諸子百家」就這樣登場。

那麼，接下來就一一介紹在歷史上留名的「〇〇子」（〇〇老師）的思想吧。

以熱情的心推動「仁」與「禮」

孔子

孔子（公元前五五一～四七九年）是生於魯國（現中國山東省）的思想家，也是諸子百家當中的最大咖。

他偉大到足以名列全球**四大聖人**之一，與耶穌、釋迦牟尼、蘇格拉底並稱。最後，甚至於成為**儒教的教祖**，有如神一般受到祭祀，成為人們信仰的對象。

孔子在歷史上的名聲如此之高，但事實上，他的人生卻出乎意料地並不絢麗。

Philosopher

04

一生懷才不遇的儒教教祖

孔子

公元前 551 年～ 479 年
主要著作《論語》

孔子的子孫目前有83代、多達200萬人以上，「孔子世家譜」還是金氏世界紀錄所認證的「全球最長家譜」。

懷才不遇的人生

首先，孔子一出生就很不幸。根據中國史書《史記》所載，孔子據信是「野合之子」。所謂的野合之子，就是「（在野外偷偷發生關係而生下）不倫關係下的孩子」。

孔子究竟是否真是不倫關係下的小孩，尚無確切證明。但是，至少從史實來看，孔子出生時，他的父親早已過了六十歲（相反的，母親極為年輕，年紀差了有四十多歲）。年輕女子嫁給爺爺級的人物，又馬上生了孩子，世人當然不會不說話。無論事實如何，就算真的有人揶揄孔子「那個小孩是不倫關係生下來的吧」（笑），也不是什麼奇怪的事。

無論如何，孔子出生時，毫無疑問並未受到周遭的人祝福。

更慘的是，孔子的父親在他三歲時就去世。

這麼一來，孔家（父親的老家）人可就容他不得了。最後，他們並未認同孔子的母親是孔家媳婦，把她趕了出去。無可奈何下，母親帶著年紀還小的孔子離家，一個人養育他。

好了，不知道各位能否想像，這樣的母子在那之後，過的是何等貧困的生活。事實上，不知道是不是太過操勞，孔子的母親在孔子還小的時候也去世了。

在收錄孔子言論的《論語》一書中，有人問孔子：「老師為什麼好像什麼事都做得到呢？」孔子如此回答：「因為年輕時我家真的很窮。為了生存下去，我做過不少事。」[1]

1 吾少也賤，故多能鄙事。（《論語》子罕篇）

在孔子那個時代，從事祈禱或葬儀等祭祀禮儀職業的團體，稱為「儒」。據說孔子的母親投靠了儒，在那裡把孔子養大。因此，孔子在日常生活中經常看到祭祀禮儀，不知不覺間，就精通這些祭祀禮儀的知識，還漸漸因此聞名於世。

為何一個熟悉祭祀禮儀的人，會變得出名？

當時，還是個迷信的時代，人們真心相信，君主是由名為「天」的超自然存在所挑選出來的，想當然耳，就國家的角度而言，祭祀與儀式等事項都很重要。因此，精通此道的人才深受重視。

請各位想像一下。假設在中國古代，有某種官員負責國政，地位也高高在上。他的工作非常繁忙，但是地位愈高的人，愈不能只是做一些實務工作，還可能受邀參加權貴人士兒子的婚禮，或是這些人士父母的葬禮。有時候，君主還會要他舉辦國家活動。

一天，君主對他下達這樣的要求。

「我們要和幾個鄰國締結同盟，在那之前，我要找這些君主來舉辦盛大的餐會，就麻煩你籌辦了。♪」

哇，事情變得好麻煩哦。這種等級的活動，根本不是公司尾牙或班級同學會的主辦人所能比擬的，而是重視儀式、禮儀的國家活動，只招待偉大的特權階級參加，絕不能出一丁點差錯，否則項上人頭真的不保，不是開玩笑的。這是只許成功、不許失敗的任務。

但是，該怎麼做？餐會該怎麼辦才好？如果隨便辦辦，弄錯什麼規矩，事情可就大條了。

「要以何種順序，請哪一位坐在哪裡好？該穿什麼服裝迎接？花呢？音樂呢？需要餘興節目嗎？」

這個官員已經慌了手腳，完全不知道有哪些事要決定、怎麼決定，但也不能因為這樣就隨便決定啊。假如和常規不符，重視規矩與形式的那些特權階級一定會抱怨。

以下要講真的可能碰到的事。你應該也有這樣的經驗吧？假如你參加某人的葬禮時，只見棺材裡鋪了玫瑰花束、背景音樂播放的是流行歌，或是請人來舞獅做為餘興等等，你應該會覺得「怎麼這樣」吧。如果有家屬因而發脾氣，說「開什麼玩笑！這次葬禮是哪個傢伙籌辦的」，你應該會覺得那個人被罵也應該吧。

但，如果別人說就交由你來主辦，你就能做得到嗎？

當然，前提是，你完全不去參閱婚喪喜慶禮儀的教學書籍。或許有的人單憑對相關禮儀的薄弱印象就能辦好，但事實上，那都是一些模稜兩可的知識，根本不知道哪裡可能會出什麼差錯。但這些微小差錯，或許就會導致整個活動以失敗收場。

「喂！這怎麼會是紫色的！是瞧不起我們嗎？」

「都被你搞砸了！」

「我看，同盟的事就算了吧。」

「你被處以死刑！」

受命主辦餐會的官員，每天晚上都做這樣的惡夢，喃喃說著夢話。只要有任何規矩出錯，導致君主出糗的話，他就別想活了。

好了，既然都到這步田地了，只有一種選擇。

「快找懂得規矩的人來，交給他去辦。」

怎麼想，這都是上上之策吧。

「欸，什麼？有個名叫孔子的人，精通古今中外的禮儀、儀式、規矩？出多少錢都行，即刻把他給我帶來！」

由於身處那樣的時代，所以雖然孔子只是熟知祭祀禮儀，一樣有政府高官在類似這樣的狀況下請他幫忙。

從這種角度來看，雖然孔子出身貧窮，但是在以祭祀禮儀為業的「儒」家長大，所以在出人頭地方面，可以說有得天獨厚的條件。就這樣，年僅二十八歲的孔子總算脫離赤貧的窘境，成為魯國官員。

只是，孔子對這樣的身分並不滿足。那是個百家爭鳴的時代，只要有才能，甚至可能一步登天，成為主導整個國家的超級巨星。怎麼能夠因為這種程度的地位，就把自己做小了？

於是，孔子辭掉好不容易得到的官位，遊走各國，希望能找到一個對自己有高度評價的國家、願意給自己足以左右國政的地位。

然而，遺憾的是，他找不到這樣的職位，又回到了故鄉魯國。後來，有很長一段期間，他都過著懷才不遇的生活。五十二歲時，機會終於來了。有人提拔他擔任左右國政的魯國高官！

但他馬上又下台。

只是，他不願放棄夢想，再次周遊列國。他的旅程長達十四年的時間，最後還是沒有任何國家起用他，他又回到了故鄉。

孔子晚年開設私塾，努力培育能繼承自己夢想的後進，但兒子（伯魚）先他而死，原本屬意擔任接班人的優秀弟子（顏回），也先孔子而死。孔子感嘆自己的不幸，就在失意中，以七十三歲的年紀去世。

以上就是孔子的一生。

孔子並未成功出人頭地，繼而大幅改寫歷史、振興國家，也沒有特別實現什麼成就。如果只看他的一生，很明顯只是個失敗者，因為他想做的事沒有一樣成功，就在懷才不遇之下死去。事實上，在《論語》一書中，他曾經向弟子抱怨自己懷才不遇。

「在這個世界上，沒有一個人懂我。」

孔子的思想

事實上，孔子之所以變得像今天這麼有名，是因為在他死後，弟子把孔子思想的出色之處宣傳出去。孔子大概做夢都沒想到，自己死後，大家會把他當成神一般崇拜吧。

那麼，孔子有什麼樣的思想呢？他主張的是，要注重**仁**及**禮**。

所謂的仁，就是「與人往來時，要自然而然設身處地為人著想，就好像對方是你的家人」。所謂的禮，就是「把仁的態度化為有形的禮儀與規矩」。

總之，孔子的思想簡單來說就是：「要有為人設想的心情，要過禮儀端正的生活」。

孔子表示，「仁」與「禮」缺一不可。

「仁而無禮」的話，等於是雖有為人設想（仁）的心情，但是在態度（禮）上卻沒有表現出來。想當然耳，這樣就毫無意義。假如不以顯而易見的形態（禮）把那樣的心情（仁）呈現出來，就無法傳達給對方知道。像這樣「只是在心裡想想而已」，實在沒有意義。

反之，若是「禮而無仁」，等於是沒有為人設想的心情，只不過是行禮如儀，這不用說一樣也是不行。

孔子就像這樣，認為「為人設想」與「禮儀」雙方面都很重要。

事實上，孔子的思想，也對我們日常生活的行為帶來很大影響。例如這些規矩都是：

「看到長輩要問候、要鞠躬」，

「與客人同坐時，要請他坐上位」。

我們或許會覺得，對於尊敬的對象展現禮儀，是一種理所當然的做人道理，但把這種事當成常識的想法與文化，正是孔子創造出來的。

包括日本在內，中國周邊的亞洲文化，都是立基於孔子所建立的基礎！這麼講的話，或許就會有人覺得，孔子的名聲聽起來很不錯，也就能夠理解他是何等偉大的人物。

但相對的，也可能因為這樣的事太過理所當然，導致有人覺得他一點也不偉大。事實上，只要讀《論語》就會發現，孔子雖然講了許多很了不起的道德觀念，但事實上，都只是一些很平凡的道理，不會讓人覺得有多麼卓越。例如像這樣的內容：

有一天，孔子的弟子子路問他：「如何成為君子？」

孔子回答他：「要端正自己的言行、保持謙虛。」

子路問：「欸？就這樣而已嗎？」

孔子回答他：「沒錯，只要能做到這樣，就能讓別人心安。」

子路又說：「我再問一次，就這樣而已嗎？」

孔子回答他：「沒錯，能做到這樣才能安天下萬民。雖然你懷疑就這樣而已嗎？但過去連堯、舜那麼偉大的王者，都耗費很大工夫才做到！」[2]

2子路問君子。子曰：「修己以敬。」曰：「如斯而已乎？」曰：「修己以安人。」曰：「如斯而已乎？」曰：「修己以安百姓。修己以安百姓，堯舜其猶病諸！」（《論語》憲問篇）

孔子講述的，大概都是類似這樣的內容。

他說的道理，完全不會讓人覺得「原來還有這樣的看法呀」，或是「哇，好深奧哦」。他所講的，全是單純的道德觀與該做的正確事情，給人的感覺大概都是「你講的沒有錯，但現實生活中似乎不容易落實」。

因此，如果是個已經有一定年紀的人讀《論語》，或許會開心地拍膝叫道：「沒錯，他說得對！現在的社會以及年輕人，就是這一點做得不夠！孔子講的是良心話」，而覺得孔子是個偉人；但如果是年輕人讀《論語》，孔子的話可能會因為太重道德，而讓他們感到無聊。

對年輕人來說，比起孔子，他們會比較欣賞稍後介紹的老子、莊子等人吧。因為，他們幾位給人深刻的自由奔放印象，比較吸引年輕人。

孔子的思想，確實為我們的文化帶來無可測量的影響。就算歷經兩千五百年的歲月，他談論道德的內容一樣毫不褪色，為現代的我們創造出倫理觀或道德觀的源頭，實在很了不起。

只是，雖然如此，孔子的思想本身，倒沒有特別多引人沉思的有趣內容或發現，他一生也沒有什麼特別大的成就。

這個只講出「要注重為人設想以及禮儀」之類理所當然般言論的男子，為何能夠名留青史，成為足以和釋迦牟尼或耶穌匹敵的偉人？當然，他之所以成為廣為人知的偉大人物，固然如前所述，歸功於弟子的宣傳，但孔子究竟是哪裡這麼有吸引力？

要我先講結論的話，那就是他的「氣魄」。

孔子雖然一事無成，但唯獨「氣魄」堪稱中國史上最強。光是這一點，說他是中國思想史的頂尖人物，就一點也不為過。

我們再重新以這樣的觀點，來看待孔子的「仁」與「禮」吧。

何謂仁

所謂的「仁」，就是慈愛他人，用一種為對方設想的心情對待別人。

這種「仁」的思想究竟多麼偉大、多麼劃時代，只要看看孔子所生長的時代就能了解。孔子生長在春秋戰國時代，那是一個自相殘殺、權力鬥爭的時代。

各位只要想想日本的戰國時代，想想織田信長或武田信玄等人，在群雄割據下四處鏖戰的那種時代，應該就能理解。在那樣的時代，假如有人對織田信長或武田信玄等諸侯說「你應該重視為人設想的心情，好好治理國家」之類的話，對方也不可能理他吧。但孔子卻做了這樣的事。

為何孔子要主張重視仁到這種地步呢？原因不光是「那是道德上該做的事」。原因在於，孔子在詳細解讀過歷史後，將「堯、舜、禹」的三王時代，定義為國家的理想狀態，也抱持強烈信念，認為應該要回歸當時的做法（順便一提，這個時期的名稱「春秋戰國時代」，源自於當時的史書《春秋》。這本史書，記述了堯的治世到當時的混亂狀態為止的歷史，而且據信該書的編纂工作也和孔子有關）。

「等一下！我們這些國家，不該是這種出於欲望而自相殘殺的醜惡物事！以前，不都是由能夠待人以慈、因為有體貼之心（仁）而獲得大家景仰的人，自然而然成為王，國家再以他為中心發展嗎？」

堯、舜、禹都是了不起的人物，不會出於一己之私，汲汲營營維持權力。他們反倒是在找到比自己出色的人之後，開開心心把接下來的事託付給那個人。他們經常對人民展現出「仁」（為人設想）的態度，也因為這樣，人民才跟隨他。結果是，形成了一個稱為國家的「眾人的共同體」。孔子主張，所謂的王原本就該是這樣。

在《論語》一書中，孔子曾經對魯國的上位者講過這樣的話：

「所謂的政治，就是要端正。假如在上位的你能夠做他人的表率，那麼還有誰敢做不正之事？」[3]

從這個角度來看，孔子是一個完全不懂看臉色的人。當時各國的在位者，根本不管什麼人民啦端正啦之類的事，他們只想知道如何勝過別人，如何得到比他人還強的力量。面對這樣一群人，講什麼「錯了錯了，請以仁為依歸處理國事」之類的話，哪裡可能講得通？想當然耳，沒有一個在位者會把孔子的話聽進去。

何謂禮

所謂的「禮」，就是「以仁（為人設想）為態度展現出來的禮儀規矩」。

孔子主張重視「禮」，由於這種思想太過理所當然，我們可能會覺得沒什麼了不起，認為「總之，就是要體察別人的想法，向他們打招呼或鞠躬就對了吧」。

不，不是的，孔子說的「禮」，在當時是一種令人吃驚的革命性觀點。

所謂的「禮」，指的是言行舉止的儀式或禮儀，但它原本的由來與「仁」無關，而是因為某種神祕的權威力量使然。

每一種儀式或是禮儀的規矩，背後一定都與某種權威有關。例如，「過去曾有一位偉大的君主做過這樣的事，所以要如此」，或是「神靈不喜歡這樣這樣，所以必須那樣那樣」等等。順帶一提，「禮」一開始的起源是從「離」來的，據說，其本質是為了在原始社會中避開某些宗教禁忌使然。

因此，儀式或禮儀的規矩，都必須好好遵守，不能以「不知者無罪」就當成沒事。假如在國家的祭典儀式中，有人做出有違規矩的事，大家一定會滿臉通紅怒斥他。

「你這個藐視權威的無禮之人！」

不過，孔子倒是正面否定這樣的權威。

3「政者，正也。子帥以正，孰敢不正？」（《論語》顏淵篇）

「儀式或禮儀的規矩，可不是因為受到某種權威的強迫才做！而是把為對方設想、體貼對方的心情化為具體行為，這才是真正的規矩！」

想想孔子的出身，就會覺得他這樣的想法其實很了不起。因為，他是在負責祭祀禮儀的「儒」的團體中長大。如果就生意的角度來看，祭祀禮儀的規矩，也就是「禮」，應該是愈有神祕性、愈有權威愈好。也就是說，孔子其實可以這麼說：

「假如不做這樣這樣的儀式，事情會很嚴重。神靈會發怒，鬼怪會帶來不幸。但我們會好好代為執行儀式，避免這樣的事發生，請您安心（所以請付很多錢給我）。」

但他卻沒有這麼做，反而說：

「不對不對，不是那樣！這些祭祀禮儀，不是因為神祕的力量或神靈怎麼樣才做，而是把想要向死者或應邀前來的人展現出的感謝，化為形體展現出來！」

孔子完全不認同有什麼神祕的權威力量存在。亦即，他把禮（儀式、禮儀）重新定位為「仁」這種心情的一種表現，並且認為，沒有必要把神祕的權威力量牽扯進來。

不過，孔子並非否定神靈存在的無神論者，他也和當時的人同樣單純相信，有一種稱為「天」的超自然力量存在。只是，孔子並不會對弟子說，因為「天」這樣這樣，所以你們要這樣這樣之類的話。

他是這麼說的：**「務民之義，敬鬼神而遠之。」（《論語》雍也篇）**

做好身為人該做的事，對於神祕的存在就敬之、遠離之。這是日文「敬遠」（迴避之意）一詞的語源，也是《論語》很有名的一段內容。孔子的態度就是如此，他並未否定神祕事物的存在或與之對立，而是建議抱持尊敬的心情，但是盡量不與它牽扯上關係。

此外，弟子也曾經問孔子有關神靈以及死亡的問題，他是這麼回答的：「連人都不能完全服務好了，還談什麼服務鬼神？」「連活著的事都不能完全了解，還談什麼死後的事？」[4]與其關心我們不熟悉的宗教性神祕事物，還不如以「活在現實世界的人」為第一考量，這是孔子的一貫態度。

這是極為適切的說法，只是當時的在位者卻聽不進去。

例如，周王把自己定位為各國貴族的「宗主」，利用這樣的地位，把「告慰祖先魂魄的儀式」，當成是只有周王能做的特別行為。貴族因為害怕祖先來作祟，都不敢違抗周王。也就是說，周王利用神祕的權威與舉行儀式的特權，確保自己統治者的地位。

但依孔子之見，君主要靠這種方式維繫地位，本身就很奇怪。「堯、舜、禹」三王，沒有任何一人是因為打著神祕權威的名號而成為統治者。他們是為國為民拚命工作，獲得大家認同後，才得到君主的地位。孔子認為，統治者的地位本來就該是如此。

4「未能事人，焉能事鬼？」「未知生，焉知死？」（《論語》先進篇）

如前所述，孔子對於「仁」與「禮」抱持熱切的想法。然而，他最後還是未能位居高職，促使統治者實踐他的理想。他所追求的理想國家，最後只是一場幻夢。他的一生，也幾乎都處於懷才不遇的狀態。

但是，正因為他懷才不遇，才受到那麼多人尊敬。

孔子的時代，是一個追求實事求事的知識與能力的時代。因此，許多知識份子都是巧言令色，藉由討好統治者巧取權力。

「只要雇用我，您的戰力就能增加這麼多。這麼一來，我可以幫您把鄰國的傢伙都殺掉。」

「貴國之所以連戰皆墨，是因為沒有舉行這樣這樣的儀式。來，我來教您怎麼做吧。」

孔子明明也可以像他們一樣，講這樣的話呀。

但是，他絕不會為了求榮扭曲自己的心。

而且他還不斷奮戰。他的敵人都是難纏的傢伙，不是不斷出兵強奪他人財產、還視為理所當然的當權者，就是以神祕權威為保護傘、為所欲為的詐騙集團。只是，他與對方的對抗總是沒有結果。

但是，他還是努力著，要把已然狂亂的歷史潮流，帶回「堯、舜、禹」時代的正道。他力戰權力、力戰神祕，擺出名為仁的「真正重要的東西」，希望能以此堂堂正正地活下來。

我再問一次同樣的問題吧。這個只講出「要注重為人設想以及禮儀」之類理所當然般言論的男子，為何能名留青史，成為足以和釋迦牟尼或耶穌匹敵的偉人？

就是他的**氣魄**！

孔子的那種氣魄與毅力，相當偉大！

閱讀《論語》、學習孔子的道德言論固然重要，但我們真正該從他身上學習的，其實是「戰國時代區區一介文人，為了把歷史帶回正道，而挺身面對國家權力與神祕權威，毫不屈從」的那種氣魄，那種心意。

愛人如愛己

墨子

墨子（生卒年不詳）是戰國時代的思想家，也是與儒家二分當時思想界的**墨家**始祖。

關於墨子，幾乎沒什麼詳細資料留下，後世的人甚至不清楚他的出身、家世與生卒年。不過，至少在《論語》一書中，孔子完全未提及墨子，因此墨子毫無疑問是孔子之後的人物。

另外，在孔子死後百年活躍的孟子所寫的書裡，曾感嘆「最近墨家思想很流行」，因此據推定，墨子是在孔子死後的百年內，活動過的思想家。

Philosopher

05

強肉弱食的熱血男

墨子

生卒年不詳

主要著作《墨子》

墨子曾九度幫宋國一個城抵擋楚國的攻擊，因此，頑固堅守（自己的觀點或習慣等等）的行為，就稱為「墨守」。

兼愛

墨子一開始似乎學過儒學，但據說他漸漸認為，孔子講的「仁」似乎是一種「有差別的愛」。孔子把「仁」定義為來自親子之情，提倡過「要重視尊敬父兄等長輩的心，以及關懷子弟等晚輩的心，若能做到，國家將可安定。」但墨子認為，那是一種太過重視親人的偏狹之愛。

「重視親人」的意思，反過來說就是「不是親人就隨便怎樣都行」，說穿了只是依自己喜好挑選應該愛的對象。墨子認為，這種「有差別不愛特定其他人」的現象，是包括戰爭在內、各種社會混亂的原因所在。

他曾講過如下的話。

「社會的混亂是在什麼原因下發生的？原因在於『不相愛』。（略）盜賊只愛自己，不愛別人，所以奪取別人的東西以利自己。（略）諸侯只愛本國，不愛他國，所以攻擊他國，以利本國。（略）這些混亂，全都是因為不相愛才會發生。」[1]（《墨子》兼愛上）

1 亂何自起？起不相愛。（略）賊愛其身不愛人，故賊人以利其身。（略）諸侯各愛其國，不愛異國，故攻異國以利其國。（略）天下之亂物具此而已矣。察此何自起？皆起不相愛。

根據這樣的分析，墨子主張，「要不分自己或別人全都愛，要愛人如愛己」。他還說：「只要把別人家當成自己家，還有誰會偷東西？只要把其他國家當成自己國家，還有誰會侵略他國？」[2]，也就是只要愛別人，一切混亂都能安定下來。

總之，他想講的就是「有愛的話，戰爭就會消失」。這與今天所講的博愛主義頗為相近。由於墨子的思想是「兼而愛之」，所以稱這樣的想法為**「兼愛」**。

墨子以兼愛之名，熱情地倡導，「對於家人、鄰居、他國人民，全都要平等地去愛，如同愛自己。這樣的話，就不會發生什麼戰爭」。

墨家

就這樣，贊同墨子言論的人聚集成一個稱為「墨家」的集團。墨家在兼愛的思想下周遊列國，呼籲各國君主停止戰爭。

「像攻擊他國這種過分的事，不要再做了，要把其他國家當成自己國家一樣去愛。」

當然，這種天真到快要溶化的言論，戰國時代的各國怎麼可能會聽。想當然耳，各國都置之不理，如常戰爭。

不過，墨家了不起之處，在於他們並非只會講些漂亮的話，高喊反對戰爭、在腦子裡作夢而已，對於阻止不了的戰爭，他們沒有視而不見，竟然刻意上戰場，與不停止戰爭的國家作戰。對信奉「兼愛」的他們來說，最可恨的就是「侵略戰爭」。墨子是這麼說的：

「殺了一個人，就是有違正義之事，要處死刑。所以殺了十個人，就相當於犯了十次死刑的罪；殺了一百人，就相當於犯了百次死刑的罪。各國君主都深知這個道理，一有這樣的事發生，都知道要譴責這種人，說這樣不對。然而，在戰爭中殺了一百人，他們不但不批評，還稱讚這是正義。這些君主真的知道什麼叫有違正義嗎？」[3]**（《墨子》非攻上）**

以自己利益為優先，不惜傷害別人，這樣的事，任誰都應該知道是不對的。然而，若是「以自己國家利益為優先，不惜傷害其他國家」，很多人卻會覺得是「好事」，或者是「沒辦法，就是這個樣子」，不把它當成不對的事。

我們現在雖然把「不可以戰爭」當成常識，但事實上，這只是因為兩次世界大戰造成毀滅性的結果，才形成這樣的想法。在世界大戰的不久前，包括日本人在內，世界上絕大多數人都還覺得，「為了自己國家的利益而傷害他國是理所當然的，自是好事。」

2 視人之室若其室，誰竊？視人國若其國，誰攻？

3 殺一人謂之不義，必有一死罪矣，若以此說往，殺十人十重不義，必有十死罪矣；殺百人百重不義，必有百死罪矣。當此，天下之君子皆知而非之，謂之不義。今至大為不義攻國，則弗知非，從而譽之，謂之義。（略）此可謂知義與不義之辯乎？是以知天下之君子也。

不過，墨子可不容許這種事。假如為了利益殺人是犯罪，那麼侵略戰爭就是最凶惡的犯罪，絕對不可原諒。因此，只要一有弱小國家遭到強國侵略，無論在哪裡，墨家的成員都會前往當地，以傭兵之姿與強國對抗。

他們絕非為了國家、民族、思想或宗教而戰，而是為了保護弱小人民……保護強者蹂躪的弱小目標。他們只為此而戰。

強肉弱食!!

面對視「弱肉強食」為理所當然的世界，他們大舉反旗。

在此要強調的是，他們不是純粹好管閒事的一群人，而是在責任感與做好心理準備下，真正賭上性命作戰。事實上，他們無法保護決定要保護的目標時，甚至會負起責任自盡。

還有，他們也不是那種跑來遊山玩水，只會影響第一線戰情的外行人。墨家因為不斷參與防守，累積了許多固守城池的技巧，後來甚至發明守城用的特殊兵器，成為防禦戰專家。

幾千兵力的小國，面臨幾萬大軍，這是一場絕望的戰爭。但正因為絕望，墨家才會前來。他們絕對不容許有人憑藉數量優勢欺負弱者、燒殺擄掠。墨家的氣魄，不知給了周遭人多大的勇氣。

只是，創辦墨家的墨子究竟是何方神聖？墨家是一群罕見的思想家集團，不但在東方，連在西方也很少見。但如前所述，墨子究竟是什麼樣的人物，後世完全沒有資訊。

也由於墨子是個謎一般、身分不明的人物，後世的人們就發揮想像力，設想墨子的各種背景。例如，古代有一種在犯人臉上刻墨的「墨刑」，因此有人認為，墨子會不會是個曾遭墨刑的前科犯，或是什麼任俠集團的首領等等，看法不一而足。不過，這只是以「墨」這個名字想像出來的形象而已，不然就是在學術上毫無根據的坊間說法。無論哪種說法為真，當時確實曾有過一群好漢，他們否定侵略戰爭、挺身面對一國軍隊這種令人絕望的暴力主體。

同樣身為亞洲人，不，同樣身為人類，我們絕對不該忘記，這群熱血漢子曾經有過這麼一段值得自豪的歷史。

力求實現「仁」的王道政治

孟子

孟子（公元前三七二年左右～二八九年左右）是孔子去世百年後，戰國中期活躍的儒家學者。在孔子之後，有許多出色的儒家人才，孟子是其中最偉大的一位。孟子的哲學思想中最有名的，則是「性善說」。

性善說

所謂的性善說，就是一種認為「人類生來就帶有『善』（仁）心」的想法。在《孟子》一書

Philosopher

06

儒家的第二把交椅

孟子

公元前372年左右～289年左右
主要著作《孟子》

孟子的母親曾經為了他三度搬家，因此講到「孩子的教育要注重環境」時，就會用「孟母三遷」的說法。

中，孟子對於性善說曾有如下描述。

「無論是誰，都有不忍看到別人受苦的同情心。例如，假設此時此地，看到有個還在搖搖晃晃學走路的小孩，快跌入井裡。毫無疑問，無論是誰，都會驚慌，都會覺得如坐針氈，都會衝去救小孩。在衝出去的那瞬間，心裡既沒有要向小孩父母討人情的企圖，也不是為了要贏得救人一命的美名吧。」[1]（《孟子》公孫丑上）

孟子提倡性善說，背後有很清楚的根據。就像他所說的：「看到小孩快掉入井裡，任何人都會驚慌，覺得非去救人不可吧。因此，人生來就帶有善（仁）心。」

快掉入井裡的小孩，這可真是個有犯規嫌疑的例子呀。把這種令人看了心驚膽跳的情境搬出來，聽的人也只能說「你說得對，任誰都會想救他」，然後投降。

事實上，這種有犯規嫌疑的表現力，正是孟子的特徵。他很善於用巧妙的比喻說服別人，是一位出色的雄辯家。

孟子的「性善說」本身非常簡單好懂，所以我想各位應該已經完全理解它的意思。不過，這個說

1 所以謂人皆有不忍人之心者：今人乍見孺子將入於井，皆有怵惕惻隱之心；非所以內交於孺子之父母也，非所以要譽於鄉黨朋友也。

法讓人有疑問。假如人類原本就是「善」的，世上為何會有戰亂？對於這個理所當然會有的疑問，孟子是這麼回答的：

「那是用人者的問題。因為統治者沒有實施『仁』的政治。」

「仁」的政治

好啦，這裡要講到理解孟子時最重要的重點了。孟子提出性善說，原本就不是單單想要表達「人性本善」而已，他是想要藉此明言，統治者有多麼無能。

「人性本善，但這世界卻還是這麼亂，為什麼？那是因為，統治國家的君主與官僚都很笨，都很無能！」

一般講到性善說，很容易只把它看成一種樂觀的想法：「不要以規則或刑罰束縛人，要更相信人的良心。」因此，或許很多人會覺得，主張性善說的孟子，應該是個親切、溫和、樂天的理想主義者。但事實上，完全相反。

孟子的個性很激烈，管你是君主還是誰，他都毫不留情，是一位個性火爆的人。

以下，是孟子見梁惠王時，雙方的交談內容。[2]

「孟老師，您這樣不遠千里而來，想必為我國帶來什麼不錯的利益，對吧？」

對於梁惠王的話，孟子如此答道：

「王啊，為什麼會講到利益之類的話題呢？假如王老是講著如何才能有利於我國，家臣老是講著如何才能有利於我家，平民老是講著如何才能有利於我，那大家會變得如何？會變成上下都只知追求利益，國家就陷入危機了吧！因此，別講什麼利益不利益，王只要想著仁的政治就行了。」

孟子講完後，惠王應該很惱怒吧。他開始講起自己如何為國家努力至今。

「沒這回事，我對國家也是盡心盡力啊。例如——」

但梁惠王在花了一些時間講完自己的努力後，失望地說：

「……可是，我明明做了各種努力，我們國家的人口卻沒有增加，這是為什麼？」

孟子如此回答他：

「王啊，您似乎很喜歡戰爭，所以我以戰爭為例和您說明吧。有一天，戰鼓突然鳴起，就好像快要開戰了。這時候，有兩個士兵太過害怕而逃出來。一個逃到五十步的地方，停了下來；另一個逃到一百步的地方，停了下來。這時，逃了五十步的士兵，嘲笑那個逃了一百步的士兵：『我只逃了五十步，你卻逃了一百步。你這個膽小鬼！』好了，王啊，這故事您覺得如何？」

「太好笑了，就算沒逃到一百步，五十步也一樣是逃啊。」

「沒錯！王啊，既然這一點您懂，那還有什麼好煩惱？假如您可以避免在農忙期徵用人民，他們

2 孟子與梁惠王的對話，出於《孟子》〈梁惠王上〉第1、3、4。

不知道可以收割多少穀物到吃不完的地步。假如您別讓漁夫拿網眼較小的網捕幼魚，魚不知道可以好好繁殖多少到吃不完的地步。假如您不限制樵夫採伐的季節，不知能砍多少木材到用不完的地步。假如您能保證人民的衣食住，那就是您王道的開始了。然而，王啊，在豐收之年，您卻沒有阻止狗與豬四處吃掉人的糧食，沒有收藏食物；在歉收之年，明明路上已經有人餓死，您卻沒有打開糧倉救濟人民。不但如此，還不把人民餓死當成自己的錯，只說都是當年的氣候使然。這和有人殺了人，卻還說『不是我殺的，是刀子殺的』完全沒兩樣。王啊，只要您不把餓死者眾當成氣候造成的，負起責任救濟人民的話，天下的人民就會全部聚集到貴國來了。對了，王啊，請問您，拿棒子殺人，和拿刀子殺人，有什麼不同嗎？」

惠王答道：「不，沒什麼不同。」

「那麼，拿刀子殺人，與透過政治殺人，有什麼不同？」

「……沒什麼不同。」

「城裡的廚房堆著多到不行的肥肉，馬廄裡也養著許多肥壯馬匹，城外卻躺著一些餓死者的遺體。這究竟是怎麼回事呢？」

以上就是孟子與梁惠王的對話，「五十步笑百步」這句話的語源，也是來自這個段落。

雖然孟子包裝得很巧妙，內容可是辛辣得很。

總之，孟子對梁惠王講的是：

「你問我為什麼國家人口沒有增加？別講這種傻話，當然是因為你是個無能的殺人者啊。」就是這樣。而且，為了讓梁惠王理解，他還用了「拿棒子殺人，和拿刀子殺人，有什麼不同嗎？」之類的比喻法，巧妙引出自己的觀點，也讓梁惠王不得不認同。

光是看這一幕，應該也能夠了解，雖然孟子提倡性善說，但他絕不是大家想像中的那種個性溫和樂天的人。

不過，只看以上段落，或許會讓人覺得，孟子不過是個會提出正確論點衝撞統治者、批判對方的人而已，所以我們再來看看另一個有名的故事。

一天，齊宣王來找孟子商量。

「像我這麼不成熟的君主，也能安定民心嗎？」[3]

齊宣王和其他統治者不同，個性謙虛而沒自信，甚至還會自己說「我很愚笨遲鈍，覺得自己無法經營好政治。」

孟子清楚回答齊宣王道：「可以做得到。」

「真的嗎？為什麼你覺得我做得到？」

3 孟子與齊宣王的這段對話，出於《孟子》〈梁惠王上〉第7。

「這是我聽別人講的。聽說，有一次您在宮殿裡坐著，看到有人拉著牛從下方通過。您就問那個人，『你要把牛帶到哪裡去？』養牛的人害怕地回答，『因為鐘蓋好了，我要去參加落成典禮。現在要殺了這頭牛，拿牠的血塗在鐘上，以進行儀式。』聽說，您聽到他的回答後是這麼講的：『把那頭牛放了。』接著，養牛人說，『那麼，就不辦鐘的落成儀式了嗎？』您又對他說，『不，儀式很重要，不能中止，所以就用羊代替牛吧。』真有這回事嗎？」

「嗯，確實有這件事。」

「您真是好心腸呢。」

「哪裡哪裡。」齊宣王有些難為情。

「可是，王啊，您可知道，人民對此事有什麼傳言嗎？大家都誤以為，您是因為牛的價格太貴，覺得很可惜，才想改用羊。」

「欸？不是啊，就算齊國再怎麼小，身為王的我又怎麼會捨不得一頭牛？我只是看到牛露出悲哀膽怯的表情，不忍心看到無辜的牠被帶去殺掉，才要用羊代替。」

「不，我說王啊，人民會這麼想也就難怪了。因為，事實上，您只是將比較大的東西（牛），替換成比較小的東西（羊）而已。人民會覺得您吝嗇，也是理所當然。而且，如果您覺得把無辜動物殺掉很可憐，那麼無論是牛還是羊，應該都一樣，不是嗎？」

孟子講完後，齊宣王露出苦笑，沮喪地說：

「啊，你這麼一講，還真的是這樣。雖然我不是因為小氣才把牛換成羊，但是也難怪人民因此私下說我小氣。」

這時，孟子突然緊抓住齊宣王的肩膀說：

「王啊，請不要在意那樣的評語！您當時看到了牛，但是沒看到羊！就是這一點！這是最重要的地方。假如王也實際看到羊的眼睛，應該也會覺得羊也不想死！您不忍心看到眼前有人受苦，擁有很了不起的仁心！只要您把這樣的心情用在人民身上，以它來從事政治，那就行了。您已經擁有仁心了，所以不可能做不到。」

好了，你看了覺得如何呢？這段故事的感覺，和梁惠王的故事又完全不一樣。由於梁惠王是個以為自己很偉大、做得很好的無能當權者，因此必須一次重重打醒他。

但齊宣王卻相反，他個性軟弱，也毫不避諱說自己愚笨遲鈍。對這種心態的統治者，就算潑他冷水說「你這傢伙很無能」，也不會有什麼效果。與其如此，不如讓他心情好一些、養成他的自信，對國家更有利。

因此，孟子想出了對策，先說「人民都以為你很小氣」，讓齊宣王感到難過，再突然一百八十度轉變，力捧他說「但您會想要拯救眼前的動物，這種仁心很了不起」。這樣的辯論技巧，非常高明。就這樣，孟子高明地引出了齊宣王的幹勁。

從這個故事可以知道，孟子並不認為，「君主就是有權力的人，就是壞人，因此罵他就對了」，他沒有那麼武斷。

孟子就是以這麼出色的口才，把「仁」的思想教導給國君。只是，相對的，他也曾展現出傲慢態度：「王要我去，我可不去（因為，想問問題的是你，應該你來找我才對）」，也因此，一些國君對他的評價不好，經常疏遠他。

不過，孟子原本就不認為君主有多特別。他在《孟子》中是這麼說的：

「在一個國家裡，人民最重要，土地與穀物之神次之，君主最不重要。」[4]

總之，孟子認為一個國家裡，重要性由高至低是「人民↓神↓君主」。以那個時代來看，這是很了不得的言論。因為，就連主張「主權在民」、在西方被譽為先進得教人感動的思想家盧梭，也是一七〇〇年代的人。相對的，孟子卻是公元前三〇〇年的人。兩人之間，足足差了兩千年！就算單以年代差距來看，也能清楚了解，孟子是個何等出色的思想家。

孔孟之學

不過，孟子為何會形成如此超越時代的先進想法？為何他能毫不畏懼擁有絕對權力的君主，有勇氣挺身正面與之衝撞？

這是一定要的，因為孟子延續孔子的路線，也承繼了孔子的熱情。

「為政要體察人民！」

這是孔子向當權者傳達過的訊息。但孔子一生懷才不遇，幾乎沒機會用這樣的想法衝撞當權者。

正因為這樣，孟子，不，孔子的所有後繼者，都繼承了他的想法，懷抱夢想，不斷淬鍊自己的觀點，希望總有一天要好好拿它來衝撞君主。最後，在孔子死後百年，終於有人完成一套最強的辯論術，連和君主之間的論戰都考慮在內！

身懷這套最強辯論術的孟子，以君主為對象，徹底發揮了勇氣。

孔子的偉大哲學，最後發展為半宗教般的儒教，而儒教又有「孔孟之學」的別名。在孔子眾多出色的弟子與後繼者中，孟子為何能獲得如此好評？不光是因為，他是個完成孔子「仁」的思想的傑出思想家，也是因為他是承繼孔子偉大情操的勇敢鬥士。

4 民為貴，社稷次之，君為輕。

政治的根本在「禮」

荀子

荀子（公元前三一三年左右～二三八年左右）是戰國時代末期登場的儒家學者，與孟子並稱，為孔子偉大後繼者之一。

如前所述，孟子承接了孔子「仁」的思想，使其完備；而在外界的評價中，荀子則是承接了孔子的另一個思想「禮」，並使其完備的人物。

「禮」的繼承者

請各位回想一下，到底什麼是「禮」。所謂的禮，就是把仁（為人設想）具體化的禮儀、規矩、舉止行為。孔子提倡以之取代祭祀禮儀，也

Philosopher 07

東方亞里斯多德

荀子

公元前 313 年左右～ 238 年左右
主要著作《荀子》

他的人生活動都與學問有關：讀書、著述以及教育門人。《荀子》一書開頭所寫的「青，取之於藍，而青於藍」（出藍之譽）很有名。

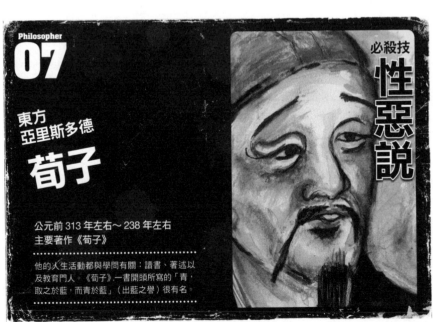

就是向與祭祀禮儀相關的神祕權威力量宣戰。禮的繼承者荀子，也從孔子那裡承接了這樣的宣戰行為。

在《荀子》一書中，他是這麼說的：

「天的運行經常是固定的，不會改變。所謂的天，並不是因為聖王堯的出現才開始運行，也沒有因為暴君桀的出現就停止運行。只要施政得宜就是吉，施政紊亂就是凶。只要致力於農業生產、節約消費，天就無法讓一個人貧困。假如懈怠於農業生產而奢侈浪費，天也無法使一個人富裕。」[1]**（《荀子》天論）**

總之，他說的就是：「天與政治一點關係都沒有，只要胡亂施政就會不幸，如此而已。」以現代人看來，或許會覺得「這不是理所當然的廢話嗎？」，但事實上，當時中國的人們是認真相信「天人相關」的思想，也就是「天會感應到人類的行為，帶來禍福」。

例如，他們認為，君主只要行善政，就會有麒麟、鳳凰之類的聖獸出現；只要行惡政，國家就會遭受地震或暴風雨等災厄襲擊。這樣的想法是當時的常識，人們只要一看到什麼少見的自然現象，就

1 天行有常，不為堯存，不為桀亡。應之以治則吉，應之以亂則凶。彊本而節用，則天不能貧。本荒而用侈，則天不能使之富。

會起大騷動。

但荀子卻明白否定這樣的迷信。

「星星一墜落，樹木一發出聲音，人就會感到害怕，想問『這究竟代表什麼？』不，它們什麼意義也沒有，全都是天地陰陽的變化，也就是純粹的自然現象，只不過是很少發生的事而已。看到這種現象，可以覺得不可思議，但感到害怕就不對了。日蝕、月蝕、不合季節的暴風雨等天地異象，任何時代都會發生。只要君主睿智、實施良政，不管發生再多這種事，都無法動搖國家。但假如君主昏庸，實施惡政，那麼就算從未發生異象，國家也會逐步滅亡……真正該害怕的，是人祅（人類所帶來的禍害）。」[2]（《荀子》天論）

對現在的我們來說，日蝕與月蝕毫無神祕之處，是可接受的現象。不過，古人完全沒有這方面的知識，請想像一下他們的心情。那可是太陽或月亮消失的現象啊！

就算人們因而驚慌失措，也很正常吧。「哇啊啊啊啊，這是怎麼回事啊？上天生氣了嗎？一定是什麼可怕的事要發生的前兆。」

但荀子卻冷靜地勸告大家：「錯了錯了，那只是純粹的自然現象，不要反應過度而感到害怕。」

他也酷酷地說：「人禍比那樣的自然現象還可怕，不是嗎？」

此外，既然荀子是這樣的人，那麼想當然耳，對於巫術等神祕事物，他一樣也冷眼以對。

「舉行祈雨儀式，就下雨，是什麼道理？這沒有什麼，就算你不祈雨，雨還是會下。君子之所以舉行祈雨儀式，或是透過占卜決定事情，並不是希望藉此得到想要的結果，而是為了讓大眾安心才做，不過是一種形式而已。因此，君子知道那是形式，大眾卻以為真的有什麼神祕力量存在。知道是形式很好，但當成神祕力量就不好了。」[3]（《荀子》天論）

這同樣也是極為務實的態度，總之，他是說：「占卜只是形式，但大眾不知道這一點。」

舉個例子，我們現代人的日常生活也存在著占卜。假如把占卜當成人生建議，或是形式般的東西看待，就不會有任何問題。假如你的態度是「哇，今天處女座運勢最差！好，我出門要繃緊神經」，那完全沒問題。但假如認真把占卜當成一種神祕力量，講出類似這樣的話：「占卜結果是大凶，今天我不上學了！」，或是「今天的生意就取消不談了！」而放棄做出人生重要決定，那就太過頭了。毫無疑問，一定不會有好結果。

但是古代各國往往有一種傾向，它們會仰賴占卜等神祕的權威力量，來做政治上的決定。荀子徹

2 星隊木鳴，國人皆恐。曰，是何也？曰：無何也！是天地之變，陰陽之化，物之罕至者也。怪之，可也；而畏之，非也。夫日月之有蝕，風雨之不時，怪星之黨見，是無世而不常有之。上明而政平，則是雖並世起，無傷也；上闇而政險，則是雖無一至者，無益也……物之已至者，人祆則可畏也。

3 雩而雨，何也？曰：無何也，猶不雩而雨也。日月食而救之，天旱而雩，卜筮然後決大事，非以為得求也，以文之也。故君子以為文，而百姓以為神。以為文則吉，以為神則凶也。

底否定了，這種在做政治決定時，把迷信或神祕力量包含在內的做法。他認為，當權者的施政應該回歸現實，負起身為人的責任為政。

性惡說

雖然儒家的前輩孟子，是個希望當權者能行仁政的理想主義者，但如前所述，荀子卻明顯是個現實主義者。在西方哲學史中，最有熱情的蘇格拉底有兩位偉大的後繼者，一個是理想主義者柏拉圖，另一個是現實主義者亞里斯多德。同樣的，孟子和荀子間的關係，可以說就好像東方的柏拉圖與亞里斯多德。他們兩人的哲學，想當然並不契合。就像亞里斯多德從現實主義的立場否定柏拉圖的「理型論」，荀子也否定孟子的「性善說」。他是這麼講的：

「孟子說，『人性本善。』但這麼講與事實不符，也沒有特別根據，只能坐著講講而已，真要做的話，什麼也做不了，也無法具體應用在政治上。這是多麼奇怪的思想呀。」[4]（《荀子》性惡）

孟子根據性善說對君主說教的辯才，確實了不起。但看在現實主義者荀子眼中，那些都只是空談。因為，不管孟子再怎麼向君主鼓吹「仁」的重要性，再怎麼強調「施政要體察民心」，一樣還是純粹的精神論而已，毫無具體性。

到頭來，孟子「人性本善」的性善說，無論看起來再怎麼漂亮、正確，只要回答不了以下這個問題，就很難稱得上有用處：「你說人性本善，那又如何？從中可以推導出國家要如何才不會混亂的政策嗎？」

與其以那種不著邊際的論點說服君主，還不如告訴他具體政策，比較有建設性。像是「只要建立這種規矩，讓民眾遵守，將可帶來這樣的效果，使國家變得更好。」為此，要從「人性本惡」的悲觀立場來思考會比較好。於是，荀子提倡與孟子思想完全相反的「性惡說」。

「人性本『惡』。人生而就有喜歡利益的心，因此才會你爭我奪，互不禮讓。再者，人也生而就有憎恨人的心，因此才會自相殘殺，失去真誠的心。在這種狀況下，人一旦順著本性為所欲為，必定會產生爭端，秩序也會瓦解。因此，必須透過教育指導他們禮儀，才能讓人人相互禮讓，也讓世界回復和平。從以上狀況來看，很明顯人性本『惡』。人性中所謂『善』的部分，其實是透過人為努力，後天學習而來的。」[5]（《荀子》性惡）

4今孟子曰：「人之性善。」無辨合符驗，坐而言之，起而不可設，張而不可施行，豈不過甚矣哉？

5人之性惡，其善者偽也。今人之性，生而有好利焉，順是，故爭奪生而辭讓亡焉；生而有疾惡焉，順是，故殘賊生而忠信亡焉；生而有耳目之欲，有好聲色焉，順是，故淫亂生而禮義文理亡焉。然則從人之性，順人之情，必出於爭奪，合於犯分亂理，而歸於暴。故必將有師法之化，禮義之道，然後出於辭讓，合於文理，而歸於治。用此觀之，然則人之性惡明矣，其善者偽也。

總之，荀子想講的就是，「人類充滿了欲望，置之不理的話將會彼此爭吵。因此，必須制定規則或規範，以停止爭吵、讓人人和平相處。」荀子要大家都遵守相同的約定（也就是放棄自由），避免兩敗俱傷，這一點與一六〇〇年代的西方哲學家霍布斯（Thomas Hobbes）的社會契約論，十分相似。

國家的根本

總而言之，荀子的主張在於，「人的本性雖然是惡，但只要教他們禮，就能變成善。」那麼，這個「禮」具體而言，是什麼樣的東西？對於「禮」的起源，荀子是這麼說的。

「禮是怎麼來的？人生來就有欲望，有欲望但得不到，就會想追求。假如追求的方法缺乏『規範』，就勢必與人相爭。因此，古時候的聖王才會制定禮儀、給定『分』，使財貨不會因為人的欲望而枯竭。禮就是這麼來的。」[6]（《荀子》禮論）

荀子在這裡所講的「分」，指的是分際或身分的「分」。也就是說，農民就要穿農民會穿的服裝，過農民會過的生活；商人就要穿商人會穿的服裝，過商人會過的生活。由於財貨有限，假如人人都想穿絲綢衣服、享用豪華餐點，國家（大家的共同體）將無法維持。因此，當權者應該指示人民生存的方式：「你是這種身分，就要做這樣的事，過這樣的生活。」總之，就是要知道分際。在荀子眼中，合於分際的生活方式，以及合於分際的言行舉止，就是「禮」。

不過，這可能會讓人覺得，是不是一種帶有歧視的思維。照理說，不是應該打造一個不受頭銜、身分束縛的自由平等社會，才算是理想嗎？

錯。對現實主義者荀子來說，那種理想主義者的好聽話，根本不值得討論。或者應該說，荀子甚至主張，考量到人類的實際社會狀況，原本就「不應該平等」。

「在調查土地狀態、依正確順序種植作物方面，君子比不上農民；在使商品流通、評估價值方面，君子比不上商人；在使用曲尺、製作便利器具方面，君子比不上工匠。」[7]（《荀子》儒效）

「之所以創造種種技術，是為了養活每一個人。而且，人的能力無法兼具多種技術，人也無法兼

6 禮起於何也？曰：人生而有欲，欲而不得，則不能無求。求而無度量分界，則不能不爭。爭則亂，亂則窮，先王惡其亂也，故制禮義以分之，以養人之欲，給人之求。

7 相高下，視墝肥，序五種，君子不如農人；通財貨，相美惡，辯貴賤，君子不如賈人；設規矩，陳繩墨，便備用，君子不如工人。

任多項任務。因此，人與人假如各過各的生活，沒有相互依存，將會窮途末路。」[8]（《荀子》富國）

與其自己一個人種植作物、蓋房子，還不如決定好每個人的角色，各自專攻不同工作比較好。也就是說，有的人專門耕種，有的人專門蓋房子，再彼此分享工作成果。這麼做會更有效率，也可以為所有人帶來更大利益。早在年代那麼久遠、什麼經濟學都還不存在的公元前，荀子就已經在提倡專業分工的好處了。但這也就表示，不能人人平等視之。

「君主的職能在於用人任官，平民的職能在於憑藉自己的能力工作。」[9]（《荀子》王霸）

上位者安排人民在社會上最適切的角色，每個人則帶著驕傲扮演好那個角色——這是荀子想像中國家應有的模樣。因此，荀子才會主張「透過教育，使人人守禮（與身分或社會角色相符的言行舉止）」。

「禮是政治的極致，也是使國家強盛的根本。」[10]（《荀子》議兵）

如上所言，荀子倡言「禮」的重要性，因為它能維持國家秩序。事實上，假如在荀子的這種主張中，把「禮」這個字全都替換成「法律」，就變成和「法家」這個學派集團抱持相同主張了。平心而論，所謂的禮，實際上就是「人類在社會中生存的既定規矩」；因此，換成「法律」一詞，完全沒有問題。

在這種情形下，荀子發展的論點愈是出色，法家愈可以直接應用他的論點，藉此獲益。不，非但如此，過去著迷於荀子現實主義的優秀弟子，都不約而同改弦易轍，轉向同為現實主義的法家（雖然荀子提出這些論點，但畢竟仍屬於注重仁這種理想的儒家）。

就這樣，荀子的偉大，也促使法家變得格外出色，開始了它長足的發展。

8 故百技所成，所以養一人也。而能不能兼技，人不能兼官。離居不相待則窮。

9 人主者，以官人為能者也；匹夫者，以自能為能者也。

10 禮者，治辨之極也，強固之本也。

政治就是讓國家富強

韓非子

戰國時代的各國，日夜陷於醜惡的權力鬥爭中。在那個黑暗混沌的時代裡，誕生了儒家、墨家、法家、名家、兵家等各式各樣的學派。

那麼，最後的演變為何？

先講結論的話，是由法家大獲全勝。法家擊敗了諸子百家，存活下來。為何法家能存活到最後？這是因為，出現了一位使法家思想完備的大天才韓非子（公元前二八〇年左右～二三三年）。

Philosopher

08

法家理論的
貴公子

韓非子

公元前280年左右～233年左右
主要著作《韓非子》

他的政治思想令秦始皇嘆服。他的著作，還和一千八百年之後馬基維利所寫的《君王論》，並稱為帝王學聖經，如今仍廣受閱讀。

悲劇天才

根據《史記》記載，韓非子原本是荀子的弟子。所以，韓非子也是在荀子門下學過「禮」之後，再轉投法家。另外，《史記》中也寫到，韓非子有口吃。因此，他很不擅長辯論，想要像孟子等其他諸子那樣，在君主面前主張自己的論點、爭取認同，走上當時知識分子出人頭地的路線，幾乎是不可能。

但相對的，他在寫作方面具備了出色才能。或許正因為他無法好好說出自己的想法，才會把多人一倍的熱情，投注在把想法寫成文章上吧。

無論如何，在荀子那裡學到了現實的「禮」的哲學後，韓非子回到了祖國韓國，並將自己的論點寫出來，設法呈交給韓國國君，試試自己的實力。但遺憾的是，無論韓非子上呈多麼好的政策，韓王都不理他。

由於韓非子有口吃，在他成長的過程中，兄弟們都看不起他，叫他「吃非、吃非」。對他來說，「到國外留學，學成後歸國，向君主提出意見而獲採用」，這樣的方式，應該是他表現給周遭人看的大好機會吧。但他卻陷入無人搭理的狀態。這不知有多傷韓非子的自尊心、多讓他沮喪。

不過，某天，在一個偶然下，韓非子的著作傳到了韓國的敵國秦國。秦王政（即後來的秦始皇）讀過之後非常感動，還曾經講過這樣的話：「只要能和作者見上一面，我死而無憾。」

秦王政連忙找來家臣詢問，寫的人是誰？是何方神聖？碰巧，當時秦國宰相李斯（以前也是荀子的弟子，後來成為法家的一員）說，他認識韓非子。

「作者是一個叫韓非的人。」

聽到這個消息，秦王政做出十分誇張的決定。他竟然只為了把這個作者找來，就對韓國發動戰爭。

想當然耳，韓王大驚失色。當時的韓國，是戰國七雄中面積最小、最弱的一國，根本不是秦國的對手。只為了一個自己根本不想搭理的作者，就害國家滅亡，這還得了？韓王急忙派遣韓非子擔任使者去見秦王政。簡單講，就是交出韓非子。

韓非子在祖國完全不受認同，沒想到，敵國的國君卻認同他。即便如此，得到認同畢竟還是一件高興的事。於是，他開開心心地勇赴秦國。

好了，接下來就是韓非子的成功故事了！

——我很想這麼說，但很遺憾，韓非子在秦國不怎麼受到重用，原因不明。不過，有一種說法是，韓非子一有機會就進言秦王政，希望不要攻打韓國。事實上，韓非子獻給秦王政的書簡還留了下來，但內容十分平庸，不讓人覺得是韓非子所寫。總之，從中可以看出，韓非子內心希望秦國還是別攻打韓國。畢竟韓非子是韓國人，確保祖國的家人與朋友活命的想法，還是強過於贏得秦王政青睞、在秦國出人頭地的念頭。

然而，這正是韓非子的罩門所在。畢竟對秦國的大臣而言，鄉巴佬韓非子的存在，應該會讓他們笑不出來。尤其是宰相李斯，韓非子的存在對他是個威脅。以前兩人曾共同就學於荀子門下，李斯自然深知韓非子的天分。

或許韓非子會天真地覺得，在秦國這個人生地不熟的地方，正覺孤單時，能夠與同門的李斯再次碰面，是很開心的事；但李斯想必只覺得，韓非子非但不是夥伴，還是個威脅自己地位的可恨政敵吧。

看在李斯眼裡，韓非子想保護祖國的心情，正是他用來貶低韓非子的絕佳素材。

「從韓非子上呈的書簡可以得知，他明顯想幫助韓國苟延殘喘。他只想到韓國與自己的利益，是個有害於秦國的人。」

李斯向秦王政上呈批判韓非子的意見書，還向秦王政進言：「如此放任韓非子太危險了，應該斷然把他抓起來。」

對秦王政而言確實也是如此。就算韓非子不想協助秦國，但也不可能滿不在乎地把這麼優秀的人才交給他國。或許是出於「那就暫時讓他關到牢裡冷靜一下吧」的想法，就把韓非子送進監獄了。

但李斯可不會善罷甘休，他告訴人在獄中的韓非子「你被捨棄了」，還在講出這種令人絕望的話之後，要韓非子服毒自盡。雖然秦王政後來改變心意、下令釋放韓非子，但為時已晚，在精神上挫敗的韓非子，已經如李斯所願服毒自盡了。

就這樣，韓非子還無法展現自己的才華，就死於非命。

不朽名著《韓非子》

不過，秦王政為之著迷的韓非子著作，還是一樣出色。韓非子雖然死了，秦王政與李斯還是把《韓非子》一書保留下來，做為秦國的政治教科書。照著書中內容為政的秦國，也逐步蛻變為不得了的強國。

韓非子留下的著作中究竟寫了什麼？

一言以蔽之，**書中整理了一些政策，可用來建設以君主為中心的強盛國家**。

首先，韓非子直接否定把「仁」當成治理國家的基礎。他的主張是：

「儒家把君臣關係比擬為親子關係，認為只要重視仁愛之情，事情就會順利。然而，如果真是這樣，世界上不就沒有彼此不合的親子嗎？以人情來說，確實沒有比父母還親的；每個人也都接受了父母的愛。但孩子也未必就因此行為端正。無論做父母的投注多少愛，也無法保證孩子的品行一定不會敗壞。」[1]（《韓非子》五蠹）

總之，他要講的就是：「親子之間也會吵架，不是嗎？」、「父母溺愛的孩子也會做壞事，不是嗎？」，更何況「王與臣子」、「王與人民」根本不是親人。就連親子之間都未必處得來，卻希望只靠「仁」就與外人建立關係，完全是不切實際的想法。

正因為如此，韓非子強烈主張，不要用「仁」這種模稜兩可的概念來當國家基礎，要用「法」這種確切的東西。

韓非子在這裡所講的「法」是什麼？和荀子的「禮」又有什麼不同？韓非子說：「法與禮原本都一樣」，還接著提出定義：「但是，法的特徵在於它具有刑罰的強制力。」

他沒有嘮嘮叨叨地講這類主題：「所謂的法，就是將國家的秩序～、就是為了維護大家的生活而～」而是明明白白說出法的本質：「所謂的法，就是透過刑罰讓人遵守。」這是韓非子了不起之處。

另外，韓非子也認為，儒家學者動不動就把「古代聖王」（堯、舜、禹）搬出來，並不是好事。他的觀點是，講那些古代君主的故事，一點幫助也沒有。就算真的曾經出現那麼了不起的君主，又怎麼樣？「過去是過去，現在是現在」。儒家學者雖然主張，古代聖王都擁有特出的人格，所以國家才會經營得那麼好。但事實上，那時候的中國還是個原始的小國家，他們的做法只適用於那個時候。現在已經不同了，國家規模變大，社會情勢也很複雜，聖王的做法如今未必行得通。韓非子在書中這麼說：

1 夫以君臣為如父子則必治，推是言之，是無亂父子也。人之情性，莫先於父母，皆見愛而未必治也，雖厚愛矣，奚遽不亂？

「無論儒家或墨家都說，由於古代的聖王廣愛天下人，民眾都把聖王當成父母般崇敬。（略）還說，明明是依法執行刑罰，聖人卻為了罪犯流下憐憫的淚水。原來如此啊，或許這樣可以算是擁有仁愛之心，但是並不能應用在政治上。流著淚不想行刑，固然稱為仁愛之情，但說什麼都非得執行刑罰不可，那就是法了。」[2]（《韓非子》五蠹）

正如韓非子所言，這不能算是「為政」。戰國時代的國家，已經沒有那麼好治理，不可能再像過去一樣，只因為「君主人格高尚」，就能把國家治理好。

另外，不同於儒家與墨家，韓非子還有個很酷的想法：「所謂的人民，都會跟隨權勢，而非跟隨正義。」簡單講，就是這種極為露骨的論點：「人民可不會因為當權者很貼心，就跟隨他，只不過是因為君主握有強大權力，才跟隨他罷了。」也因為這樣，韓非子才會主張，首要之務在於「讓國家變強」，而不是講些什麼「仁」啦、「聖王」啦之類的題外話。

形名參同

那麼，讓國家變強的具體方法是什麼？韓非子認為，應採取「形名參同」的方式。

這裡的「形」，指的是「實際做到的事」（成果），「名」指的是「答應要做的事」（約定）。「形名參同」，指的就是「要好好對照比較與評鑑，家臣實際做到的事，與答應要做的事是否相同」。韓非子是這麼說的：

「所謂的形名參同（事實與說法相符），就是言詞與事實一致。家臣提出說法，王根據其說法分派工作，家臣再完成工作求取功績。功績若合於工作，工作若合於說法，就獎勵；功績不合於工作，工作不合於說法，就處罰。因此，群臣就算做出大承諾，假如只有小功績，就處罰。不是因為功績小而罰，而是因為名實不符而罰。」[3]（《韓非子》主道）

若換成現代說法，可以說就是講究「成果主義」。

那麼，以下稍微比較一下，實施形名參同（成果主義）的國家，與未實施形名參同的國家之間，有什麼不一樣。

未實施形名參同的國家（秦以外的國家）

2今儒、墨皆稱先王兼愛天下，則視民如父母。何以明其然也？曰：「司寇行刑，君為之不舉樂；聞死刑之報，君為流涕。」（略）且夫以法行刑而君為之流涕，此以效仁，非以為治也。夫垂泣不欲刑者，仁也，然而不可不刑者，法也。

3言已應則執其契，事已增則操其符。符契之所合，賞罰之所生也。故群臣陳其言，君以其言授其事，事以責其功。功當其事，事當其言則賞；功不當其事，事不當其言則誅。

君主：「上次的工程現在如何了？差不多該完成了吧？」
臣子：「呃，因為天候關係，有些延後。」
君主：「這樣呀，那也沒辦法，請你繼續加油吧。」
臣子：「對了，希望預算可以再追加。」
君主：「這就頭痛了。你應該知道我們的財務狀況困難吧？」
臣子：「請您想想辦法。啊，對了，最近我拿到一個很少見的東西，想說要獻給您，就帶來了。」
君主：「噢！那可真不好意思，我很期待看到。嗯，我從小就受你父親照顧，我看工程的事，你就全權處理吧。」
臣子：「好的，謝謝大王（太幸運了，這樣就可以再拿到很多預算揮霍一番了）。」

實施形名參同的國家（秦國）

君主：「上次的工程現在如何了？差不多該完成了吧？」
臣子A：「呃，因為天候關係，有些延後。」

君主：「這樣呀，那我要處罰你。」
臣子A：「欸，呃，請等一等。啊，對了，我有東西要獻給您。」
君主：「囉唆什麼，住嘴！一切以法為依歸，現在就要罰你。來人啊，拖下去！」
臣子A：「哇，做什麼，大王恕罪啊！」
君主：「那麼，有沒有人要接手他的工作？」
臣子B：「請交給我來辦。」
君主：「嗯，你多久能做好？」
臣子B：「這個嘛，一年吧（其實半年就能做好，但姑且先講一年吧。可以拿到一年的費用，還可以慢慢做，多的錢就拿來揮霍掉吧）。」
臣子C：「請等一等！那件工作，我半年就能完成。」
臣子B：「欸？」
君主：「好，那交給你來做。我不需要得花一年才做得好的無能之人。來人啊，拖下去！」
臣子B：「哇，做什麼，大王恕罪啊！」
君主：「既然你說半年做好，到時候做不好，我可要罰你。」
臣子C：「我已有心理準備！就算賠上這條性命，也一定會在半年內做好！」
君主：「很好，那你去吧！」

看完以後，你有什麼感想？應該不難想像，十年之後，「沒有實施形名參同的國家」與「實施的國家」之間，國力會有多大落差了吧。

而由於君臣間，都一定得以形名參同為標準，因此君臣不可以太熟。為此，韓非子又細心提出幾件君主對待臣子時，態度方面的注意事項。

「君主要像空壺一樣虛心，而且經常保持平靜，才能看清周遭。」[4]**（《韓非子》主道）**

「君主不可讓臣子知道自己的喜好。假如透露這樣的訊息，臣子就會設法討好。假如不透露這樣的訊息，臣子就會慎重行事。」[5]**（《韓非子》主道）**

韓非子認為，君主必須是臣子心目中難以捉摸、感到害怕的存在。

秦始皇

讀了韓非子著作而深受感動的秦王政，據說十三歲就坐上王位。當然，這個年紀不可能管得了政事，因此就由比他父親還年長的臣子，旁若無人地主持國政，秦王政只是坐在王座上當他們的傀儡而已。

雖然身為君主，但毫無權力，每天只能照著大臣講的話做，甚至還有人斥責他：「吾王與聖王相比，還差很遠吶。」當然，年幼的他確實也懷疑過「我這樣算什麼王」，但可能因為從小就這樣，他也就理所當然接受了自己「不過只是傀儡」般的遭遇。

「反正什麼都不必做，臣子就會幫我做好，我就乖乖坐著，不要開口就好了吧。」

那時候，或許他就是抱持這樣的想法，在有些茫然中，度過窮極無聊的每一天。

但是在即位十年的某一天，他遇見了一本書。那本書太棒了。

「動不動就說以前的聖王如何如何，也沒有什麼意義啊！現在和過去的國家規模與社會情勢，全都不一樣了！重要的是現在！現在！」

秦王政所受的教育，一向都說「聖王才是完美的模範」，因此他看了這樣的內容，甚感驚訝。而且，書中還寫了令他大感衝擊的內容：一直以來，自己所仰賴的臣子，才是真正的敵人。

「君主最大的敵人，是身邊的臣子。假如放任臣子，他們一定會濫用自己的地位，謀取私利。君主的工作就是要好好駕馭這些傢伙，讓他們為國家做事！」

4 虛則知實之情，靜則知動者正。

5 君無見其所欲，君見其所欲，臣自將雕琢。

這是何等辛辣的言論。秦王政看了，頗有一語驚醒夢中人的感覺。而且不只這樣，這本書竟然連如何建立一個以君主為頂點的最強國家，都提到了。

「就是這個！身為國君，這就是我非做不可的事！」

那時，秦王政毫無疑問這麼叫了出來。他恐怕還哭了吧。

「只要能和作者見上一面，我死而無憾。」

由他來講這句話，一點也不誇張。事實上，就是那本叫《韓非子》的書，讓他找到了自己的生存之道。

後來，他照著書中內容實踐，成功擴大秦國的國力。強得如怪物般的秦國，就把周邊國家都併吞掉，最後打倒周朝、統一中國。

就這樣，中國史上第四個王朝秦朝，就此開始。這時的秦王政，不再稱自己為「王」。過去，「王」這個稱號代表絕對的至尊地位，一講到「王」，指的就是天下的周王。但是自周朝失去權威以來，地方的貴族就擅自稱自己為「王」。也就是說，秦朝時，「王」這個稱號已非至尊地位，而是淪為司空見慣的稱號。於是，秦王政發明了比王還要更高階的新稱號「皇帝」。由於是人類第一個皇帝，因此自稱為「始皇帝」。

秦始皇掌握了統治全中國的強大權力，他那個把韓非子逼死的家臣李斯，也沒有錯過這次機會。李斯向秦始皇進言，說儒家與墨家等其他家的學者，都是批判目前體制的危險份子，希望趁機終結諸子百家的時代。就這樣，法家以外的學者都慘遭活埋；談論他們學問的書，也都遭到徹底焚毀。這就是世稱的**焚書坑儒**。

諸子百家因而完全被摧毀，只有法家確定勝出。

不過，發展到巔峰的法家也走上了末路。重用法家的秦始皇突然死去，第二代皇帝繼位後，法家的處境馬上就變得岌岌可危。過去，是因為身處戰國時代那種「落敗就代表滅亡」的緊急狀況，秦國的重臣，才會無可奈何接受法家制定的嚴格規矩。如今已無外敵，重用法家的秦始皇也已經不在，法家就變得很礙眼。

畢竟，自己可是統一中國全土、無與倫比的大帝國裡的重臣吶！好不容易有這個機會，就別再講那些毫無通融餘地的事情，什麼麻煩規定也全都放到一旁，稍微嘗嘗甜頭，又有何不可？重臣會這麼想，也是人之常情。

而且，碰巧二代皇帝又是個無可救藥的蠢才。他頭腦不好，只會玩，極盡奢侈之能事，李斯怎麼勸諫他，他都一樣擺明了表示「當個皇帝，就是該極力滿足欲望，為所欲為才對」，真的是個蠢才。

這麼一來，只懂拍馬屁的無能重臣，就取代了二代皇帝，掌握權力，朝政也變得十分混亂。

一次，某個重臣牽來一隻「鹿」獻給皇帝，說牠是「一匹馬」，但沒有人敢糾正他說，「不，那是一隻鹿吧」。掌握政治實權的人已非皇帝，而是該名重臣，因此違抗不會有好處，眾人也只好配合著說：「哇，真漂亮的一匹馬呀！」據說，這個故事也是日文中「馬鹿」（表笨蛋、蠢才之意）一字的語源。總之，秦朝已經真的「蠢掉了」。

最後，不知奉承、只知叨唸二代皇帝而遭疏遠的李斯，中了重臣的計謀，因誣陷而遭逮捕。在殘酷的拷問下，他最後還是認罪，在法的名義下滿門抄斬。

法家因為法而成功，因為法而殺人無數，卻也因為法而喪失性命，因為法而滅亡。這是何等諷刺的下場呀。

順帶一提後來的事情發展。由蠢才當皇帝的國家，當然不可能維持太久。失去人心的秦朝，遭到劉邦與項羽等英雄率領的反叛軍所滅，短短十三年多就一口氣瓦解了。

後來，劉邦得了天下，建立漢朝，並採用焚書坑儒時得以倖存的儒家學問，做為漢朝的國學。於是，孔子的主張又再次復活，成為儒教。從這個角度來看，最最後贏得勝利的還是儒家（再順便一提，在這個漢朝之後的，就是以「魏、蜀、吳」三分天下知名的三國時代）。

無論如何，百家爭鳴的時代，就因為韓非子的出現而畫上了休止符。

萬物始於道

老子

好了，目前為止介紹過的「什麼什麼子」，全都是一些用心思考「所謂的國家應該要如何」的偉大政治哲學家。介紹了這麼多位，我試著整理成一張圖（參見次頁）。

他們所提出的國家論與政治哲學，成了中國這個超大國家的政治基礎，也對亞洲各國造成莫大影響，包括日本在內。不過，相較之下，與其稱他們為「東方哲學家」（主張自己已到達真理境地的人），或許稱他們為「東方思想家」（主張這個世界應該如何的人）會比較正確。

但接下來要介紹的老子就不同了。他不是「東方思想家」，而是中國哲學引以為傲、足堪

Philosopher

09

最懂得不用力的
大哲學家

老子

必殺技

無為自然

公元前 4 世紀左右？
主要著作《老子》（又名《道德經》）

他的話是格言的寶庫，像是「天網恢恢，疏而不漏」、「大器晚成」、「信言不美、美言不信」等等。

諸子間的關係圖

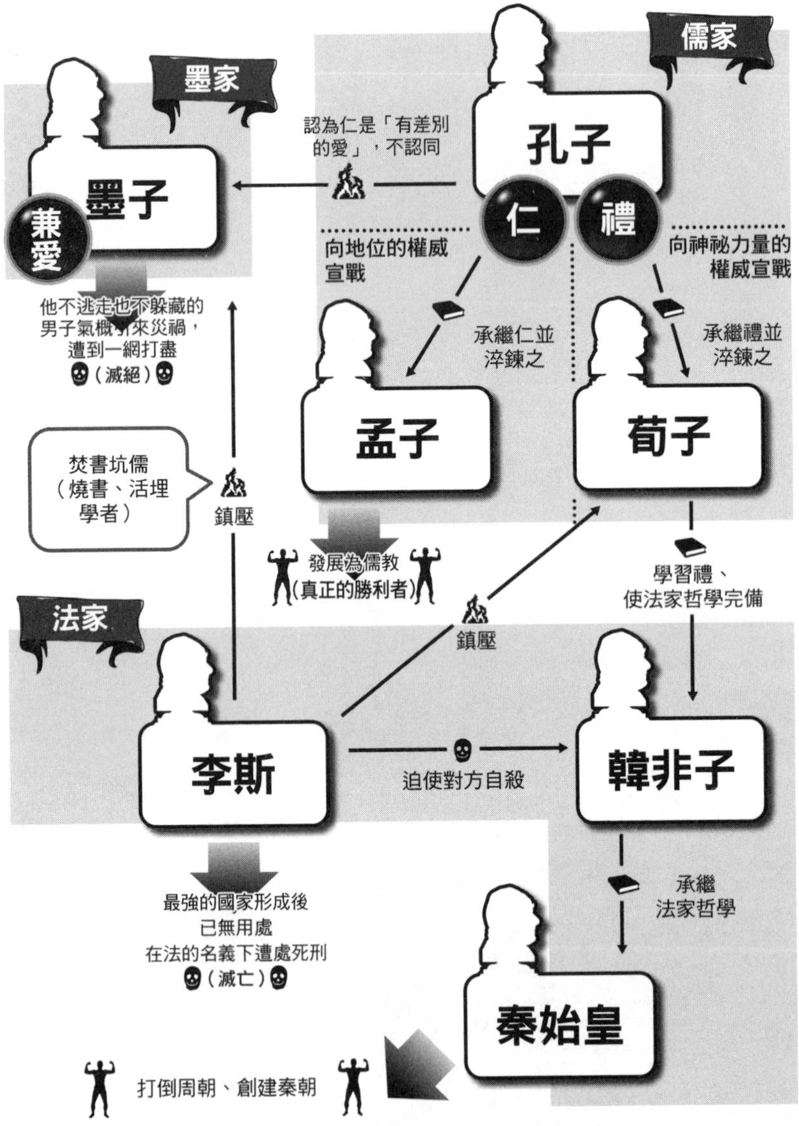

儒家
孔子
仁
禮
墨家
墨子
兼愛
認為仁是「有差別的愛」，不認同
向地位的權威宣戰
向神祕力量的權威宣戰
他不逃走也不躲藏的男子氣概引來災禍，遭到一網打盡
（滅絕）
承繼仁並淬鍊之
承繼禮並淬鍊之
孟子
荀子
焚書坑儒（燒書、活埋學者）
鎮壓
發展為儒教（真正的勝利者）
學習禮、使法家哲學完備
法家
鎮壓
李斯
迫使對方自殺
韓非子
承繼法家哲學
最強的國家形成後已無用處在法的名義下遭處死刑
（滅亡）
秦始皇
打倒周朝、創建秦朝

與釋迦牟尼匹敵的傑出「東方哲學家」。

中國與佛教

釋迦牟尼的佛教在印度滅亡後，展開往東的旅程，來到了中國。但事實上，佛教與中國的調性不合，不太能夠融入。因為，基本上中國人有一種偏好「現世利益」（金錢、功名、多子多孫、長壽）的傾向，對於佛教那種人生如夢般的想法，無法產生共鳴。

「就算成為有錢人，也難逃一死（所以再執著於金錢也沒有意義啊）。」

佛教的這種邏輯，在中國不適用。

「欸？雖然你講這種話，但我們現在就是活著啊，與其擔心什麼死後的事，還不如趁活著多享受一點比較好（划算），不是嗎？」

這就是中國的邏輯以及基本人生觀。事實上，相對於佛教認為「人生是苦」的教義，做為中國傳統思考基礎的儒教卻告訴大家，「人生是快樂的」。簡言之，印度人與中國人看待事情的基礎原本就不相同。

例如，**輪迴轉生**就是。印度人把輪迴轉生的概念，看成是一種苦。

就算不斷轉世再出生，每次都一定會面臨死亡。在痛苦中掙扎半天死去後，卻又再次出生，再次在痛苦中掙扎半天又死去。而且下回再出生，還未必生而為人，可能會轉世為渺小無力的小蟲，在地上到處爬，最後搞不好被誰踩爛，在強烈疼痛下慘死。

「我、我到底死了幾次？下一回，死亡又會在何時何地來找我？」

沒有結束可言的結束。這不叫做地獄，還能叫什麼？因此，要是能脫離這種名為輪迴轉生的「地獄無限迴圈」，印度人就稱那種境界為「解脫」。他們已經連續好幾個世代都在摸索，如何才能達到那種境界（順便一提，在印度，大家相信這個說法：「只要先吃苦，下次轉生就或多或少會變得好一些，或是脫離輪迴」，這也成為印度人苦行的動機之一）。

相對的，中國人聽到自印度傳來的輪迴轉生時，展現出完全相反的態度。

「欸？還可以再活一次嗎？太棒啦，又可以再享受人生一回了！」

這想法可真樂觀啊。由於多數中國人都很重視敬愛祖先的孝道精神，他們無法接受祖先會轉世為小蟲的這種輪迴轉生概念，因此，最後這樣的概念未能在中國生根。不過，毫無疑問，中國人曾經從完全相反於印度人的角度，解讀過輪迴轉生的概念。

由於中國人心性如此，就算以佛教的方式威脅他們「人生是苦，所以你要聆聽釋迦牟尼的哲學」，也沒有意義。非但如此，在你舉出受苦的具體實例，對他們說「你看吧，人生不是有諸如此類的苦存在嗎？」，想要反駁中國人時，他們可能會眼睛一亮說道：

「好，那我就來把苦變成樂看看！」

中國人絕不輸給「苦」。不，還不只是這樣，他們還想把「苦」轉變為「樂」。

例如，假設有一種很苦、很難吃的水果，而且還有毒，吃了可能會有致命危險。如果是一般民族，應該不會再接近那種水果吧，他們會做出「這個不能吃」的結論，就再也不碰。

但中國人不同，他們絕對要吃看看。不，非但如此，他們甚至還想找出，能夠把這種水果料理得很好吃的方法。

你愈是和中國人說「那種東西絕不能吃」，他們的熱情就燃燒得愈旺盛。

當然，這不會是一朝一夕就能竟其功的事。有很多人挑戰吃那種水果，結果解毒失敗而死，接著又有別人挑戰吃它而死。但他們依然不怕，總是會有人跨過同伴的遺體，前來找這個強敵繼續挑戰。最後，歷經極為漫長的歲月後，終於有人異想天開找出某種調理方式，實現了把它吃下肚的目標。

「無論什麼樣的苦，都要打倒它、克服它、盡全力得到快樂。」

就算對手是「大河」這麼強大的自然現象，他們也毫不退縮，直截了當想設法擺平它。這樣的熱情，正是中國這個出於「格鬥・飲食・性欲」[1]等本能，在物的追求上令其他國家難望其項背的國家之本質（只要沒用錯方向），是一種足以向世界自傲的民族性。

只是，如前所述，佛教與這樣的價值觀完全相反。佛教主張，想要得到快樂的心情（執著、欲望），正是不幸的源頭，因此與中國的精神本質並不相契。所以在佛教來到中國時，人們不把它看成一種擁有深遠哲學的學問，只看成是一種「總之，只要拜佛，就有好事發生」、能夠帶來現世利益的

1 在板垣惠介的格鬥漫畫《刃牙》中曾提到，在與「鬥・食・性」這三種本能相關的層面，少有人比中國人還亟於追求。

神祕宗教。

但發生了一件對佛教來說真的很幸運的事。那就是，中國出了個名叫老子的傑出東方哲學家。

老子明顯並無「現世利益」的想法。只要去看《老子》一書的如下段落，就能夠了解：

「為學日益，為道日損。損之又損，以至於無為。無為而無不為。」（《老子》第四十八章）

簡單講就是：「做學問的話，每天都會有所得，但為道的話，每天都會有損失。要一直損失一直損失下去，到達無為的境界。一到了無為，一切就會自己發生，那就萬事都ＯＫ了。」一開始的「做學問就有所得」很不錯吧，只要有得，那就沒什麼好說。但下一句起就很不合常識了。姑且不講什麼是「道」，總之，只要為「道」，就會有損失。正常來說，人都會想要避開損失吧。但老子卻一反常識，反而主張要多損失一點，多損失一點，損失到爆。

這樣的主張，完全不像中國。老子講的不是「得到」、「變強」、「得利」，而是「捨棄」、「變弱」、「受損」等與現世利益相反的東西。

從老子的哲學中，誕生了稱為**道家**的學派。道家與老子一樣，站在否定現世利益的立場，因此道家的學者，就具有能夠毫不抗拒地接受佛教虛無論點的素養。這些人遇見佛教後，產生了驚人的化學反應。

首先，他們察覺到，所謂的佛教，並非世人講的那種講究神祕而重現世利益的宗教，而是一套在漫長時間中嚴密形塑起來的深遠哲學體系。

他們還察覺到另一件事，這件事對他們來說是很大的衝擊。因為，佛教，也就是釋迦牟尼哲學的核心部分，竟然和老子的哲學極其相似。

由於有這樣的現象，他們還提出一種驚人的假說（「老子化胡」說）。

「晚年，老子一直西行，來到了印度，改名為釋迦牟尼，創建了佛教。」

當然，這樣的說法在歷史上毫無根據，只能算是奇譚。但姑且不論其真偽，會出現這樣的說法，就表示「就算老子和釋迦牟尼是同一人，也不奇怪」。毫無疑問，道家學者的想法是：

「釋迦牟尼的哲學和老子的哲學，好像啊！釋迦牟尼與老子簡直一模一樣！」

無論如何，他們這些道家學者，後來研究了「真正的佛教」這個深遠的哲學體系（而非宗教上的佛教），把它延續下去。因此，佛教在中國生根的基礎，假如看成出自於老子之手，也不過分。假如沒有老子，中國的佛教或許就完全不同，說不定會變成只是純粹追求現世利益的媚俗宗教。

謎樣人物．老子

那麼，老子這個人是什麼樣的人物？

在中國的史書《史記》中，提到了三個可能的老子人選。但這三人之中誰是老子，就完全不清楚了。《史記》寫於公元前一〇〇年左右，而老子據信是公元前五〇〇年左右的人物。也就是說，在

《史記》寫成的時代，老子就已經是個謎樣人物。連那麼久以前都這樣了，時至今日，根本無從得知老子到底是誰。

但無論老子是誰，據信由他寫下的《老子》這本書倒是存在，確實流傳到了現代。

關於《老子》一書的問世，還流傳著這樣的趣聞。

某天，了解周國已衰微的老子，對它死了心，要出去旅行。但他有個在國界負責通關工作的弟子逮到了他。弟子請求他：

「在越過國界前，請把您的哲學寫成書留下來！」

這一招真是幹得好啊！老子原本似乎無意留下自己的哲學，因此之前從未寫過書。假如就這樣任老子離去，中國史上最重要的東方哲學，可能就永遠失傳了吧。假如那個弟子沒有把老子擋下來，可就要成為甲級戰犯了。

但毫無疑問，老子本人並不想寫。因為他深知，自己的哲學絕無法以文字表現出來。但那名弟子還是堅持，不肯讓步。

「像您這樣的哲學家，怎麼能夠偷偷消失呢！」

在這種熱情請求下，老子終於軟化，接受弟子的要求。

「既然你都求成這樣，那好吧。」──老子恐怕是在這樣的心情下，心不甘情不願寫下來，而這本書就叫做《老子》。

不過，這本書的原始版本已經不復存在。而且遺憾的是，現代流傳的《老子》，還夾帶了一些文體不同、幼稚拙劣的內容，或是一些在講儒家壞話的篇章，怎麼看都不像是老子所寫。這些內容，很可能是後世的道家人士擅自創造的內容（或注釋）。但哪些是偽作，哪些是老子本人所寫，就連專家之間也是意見紛歧。

老子寫的東西原本就已經很抽象，有許多不知道想表達什麼的內容，一般來說，已經算是難讀的書。現在又混入這樣的假內容，因此要認真讀完這本書以學會老子的哲學，很不容易。

如果從通俗角度來看，會把這本書看成是在讚賞「弱才是強」、「輸才是贏」等有違常理的論點；從而有人把它解釋為一本教導生存法則的書，告訴我們「不要那麼汲汲營營，有時候可以故意繞個遠路，或是放鬆一下，人生反而會比較順利」。只是，這些都不是老子哲學的本質。

道

想正確了解老子的哲學，就必須先好好搞懂「道」這個字。老子對於「道」是這麼講的：

「有某種混沌的東西，在天地之前就存在。那是一種悄然沒有形狀、不依存任何東西也不變化、四處移動而不休息、應該稱之為天下母的東西。我不知道它的名字，因此姑且稱它為『道』、給

它勉強取個名字叫大。」[2]（《老子》第二十五章）

乍看之下，或許會搞不懂在講什麼，但總之就是——

·比天地還早存在的混沌之物，就是「道」。

·萬物都是從「道」誕生的。

只要先弄懂這些重點就行了。

不過，什麼「在天地之前就存在著混沌」，講得也太宏偉了，好像在講什麼宇宙理論一樣。沒錯，事實上，所謂的「道」，就是在萬物誕生前，也就是宇宙成立（大爆炸）前，混混沌沌的宇宙根源。

——不對吧，怎麼會是這個意思呢？

我再多介紹一下老子的「道」好了。他在《老子》一開頭是這麼講的：

「道可道，非常道。名可名，非常名。無名天地之始；有名萬物之母。」[3]（《老子》第一章）

假如講成白話，就是：

「能夠以『這就是道』的形式展現出來的那種道，不是『真正的道』。能夠以『這就是它的名』的形式展現出來的那種名，不是『真正的名』。無名是天地之始，有名（取名字）是萬物之母。」

雖然是很難了解意思的抽象句子，總之我把重點抽取出來看看。

- **沒有名字的狀態，是天地的開始（尚無萬物誕生的狀態）。**
- **有名字的狀態，是萬物之母（已有萬物誕生的狀態）。**

而如前所述，

- **比天地還早存在的混沌之物，就是「道」。**

---

2 有物混成，先天地生。寂兮寥兮，獨立而不改，周行而不殆，可以為天下母。吾不知其名，字之曰道。強為之名曰大。

3 有另一種分析觀點認為，最後兩句應該斷句為「無，名天地之始；有，名萬物之母」。

因此，簡單講就是，

「沒有名字的狀態＝尚無萬物誕生的狀態＝混沌＝道」

可以看出它們之間有這樣的關連性。

所謂的沒有名字（無名），就是「尚未區隔與命名事物」。正如印度哲學那一章所講的，假如人類沒有擅自區隔、取名字的話，世界原本只是個一切都混雜在一起、黏膩膩的混沌之海，也代表著「萬物」尚不存在。「萬物」（蘋果、桌子、鐵鎚等我們平常說它存在的東西）的存在，是因為人類為它們取了名字，以某種形式區隔後，才有那種形式的「（對我們來說的）存在」。

因此，老子才會這麼講：

「無名是天地起初的混沌（道）；有名是萬物之母。」

此外，他接下來這麼講：

「因此，要經常無欲，以觀其『妙』，

要經常有欲，以觀其『徼』。
這兩者相同，只是名字不同，
這種相同，就叫做『玄』。」[4]

妙：「微妙深奧」之意。

徼：「境界」之意。

玄：「神祕微暗」之意。

好了，光看開頭這幾行應該就很清楚，老子的哲學與釋迦牟尼的哲學之間，有多麼相近了吧。

老子一開始就突然迅速講出堪稱佛教精髓的「無分別智的境地」，這一點明確顯示出，釋迦牟尼與老子兩人境遇的差異。

老子所寫的東西固然難懂，但只要掌握重點，會發現內容很簡潔，直指東方哲學的核心。相對的，釋迦牟尼說穿了就是兜圈子，會講很多譬喻故事，而且用詞之間，絕不會乾脆地把核心內容講出來。若要問為什麼，是因為釋迦牟尼是個教育家。

4 故常無欲，以觀其妙。常有欲，以觀其徼。此兩者同出而異名，同謂之玄。（前兩句又有另一種斷句法是「故常無，欲以觀其妙。常有，欲以觀其徼。」）

釋迦牟尼有許多弟子，負有責任要教導他們「無分別智的境地」。但令人困擾的是，那樣的境地無法以言語傳達，只能透過親身體驗才能懂。在教導這種內容時，一個好的教育者，會以兜圈子的方式耐性十足地教對方。因為，假如直接講出來，對方只會說句「啊，原來是這樣」，然後將它當成知識吸收就感到滿足，不會想再自己去體驗。

因此，釋迦牟尼絕不會觸及核心，只會細心講述一些有如在核心周邊游移般的譬喻故事，好讓弟子能夠自己找到核心。

相對的，老子可沒有釋迦牟尼那樣的使命。老子固然也有弟子，但他無意把自己到達的境地告訴他們。或許他覺得，只要懂的人懂就好了，沒必要硬要告訴他們。事實上，老子當時就是打算不告而別、消失無蹤。只是剛好有弟子逮到他，他才在弟子請求下，無可奈何地被迫把那樣的境界化作言語。

由於有這樣的背景，老子的書才會寫得那麼直。

請各位想像以下這種狀況。假設有某位數學教授，達成了諾貝爾獎級的傑出研究成果（諾貝爾獎沒有數學獎，一說是因為諾貝爾被數學家搶走女朋友）。但那位教授不寫論文，就突然說些他想去太空之類莫名其妙的話，旅行去了。當然，大學的相關人員都急忙要攔下教授，最後總算在發射台前、他快要上火箭之際，成功逮到他。當然，眾人對他只有一個要求：「老師，在你上火箭前，請先把你的成果留下來吧！」

要拒絕好像也很麻煩，於是教授說「噢，好吧，我知道了」，就迅速把自己的研究成果寫在紙上。他寫的內容，自然不會是那種考慮到讀者時會用的仔細清楚的用詞，而是三兩下直接就寫出（專家以外的人難以理解的）核心算式，結束這件事，就趕緊踏上自己期盼的旅程。

老子寫下著作時的狀況，與此頗為類似。

「噢，好吧，我知道了！雖然我不確定你能不能看懂，但是就照你的希望，把我知道的東西寫給你吧。」

由於不是因為想寫才寫的，老子劈頭就從核心寫起。

「一開始我要先聲明，能夠以言詞顯示出『是這個』的東西，完全不是真理唷。你就先記住這件事，再聽我講吧。好了，簡單講就是，所謂萬物的存在，是因為取了名字才產生的。所以，假如不抱持任何價值觀，變得無欲，就能看到萬物存在之前的混沌世界；假如抱持某種價值觀，變成有欲而區隔事物的話，就能看到萬物之間有著清楚區隔的世界。不過，雙方其實是同一個世界……」

釋迦牟尼與佛教高僧，用盡了各種技巧迂迴地講，就是要避免講出這個目的地（終點），但老子卻乾乾脆脆就講出來。對老子而言，讀者能否理解那樣的目的地（終點），或是能否抵達，他都不關心。只是因為有人要他寫，他才把知道的東西寫出來而已。

因此，《老子》才會一開始就突然跳到目的地。

但《老子》不是到達目的地就結束。由於一劈頭就是目的地，接著，自然就講了從目的地「再往前」的事情，也就是講「到達目的地後會怎麼樣」，而且講得很明快。

話說回來，對於釋迦牟尼「開悟的境地」，你難道沒有過這樣的疑問嗎？

「所謂的開悟，簡單講就是變得無欲、停止思考而已吧。可是，假如真的變成無欲，不就活不下去了嗎？」

釋迦牟尼與佛教都沒有解答這類問題。他們固然會講如何到達終點（開悟的境地），但終點本身以及到達終點後的生活，他們打死不講。

「問這種問題有什麼用？人生就像是中了毒箭的人一樣，沒有空讓你囉囉唆唆討論那麼多。假如你閒到有空煩這種事，那就快點到達終點。」

這是他們的說法，也是基本態度。因此，假如你看到哪個場景中他們在談終點的事，小心不要受騙（笑）。那些，全都是為了讓你走到終點而準備的謊話，肯定是誘餌無誤。

「到達那裡之後，一切苦都會消失！再磨蹭下去就死了，快快前去！」

所以，對於「到達終點後會如何」之類的疑問，釋迦牟尼或佛教的答案，完全不能當真。

但老子就不同了。他沒有釋迦牟尼那樣的限制，對於這個問題一樣乾乾脆脆回答你。

「在東方哲學中，到達終點（開悟、無分別智、梵我合一）的人，究竟會變得如何？」

老子回答了：會變得**無為自然**。

無為自然

在老子的哲學中，重要性僅次於「道」的關鍵詞，就是「無為自然」。我再次引用前面講過的一句話：

「為學日益，為道日損。損之又損，以至於無為。」

所謂的「為學會有益處」，意指做學問就能讓知識逐漸增加，也就是區隔（言語）會逐漸增加。相對的，「為道會有損失」，表示往相反方向行進，也就是放棄區隔（言語）、任知識逐漸減少。而老子提倡，等到區隔減少到最後，就到達無為的境地。

所謂的無為，就是「什麼也不做」，但從常識判斷的話，一旦變得「無為」，好像會對日常生活造成一些妨礙。

別擔心，老子接著又講了一句：

「無為而無不為。」

雖然什麼也不做，但不至於什麼也不做。這句話還真難懂，總之就是「就算你什麼也不做，事情還是會自己發生唷」。

想真正了解這句話的意思，可以親身體驗看看。

現在請你實際嘗試，把手指移到臉頰旁，輕輕搔幾下看看。

怎麼樣，搔得還順利嗎？

那麼，我來問一個問題。剛才的動作，真的是「你所做的事」、「你所為的事」嗎？假設你搔了兩下，為何是搔兩下？明明也可以搔三下啊。還有，為何你會把手指移到臉頰的「那個位置」去搔呢？明明也可以搔旁邊一點的地方啊。

說起來，「手指搔臉頰」的行為，是很複雜的肌肉運動。你剛才有沒有向每一條肌肉纖維下達命令，要它們把手指移至臉頰特定位置，然後再向手指每一條肌肉纖維下達命令，要它們輕輕搔特定次數？

我想沒有吧。請你小心翼翼再做一次看看。假如你仔細觀察，應該會察覺到，即使你沒有決定一些細微的動作，肌肉卻會在不知不覺間擅自收縮，使得手指動起來。這一連串動作，你根本完全都沒有參與。

也就是說，日常生活中一些我們原本以為「是自己要這麼做」的行為，其實也只是身體自動在動而已，「我」不過只是「從旁觀看」。

不光是搔臉頰這種身體行動這樣而已，平常我們無意識中進行的「思考」，也是如此。

例如，假設你想要把放在冰箱的果汁喝掉。但為何你會這麼想呢？這樣的思考真的是你「想要這麼想」，才這麼想的嗎？

說起來，把放在冰箱的果汁喝掉雖然是看來簡單的動作，其實一樣是在十分複雜的資訊處理（邏輯演算）下，所推導出來的結果。

「喉嚨渴了」的狀況；「果汁放在冰箱」的記憶；前往冰箱所在地的可能性；果汁並不貴重，喝掉也不可惜的價值判斷。把各種如上的資訊組合在一起、邏輯演算過後，才會出現有意義的現實想法（假如沒有在某處做過這樣的邏輯演算，結果連「把水和果糖倒到桶子裡，一口氣喝掉吧」之類沒有意義、脫離現實的想法都冒出來，那可就麻煩了）。

要說到底是誰在做這些邏輯演算以及資訊處理的工作，那當然是「腦」。有多達幾億個的腦細胞分泌化學物質、刺激相鄰的腦細胞，一步一步執行這樣的演算。

那麼，是你向這一個個腦細胞下達命令，要它們做這樣的演算嗎？或者，是你為了得到「喝果汁吧」的演算結果（想法），才去控制每個腦細胞的行動嗎？

當然，答案是否定的。腦細胞不過是依照物理條件機械式地動作而已。所以，邏輯演算的結果（想法），當然就是機械式動作下，自然而然導致的結果。總之，從我們平常無意識的動作乃至於思考，全都是身體擅自做的事，對於那些事，「我」談不上「做」。

然而，我們自己卻不這樣想。基本上，對於任何行動或思考，我們都會誤以為「是我做的」。而這樣的誤解，會在人生最重要的場面引發棘手問題。

在發表會、審查會，或是在許多人面前演講等等絕對不容搞砸的大舞台，明明排練時都很順利，正式上場時卻會突然做不好。之所以如此，是因為認為「是我做的」的誤解，干擾了我們的行動。

排練時，「我」並沒有厚顏無恥地跑出來。由於是排練，失敗再多次都沒關係。因此，就全權交給身體去做，任憑身體愛怎樣就怎樣。

但正式上場時就不是那樣。由於絕對不想失敗，怎麼能夠交給身體自己去做呢？

那麼，要交給誰來做？假如擅自認定「是我做的」，當然就是交給「我」了。

「這裡絕對不許失敗，要確實做好。假如我不能振作起來把事做好……」

但這是很奇怪的想法。如前所述，「我」原本就沒有涉入其中，「我」甚至於連怎麼動指頭都不知道。那為何到了這個關卡，「我」又硬要強出頭呢？

這就好像是在高中棒球比賽的決賽中，九局下半，有個大好的反敗為勝機會。原本只要交給長年打球的棒球健兒去打就行，但是卻突然有個外行的大叔從看台跑過來，走進打擊區，大聲說：「來吧！現在是關鍵時刻，就交給我吧！」講明白點，這很讓人困擾。選手毫無疑問會這麼說：

「少礙事！快滾回看台去！」

這句話，對於「我」也一樣適用。身體的動作或是思考，就交由各自的專家（身體或腦）去做，會比「我」自己來做好得多。就算沒有順利做好，至少應該已經把原本擁有的能力，發揮到最大極限。

年糕就交給年糕店烤，這是最保險的。

由於「我」是個外行人，並不了解行動與思考背後的複雜機制，所以事情就交給專家去做，不要干擾人家，靜靜守候會比較好。

「我」的特性原本就是這樣，「我」想要出手干擾的這件事，本質上就是做不到。「我」只是純粹的「觀眾」，絲毫無法干預人生這部電影。但我們卻誤以為，「有個名為我的主體，在控制著身體和思考」，結果使得事情變得混亂、漸漸惡化。

正因為這樣，老子才會說要捨棄學問、捨棄區隔。老子才會要我們最後藉著破除「我存在、我做的、我在看、我在摸」等擅自的認定（區隔），到達任由行動與思考自然而然發生的境地。這時，「我」就只是個什麼也不做的觀眾而已，人生就像電影一樣，自己一直播下去。

老子稱這樣的境界為「無為自然」。

上善若水

老子的話還沒講完。他說，到達無為自然境地的人，會變成有如「水」一般的存在。而他對「水」有這樣的評價。

「頂級的善就像水一樣。水既為萬物帶來利益又無所爭，還能夠到達任誰都嫌棄的低處去，所以水近於道。」[5]（《老子》第八章）

「天下沒有比水還柔還弱的，但也沒有比水還擅於攻破堅實強硬的東西。這是因為，沒有什麼可以改變水」[6]（《老子》第七十八章）

如老子所言，水非常柔。但就因為它柔成這樣，不管你守得再怎麼堅固，水都能進入任何縫隙中，滲透任何地方。所以沒什麼能夠勝過水。當然，從常識來看，會誤以為剛強的東西一定比柔的東西厲害。

但老子一反這樣的常識，認為柔的東西比剛強的東西厲害。

「人活著的時候很柔很弱，死後就變得僵硬。草木等一切事物，活著的時候很柔很弱，死後就乾

枯變硬。因此，剛強是死亡的夥伴，柔弱是生命的夥伴。故而，以強盛自豪的軍隊贏不了對手，堅硬的樹也容易彎折。強大的居於下勢，柔弱的居於上勢。」[7]（《老子》第七十六章）

亦即，老子想講的是，無力最強。

例如，粗壯的樹木會被突然颳起的暴風吹倒，而柔弱的草木就算承受了相同暴風，也不受影響。大人會不小心跌倒而骨折，卻有嬰兒從高處跌落也毫髮無傷。這是我們從自然之中學到的智慧。一反我們的常識，在這個世界上能夠存活下去的，往往是柔弱的東西。

到達「道」這個境界的人，會逐漸變得無為，成為一個任憑一切發生、最後能柔軟如水般的人。這樣的話，這個人就會因為柔到某種程度，而變得最強。老子就是這麼主張的。

如本章所述，老子告訴了我們與印度哲學最高境界同等的東西，也為我們解答了自古以來「開悟後會怎麼樣」的疑問，說「會變成最強唷」。留下這些寫好的東西後，老子就啟程旅行到某處去了。

---

5 上善若水。水善利萬物而不爭。處眾人之所惡，故幾於道。

6 天下莫柔弱於水，而攻堅強者莫之能勝，以其無以易之。

7 人之生也柔弱，其死也堅強。草木之生也柔脆，其死也枯槁。故堅強者死之徒，柔弱者生之徒。是以兵強則滅，木強則折。強大處下，柔弱處上。

境界誕生自言語

莊子

「達到開悟境地的人，如何生活？」

對此，老子的著作給了一個答案。

假如釋迦牟尼講的是東方哲學中，到達終極境界（開悟、梵我合一、道）為止的事，也就是戰爭的上半場，那麼老子所講的到達開悟後的事，可以說就是戰爭的下半場了。

老子雖然是個留下如此偉大足跡的哲學家，卻沒有培養出真正承繼自己哲學的弟子。最後，他只留下一本著作就消失無蹤。因此，照理來說，老子所悟出的「道」的哲學，應該只到他就結束了才是。

不過，在老子的時代大約兩百年後，出現了

Philosopher
10
東方哲學中最懂得
表現的人
莊子
公元前 369 年左右～286 年左右
主要著作《莊子》
吉田兼好與松尾芭蕉 也喜歡讀《莊子》。諾貝爾物理學獎得主湯川秀樹說，莊子對他的發想影響很大。

一位天才承繼了「道」的哲學，他就是莊子。

老子的後繼者

莊子是公元前三〇〇年左右、戰國時代的哲學家，也是被視為老子後繼者的人物。當然，兩人的時代相去甚遠，雖說是後繼者，倒也不是老子與莊子之間有什麼直接師徒關係。因此，莊子只是當時中國一個「純粹的老子粉絲」（信奉老子哲學的人）。

儘管如此，莊子被視為老子的後繼者，他的哲學還可以和老子相提並論為「老莊思想」。為何他有這麼高的評價、這麼受重視？

一言以蔽之，是因為他寫的東西，講了一些比老子所講的還好懂的老子哲學。沒錯，莊子的東西比原創（老子）還好懂。不，根本可以說好懂太多啦！因此，初學者如果想學老子的哲學，真的應該先從莊子學起比較好。

為何莊子的東西比老子好懂？如果以最直接的說法來講，是因為「老子不想寫，莊子很想寫」。總之，兩人的動機有很大差異。

原本老子根本無意用文字呈現自己的哲學，所以一開始就沒有想要寫。他是在別人一再請託下，

1 吉田兼好（一二八三—一三五二左右），日本歌人；松尾芭蕉（一六四四—一六九四），日本俳句詩人。

才心不甘情不願寫下來的。是以，老子的著作雖然內容直接，卻一點也不好讀、不好懂，就像是一流數學家要和人家決鬥的前一晚才緊急寫下來、只寫了核心事項的論文一樣。

相對的，莊子和老子不同，他想寫得不得了。當然，莊子應該沒有要用文字呈現老子哲學的意思，但這對他來說不是問題，因為他是個創作人，寫東西是他的興趣。由於只是興趣，只是玩票，也就沒必要想得多難。就算老子的哲學無法以文字呈現，還是可以抱持著「那我就刻意來用文字呈現看看」的想法、不顧一切挑戰，開心一下也好。

事實上，莊子身為創作人，很享受以文字形式呈現老子哲學。他創作了各種故事或寓言，試圖藉此把老子的哲學表現出來。這就是《莊子》一書的內容。但由於真的就是本人出於興趣所寫，內容自然也就寫得很自由奔放，而且很有天真爛漫的感覺，總之就是寫得很有勁。

綜上，老子與莊子的對比是：

「老子——別人求他寫，才心不甘情不願地寫」

vs.

「莊子——開開心心、歡歡喜喜地寫」

既然有這麼大的差異，莊子的思想比老子好懂，就是當然的結果了。因此，與其挑戰內容深奧難懂的老子哲學而感到混亂，還不如先從莊子下手比較好。

那麼，莊子又是個什麼樣的人物？

莊子生長的時代約莫和孟子相同，是個學者輩出、百家爭鳴的時代。但莊子據說無意與這些學者來場思想對戰，只在農村裡過著貧窮安靜的生活。但由於他的名氣太響亮，「偉大到無人能夠比擬」的評價傳了開來，導致楚王送來巨款請他去當家臣，只是他完全沒把對方當一回事。

莊子具有一種叛逆氣質，無論面對什麼樣的當權者，他都堅持不當官、不逢迎、不理會的原則，一生過著自由的獨居生活。在那個任何學者都希望獲得當權者認同、進而功成名就的時代，莊子可以說是很特別的人。

一次，莊子認識的一個人獲得秦王賞識，領了百輛車回故鄉。對方向莊子炫耀此事時，莊子講了這段話嘲笑他：

「聽說秦王生病，長了痔瘡，誰只要去舔它就能得到五輛車。你是否也舔了秦王的痔瘡？」

（《莊子》列禦寇）[2]

總之，莊子向對方表達的是：「喂喂，你拿了這麼多獎賞，是不是舔王的屁股得來的啊？你這傢

2 秦王有病召醫。破癰潰痤者得車一乘，舐痔者得車五乘，所治愈下，得車愈多。子豈治其痔邪？何得車之多也？子行矣！

伙（笑）。」這樣的發言其實頗低級，也完全不像聖人會講的話。不過，相對的，低不低級，或是聖人講不講這樣的話，都屬於壓抑在心頭的「罣礙」，但莊子可沒有這樣的東西可言。

雖然莊子到達了與釋迦牟尼、老子相同的境地，但他不是教育家，也不是為人師表的思想家，他從頭到尾只是個獨自過著創作生活的自由之士。正因為莊子是這樣的人，才能夠超越釋迦牟尼或老子，滿不在乎講出他們講不出口的話！

東方哲學的核心

「古人曾經到達很美好的境界。『無物』是最高境界，接著是『有物，但沒有區隔』的境界。再接下來是『物與物之間雖有區隔，但並未根據善惡的價值判斷分是非』的境界。根據價值判斷而分是非，是道受損的原因。」[3]（《莊子》內篇齊物論）

「道原本沒有區隔，言詞原本沒有一定意思，但若想以言詞表現道，就產生區隔與秩序。」[4]（《莊子》內篇齊物論）

這是莊子所寫的《莊子》一書的一段。你看了覺得如何？突然看到本頁的人，或許會摸不著頭緒，但從第一章一直看下來的讀者，不用我解說，應該已經了解意思了吧。莊子這裡所講的，正是本書反覆講述至今的東方哲學核心，也是佛教的精髓。

以下試著把重點抽取出來。

・世界原本沒有什麼區隔，也沒有「物」（我們心目中的存在）。那是最高的境界，也是「道」。

・一旦使用了言詞，區隔就此形成。

就是這樣。光看這些文句，應該就足以了解，莊子對於東方哲學的核心有多麼正確的理解，以及他的表現方式有多簡潔、多好懂了吧。相較之下，老子真的是無可救藥（笑）。

以下是一段老子談「道」的知名段落。

3 古之人，其知有所至矣。惡乎至？有以為未始有物者，至矣，盡矣，不可以加矣！其次以為有物矣，而未始有封也。其次以為有封焉，而未始有是非也。是非之彰也，道之所以虧也。

4 夫道未始有封，言未始有常，為是而有畛也。

「道生一，一生二，二生三，三生萬物。」（《老子》第四十二章）

老子原本就沒有明快地把什麼是「道」講清楚。他在這裡也是直接就講「道生一」，但沒說明什麼是「一」。真是沒有比他還不親切的了。順便一提，同樣一件事，莊子是這麼呈現的：

「天地與我共生，萬物與我為一。由於已經是一，原本並不需要『萬物與我為一』這句話。但既然已經講了『為一』，就需要『言語』了。就這樣，『一』加上『用於表達它的言語』，就變成了二。這麼一來，又形成了『二』這個新概念，因此全部加起來變成三。再接下來（由於像這樣不斷增加下去），無論再怎麼懂得計算的高手，都無法數得清。」[5]（《莊子》內篇齊物論）

雖然有點難，但還是比老子寫的好懂多了吧。

所謂的道，簡單講，就是梵我合一（萬物與我為一）的境界。但既然我們已經用言詞表達出「萬物與我為一」（也就是已經畫出區隔用的分隔線），區隔將會連鎖出現下去，使得世界割裂到無窮無盡。這正是老子所講的「萬物」的真正身分。

接下來，也是可以看出莊子見識之高的知名段落。

「物沒有不是『那個』的，也沒有不是『這個』的。例如，就算自己稱之為『這個』，對方稱之

為『那個』，假如站在對方立場來看，也會變成自己稱之為『那個』，對方稱之為『這個』吧。因此，一切的物既是『那個』，也是『這個』。亦即『那個』的概念和『這個』的概念，是在對比之下才成立的。同樣的，『生與死』、『可與不可』、『是與非』也都相同，都是彼此依存而成立。但聖人可以超越這樣的相對關係，直接看到物的本質。超越『那個』、『這個』等相對關係，就是『道的重點所在』。」[6]（《莊子》內篇齊物論）

「那個與這個」、「生與死」、「是與非」，這些原本都不存在，而是人類出於自己的需要（價值觀）找出這種對比關係，以至於看起來好像有這樣的東西存在。例如，把鹽溶進水裡，鹽會形成鈉離子與氯化物離子，這可以看成是鹽的「死」，也可以看成是離子的「生」。至於如何看待，就看立場或價值觀。

「生死」這樣的事象，一開始並不存在於世界。是先有對於鹽變成兩種離子感到大驚小怪的人存在，才會有「（鹽的）生死」存在（對那個人而言）。因此，就算鹽無可避免分離成兩種離子，鹽還是可能「不死」。因為，「生與死」並非存在於這世界的實體。

5 天地與我並生，而萬物與我為一。既已為一矣，且得有言乎？既已謂之一矣，且得無言乎？一與言為二，二與一為三。自此以往，巧歷不能得，而況其凡乎！

6 物無非彼，物無非是。自彼則不見，自知則知之。故曰：彼出於是，是亦因彼。彼是方生之說也。雖然，方生方死，方死方生；方可方不可，方不可方可；因是因非，因非因是。是以聖人不由，而照之於天，亦因是也。是亦彼也，彼亦是也。彼亦一是非，此亦一是非，果且有彼是乎哉？果且無彼是乎哉？彼是莫得其偶，謂之道樞。

這樣的想法，很明顯與龍樹的「空的哲學」相通。

寓言

莊子就像這樣，把包括佛教在內的東方哲學精髓，直接講給我們聽，而且比誰講得都好懂。不過，知道的人似乎不是太多。一般講到莊子，大家比較會想到的是，他會寫一些特別的寓言故事，像是**「朝三暮四」**、**「莊周夢蝶」**等等。一般來說，這些寓言故事已成為大家通用的「成語」或「諺語」，其意義也已經固定，但由於莊子是一位東方哲學家，因此我們還是試著從這樣的角度重新讀讀這些故事，從中尋找不同的意涵。

先看「朝三暮四」。

「有一位耍猴人對猴群說，每天用來當飼料的果實『早上給三個，晚上給四個』。猴群聽了很生氣，於是他說『好啦，我知道了。那早上給四個，晚上給三個吧』，猴群聽了他的提案，歡欣雀躍。」[7]**（《莊子》內篇齊物論）**

不管是「早上三個，晚上四個」，還是「早上四個，晚上三個」，都一樣是一天七個。但猴群卻沒有察覺到不同，一下生氣，一下開心。這個寓言就是在表達這種滑稽狀況，並引伸出「朝三暮四」

這個成語，用來表示「只看到眼前的不同，沒察覺到結果其實一樣」或是「被人家呼攏、哄騙」等意思。但這個成語，並沒有正確呈現出這篇寓言的意圖。這篇寓言，應該以東方哲學的脈絡來解讀。

這個世界原本就是「一」，而沒有必要去說「這是一」。但人擅自畫出分隔線，一下子指著區隔出來的部分，感嘆地說：「啊，好少」，一下子又開心地說：「太棒了，好多！」當然，無論畫出何種分隔線，原本的世界都不會改變。沒有減少什麼，也沒有增加什麼。但人類卻為了減少與增加、少與多、死與生而大驚小怪。那樣的分隔線，其實都是自己畫的（就算是無意識中畫的），在本質上，大驚小怪全都是自導自演而已。

因此，這篇寓言並不只是在取笑笨猴子只注意到眼前的不同，而是在表現人類特性：在「原本就是一、沒有區隔的世界」畫出分隔線（區隔、言語），因而一下子哭、一下子笑。

最後，我要以「莊周夢蝶」的故事，結束對莊子的介紹。

「有一次，莊子夢見自己變成翩翩飛舞的蝴蝶，忘了自己是莊子。猛然醒來後，他發現自己貨真價實就是莊子。究竟是莊子在夢中化為蝴蝶，還是蝴蝶在夢中化為莊子呢？」[8]（《莊子》內篇

7 狙公賦芧，曰：「朝三而暮四。」眾狙皆怒。曰：「然則朝四而暮三。」眾狙皆悅。

8 昔者莊周夢為胡蝶，栩栩然胡蝶也。自喻適志與！不知周也。俄然覺，則蘧蘧然周也。不知周之夢為胡蝶與？胡蝶之夢為周與？

齊物論）

《莊子》中最有名的寓言故事，就是「莊周夢蝶」。

它講的是，從化為蝶的夢中醒來的莊子，懷疑「到底是自己做了一個莊子變成蝴蝶的夢，還是蝴蝶正在做一個變成莊子的夢？」它的意思，當然不是指莊子真的混亂到分不清楚。簡單講，他想表達的是：「看吧，這個問題，誰也回答不出來吧。我們絕對無法透過什麼原理了解，自己此刻正在觀看的這個世界，到底是不是現實。因此，對這個問題，根本無法回答『我是莊子』或『我是蝴蝶』。」

於是，很多解說莊子的著作，都會推導出下面這樣的結論，說明這篇寓言的意圖：

「因為分不清什麼是現實，所以不必拘泥於是人是蝶這種外形的問題。」

或是

「無論現實是什麼，正在提出這個問題的『我』，才是真實的。」

我對於這樣的說明沒有異議，大意來說，它們都是對的吧。

但事實上，這個寓言還有後續，最後的話是這一句：

「莊子與蝴蝶確實有區別，這稱之為『物化』。」[9]

這裡跑出來的**物化**一詞，有些困難。原本是「事物變化」的意思，用於表示「事物變化後顯現的模樣」、「物的生成消滅」等等，但這樣子解釋似乎不是很能讓人理解。事實上，不同解說對於最後這句話有各種不同解讀，很多書還直接跳過這一句。

在本書中，是把莊子當成「**東方哲學**（印度以東的區域共有的、包括老子在內的一套哲學體系）中，**最懂得表現的人**」，並把他的寓言定位為足以高明表現出東方哲學的核心。以下就以東方哲學的脈絡來解讀這篇故事。

首先，故事前段講的是「無法判斷我是莊子還是蝴蝶」，也就是「無法區隔出莊子與蝴蝶本質的不同」。然而，我們卻像理所當然一樣做出區隔。這種「把本來沒有區隔的東西當成有區隔」的行為，正是產生我們平常看待的物質世界（稱為物的某種東西生成或消滅，或是顯現的現象世界）之根源。

莊子想講的，應該就是這樣的事吧。

無論如何，或許細部解釋略有出入，但是從整體來看莊子的著作，會發現「境界、區隔、言詞、無物」等東方哲學的傳統關鍵字散見各處；因此毫無疑問，他寫這本書是想要表現出東方哲學的內涵。因此，著作中各種寓言，應該也可以看成是用來把東方哲學的內涵，以易懂的方式表現出來的做法。

9 周與胡蝶，則必有分矣。此之謂物化。

東方哲學精妙難懂，正因為莊子抽取其核心，除了以易懂的方式說明外，還用簡短寓言呈現，展現出漂亮的寫作技巧，才能和老子並稱為偉大人物、名留青史。

以上就是對莊子的介紹。

突然在中國出現的偉大東方哲學家老子，以及承繼他哲學的創作家莊子，兩人所留下的思想稱為老莊思想，對中國的知識份子帶來莫大的影響。在釋迦牟尼的哲學從印度傳來時，學過老莊思想的知識份子，根據老莊思想的脈絡，解讀釋迦牟尼的難解哲學，馬上發現雙方的意涵是相通的。

他們毫無疑問大感震驚。為何遙遠異國的哲學，會和老莊思想如此相似？

總之，從老莊思想的角度解讀釋迦牟尼的哲學後，中國就產生了**中國佛教**與**禪**等新流派。

這是把耶耆尼伐爾克、釋迦牟尼、龍樹、老子、莊子等東方的偉大哲學家全部融合在一起、終極的東方哲學！是東方哲學的最終形態！

只是，在文化大革命等因素下，這奇蹟般的東方哲學遭到了徹底鎮壓，最後從中國消失。

他們的哲學，會就此埋葬在歷史中嗎？

不，他們的偉大哲學不會式微，而是飛出了中國，渡海找尋能夠理解自己的人。

往東而去！

東方哲學是「謊言」

何謂東方哲學？（3）

東方哲學，只要沒有伴隨著「原來是這樣，我懂啦」的體驗，就稱不上真正理解。東方哲學的基礎，就是要透過體驗理解。

但這樣的基礎，也讓東方哲學有個致命問題，那就是所謂的體驗就原理而言，不可能傳達給別人了解。

代表二十一世紀的偉大哲學家江頭2：50[1]，曾經在某處講過這樣的話：

「要怎麼把天空的藍，描述給一出生就失明的人知道呢？連這麼簡單的東西，都無法化作言語表達，所以我會更加努力的。」

江頭2：50的這番話，恰恰代表了東方哲學家的心情。

請各位實際想像看看。假設有個人自出生以來，就一直生長在一個只有黑白兩色物品的房間裡，從未有過看到「紅色」的體驗。那麼，要如何向他說明，在我們意識中浮現的「紅色」？

不管我們如何形容、用什麼方式比喻，說紅色「就像夕陽那樣」，或是「就像火在你眼前燒成一片」，都沒有用。能夠傳達給對方的，頂多就是言詞而已，不是體驗本身。

到頭來，無論使用再多詞藻，都絕對無法表現出發生在意識中的「體驗本身」。也就是說，「紅色」、「痛」、「甜」之類的體驗，再怎麼使用言語都無法說明，也不可能傳達給別人了解。

順便一提，即使對方有過「紅色」的體驗，你和他說「紅色就是○○那樣的顏色嘛」，他回答你「嗯，沒錯」，兩人之間談得上話，這或許會讓你覺得已經傳達出「紅色」這種體驗。但事實上，這種時候所傳達的，根本不是「紅色」的體驗。因為，雙方的交談雖然乍看之下成立，但對方搞不好聯想到的是你認為的「藍色」，但嘴上卻說是「紅色」。只要體驗無法化作言語，就原理而言，就無從得知對方有的是什麼樣的體驗。

無法傳達的問題

這種「無法傳達體驗」的困難，也直接適用於東方哲學。因為，東方哲學中得到的理解或真理，都必須伴隨著「啊，原來是這樣，我懂啦！」的真實「體驗」。由於「啊，原來是這樣，我懂啦！」也是「體驗」的一種，因此和「紅色」一樣，會發生無法傳達的問題。

西方哲學就不會有這種問題。西方哲學不以體驗為基礎，而以「邏輯」為基礎。

1 日本搞笑藝人，特色是穿著黑色緊身褲、裸露上半身，經常扭動身體或擺出奇怪姿勢。

邏輯是以能夠傳達為前提。各位應該沒聽過那種「以無法傳達給別人」為前提的邏輯吧？因此，以邏輯為基礎的西方哲學，當然就是個以能夠（用言語）傳達為前提的體系。

所以，當你在西方哲學家面前說「我了解真理了」，對方毫無疑問會這麼回答你吧：

「這樣呀，很了不起唷。那就請你說明一下真理。假如你已經懂了，應該有辦法說明吧？」

原來如此，這是十分理所當然的正當要求。但東方哲學家卻會當場回答：「不！沒辦法！」東方哲學家眼中的「真理」，是和「紅色」、「藍色」、「疼痛」一樣的「體驗」，是絕對無法化作言語的，因此要求他以言語或邏輯說明，根本毫無道理。

好了，這就是東方哲學的麻煩之處。

本書一開始曾經提過，「東方哲學是在到達真理的境界後才開始的」，就算你問東方哲學家：「那你找到的真理是什麼？具體說明一下吧」，對方也不會回答你，只會說：「不，那是無法用言語說明的，只能以感覺理解。」

就算他願意回答你，也只會使用一些「開悟」、「道」之類難解、抽象、模稜兩可的字眼。到頭來，他還是不會提供你聽得懂的邏輯性說明，只會一直宣稱，講過這些事情的釋迦牟尼與老子非常偉大、非常正確。唉，總覺得東方哲學有點像是某種可疑的邪教。

但這也是無可奈何的事！

你再怎麼不滿，無法說明的東西就是無法說明！

只要東方哲學是一種不可能傳達的結構，你就只能接受它就是這樣。

話是這麼說沒錯，只是有個問題。到目前為止，我們多次以消極口吻提到「東方哲學無法說明、不可能傳達」，但實際上，東方哲學還是傳承至今呀！假如真的無法傳達，那麼東方哲學應該只到釋迦牟尼或老子等第一代開山祖師，日後就船過水無痕般消失在歷史中才對，不應該還能流傳到現代。

前面講了那麼多，東方哲學還是一樣流傳下來了。

那麼，東方哲學家是怎麼把它們流傳下來的？

要怎麼化不可能為可能？

那就要像江頭2：50所講的了：「所以我會更加努力的。」

沒錯，也只能努力傳達了。假如從「條理分明的邏輯角度」無法有效傳達，那就只能全力以赴，做一些脫離常軌的事來傳達。

有人可能會突然發出怪聲「喝———！」，希望能夠傳達；有人可能會伸出一根指頭，突然說「就是這個啊，這個！」，試圖以奇妙的手勢傳達。

當然，就算做了這樣的事，傳達出體驗的可能性一樣幾乎是零。不過，或多或少還是比「以邏輯說明」要高一些吧。東方哲學家的奮鬥，賭的就是這三十萬分之一左右、「或多或少高一些」的可能性。而且，由於他們投入的是這麼絕望的一場戰爭，追求的是化不可能為可能的勝利，因此東方哲學家絕對會不擇手段。

只要能「贏」（達成目的），世人眼中的壞事他們一樣照做不誤。這意思是，大多情形下，包括釋迦牟尼在內的偉大東方哲學家，其實都是在「說謊」。或者應該說，他們是在逼不得已下說謊。

請你實際站在東方哲學家的立場想想看。除了說謊之外，還能有什麼辦法？

不妨把「真理」換成對「紅色」的體驗，稍微想像一下。

假設有個女孩，生長於一個「只有黑白兩色物品的房間」，從未踏出房門。房裡只有黑、白兩色，因此她當然沒有看過「紅色」的體驗。

有一天，她透過書籍得知，除了白與黑之外，還有一種叫「紅」的顏色存在。

「紅是什麼？聽說有人看過，那究竟是什麼樣的顏色？」

她對自己未曾體驗過的「紅」，產生了興趣。

這時，你來到她房裡，而你是個會在「外面世界」走動的人。她請教你：

「紅是什麼？請你告訴我。」

「呃……唔……該怎麼講才好……」

「怎麼了？你剛才不是說，你知道什麼是『紅色』嗎？不要再賣關子了，快告訴我吧。假如你知道紅色，就應該知道怎麼說明才對。」

不，那是不可能的。就算用盡千言萬語，絕對還是無法傳達出看到「紅色」是什麼樣的體驗。

她失望地看著沒回答的你，不再提問，轉而找書來看，學習一些與「紅色」有關的知識，像是「玫瑰花是紅的」、「光的頻率落入這個波段時，就定義為紅光」、「眼睛視網膜對光產生反應，這樣的刺激再傳到腦中，以認知紅色」等等。她努力學會各種與紅色有關的知識，最後不知不覺成為一位出色的紅色專家，甚至還邀請人們到她房間來，聽她發表演講。

「說起來，紅這種顏色——」

面對大批聽眾，她清清楚楚講出何謂紅色、它的定義以及特性等等。她心裡也覺得：

「為了知道什麼是紅色，我花了比誰都多的時間與努力，不斷學習至今。雖然我還是不知道，看到紅色是一種什麼樣的體驗……至少，我認為自己比來聽我演講的這些無知之輩，還要熟知紅色的所有事情。毫無疑問，我比他們更貼近紅色。我一定要學習更多更多關於紅色的知識！」

完全搞錯重點。她期待的是，只要努力不懈地持續學習，總有一天，自己一定能夠突然理解，「啊，原來是這樣，所謂的紅色就是這樣呀！」但是你很清楚，無論她學到、累積到多少關於紅色的知識，也一樣無法產生一種名為紅色的體驗。

到頭來，無論她能夠講紅色的事講得多詳細，只要她尚未實際看到紅色的東西、體驗到「啊，這就是『紅色』」，那她就等於完全不懂「所謂的紅色是怎麼回事」。從這種角度來看，她和那些同樣沒看過紅色、但不具備紅色知識的人，並沒有什麼不同，也沒有比那些人更接近紅色。

不，甚至可以說，她反而更遠離紅色。

「不具備紅色相關知識的人」，與「認為自己不懂紅色的人」，倒還有體驗到紅色的可能性。對這樣的人說「走出這個黑白的房間，到外面看看景物」，他們比較可能乖乖答應，說「雖然我不懂，但我願意試試看」，結果輕輕鬆鬆就得到「紅色」的體驗。

但是，「認為自己懂得紅色的人」、「覺得吸收紅色的知識很重要的人」，他們真正體驗的可能性就比較低。就算對這種人說「出去外面就行了」，他們恐怕也不會照做。

事實上，你已經多次和女孩提過體驗紅色的方法了。

「嗯，這個嘛，我在閱讀據信看過紅色的人所寫的書時，確實看到類似於『請到外面看看』之類的內容。因此，我現在正在研究『外面的世界』與『紅色』之間的關連性。例如，在兩百年前的這份文獻裡，對於『外面的世界』與『紅色』之間的關係，是這麼寫的。你的見解如何呢？我是認為，紅色這種現象本身就是——」

她講了這番話，最後還是坐在那兒沒採取行動——這是擁有知識的壞處。她誤以為，凡事只能以言語或邏輯理解，也誤以為，學習知識是「懂得」一件事的唯一途徑。結果，她只是坐在那兒不斷學習、不斷思考而已。

好了，你該怎麼辦呢？

她已經決定，要用盡一生得到「紅色」這種未知的體驗。為此，她連家人與朋友都完全捨棄了，把人生只有一次的寶貴時間，全都拿來了解所謂的紅色。

只是，十年過去了，她得到的只是「我比誰都熟知紅色的知識」這小小的自傲而已。在她心裡，還是有個沉重事實壓在那裡：「但我還是沒真正懂得紅色是什麼」。再過十年，恐怕也不會有什麼改變。毫無疑問，她還是一樣坐著，為了「搞錯的重點」繼續過著人生。

可是，假如——

假如，你為了她著想，真的想要設法幫她完成這個心願，你只有一種方法，那就是大喊：

「哇啊啊啊啊、失火了！」

這很明顯是謊話，根本沒什麼火災。

但這個謊言迫使她起身，連忙開門，從那個黑白的房間往外跑出去。

就在那瞬間，她的意識中，出現了至今未曾擁有的「未知體驗」，那是她長年追求的。而早已熟知紅色相關知識的她，感動地發抖、喃喃說道：

「啊，原來是這樣子啊……」

「嗯，沒錯，瑪麗。」

方便

日本兒童文學作家宮澤賢治，據說曾大力稱頌與推崇**《法華經》**（《妙法蓮華經》）。在《法華經》中，有這麼一個故事。

有一天，父親回家時，發現自己家著火了。家裡還有年幼的孩子，因此他驚慌大喊：「失火了！

你們趕快出來！」

但孩子正玩得不亦樂乎，沒有要逃的意思。他們只從二樓窗口探出頭來，對著外面的父親說：

「爸爸，你回來了。我們現在在玩，等一下再出去！」

「沒關係，我們玩完就出去！」

「哥哥，我問你，失火是什麼意思？」

父親臉色鐵青。怎麼辦才好？這麼磨蹭下去，火會把房子整個吞噬，到時想跑也跑不出來了。現在已經沒時間向孩子說明火災的可怕。他腦中閃過了天真無邪的孩子身陷火海、無法逃出而慘叫的畫面。這麼悲慘的事，絕對、絕對不許發生！

焦急的父親只好慘叫般地對著孩子大聲喊道：

「這裡有更好、更棒的玩具唷！爸爸剛買的！快，到這裡來一起玩吧！」

「欸？真的嗎？」

「玩具在哪？我要先玩！」

「哇——哥哥，等等我呀——」

聽了父親的話，孩子飛快跑出家門。那一瞬間，火勢席捲整個屋子，他們的家垮了。

父親哭著，緊抱住九死一生中平安跑出來的孩子：「對不起……對不起……我是騙你們的。」

以上是佛教史上最美的一部經典《法華經》中所寫的、名為「法華七喻」的七個故事之一。在

《法華經》中，釋迦牟尼講了這個故事後，問弟子舍利子一個問題：

「舍利子啊，這個父親說謊了嗎？」

舍利子回答：「不是，這是一種**方便**（為求達成目的而採用的權宜之計）。」重要的是「結果」。事實上，如果父親明知孩子身陷危險，還開始對他們講起什麼是火災……結果會更慘，不是嗎？

善意的謊言。

事實上，這才是理解佛教，以及理解東方哲學時的重要關鍵字。

各位不知道是否曾經有過以下想法？

「釋迦牟尼否定符咒等神祕事物，也否定拜佛像、崇拜神等宗教事項，但佛教自己卻拜佛像、把釋迦牟尼當神一樣崇拜……。佛教根本沒聽懂釋迦牟尼的話嘛。」

不不不，佛教徒又不是笨蛋，就連稍微看過佛教入門書的外行人，應該也早就知道了。其實，這些事物，全都只是為了聚集群眾所採用的方便（謊言）而已。

「因為，假如不這麼說，你們又怎麼會來信！」

人生是苦，早晚都會死，但是，存在著一個開悟的世界。只要拜佛像、念佛，就能從一切的苦當中解脫唷。這是偉大的釋迦牟尼講的，相信準沒錯。

這些全都是方便，也是他們的慘叫：「這裡有更好更棒的玩具唷！」

從這一點來看，西方哲學與東方哲學也有很大差異。

西方哲學認為邏輯與知識很有用，因此才會以建立高度邏輯為目標，發展出龐大的邏輯體系。

但東方哲學不認為邏輯與知識那麼有效。因為，對東方而言，所謂的「真理」，是一種只能以「啊，原來是這樣，我懂啦！」的體驗（與「紅色」、「甜」相同的意識現象）得到的東西，而且體驗也絕對無法以言語描述。因此，東方哲學打從一開始，就不去幻想「只要不斷淬鍊思考，總有一天會到達真理。真理可以用言語描述」。是以，東方哲學不管什麼邏輯體系，只專注於如何才能達到和釋迦牟尼一樣的開悟體驗，並發展出一套這方面專有的體系。於是，東方哲學發展成為「引發開悟體驗的方法論（方便）體系」。

東方哲學一直都是這樣，以「總之就是要和釋迦牟尼有相同體驗」為目的，展現氣魄：只要能引發那種體驗，什麼道理、什麼根據，都不重要！不管謊言還是什麼，全都拿出來用！因為，他們投入的是這麼一場絕望的戰爭嘛。若無這樣的氣魄，根本維持不下去！

而且，事實上，在長達幾千年的時間裡，東方哲學家一直都毅力十足地不斷在開發謊言（方便）。

「戒律」也是方便

例如，戒律之類的「禁欲生活規則」，在東方就是一種謊言（方便）。

事實上，光是照著「戒律」（禁欲）做，最後能到達的境界並沒有多了不起。只不過是忍耐肉體上的欲望而已，你說，能夠因此怎麼樣嗎？就算照做，也沒發生過什麼特別的事。所以，「不可以吃肉」、「不可以結婚」之類的戒律，意義並不大，說真的，全是騙人用的。

那麼，到底為何要有戒律的存在？

是為了讓「欲望」清清楚楚浮上心頭使然。想要把影子看清楚，準備一面白牆最好；而這也是同樣的道理。「不可以〇〇」這面白牆（戒律），可以讓我們投射出「想要〇〇」的影子（欲望）。事實上，戒律的存在不是用來消除欲望，而是用來讓我們察覺欲望。

由於這才是戒律存在的意義與目的，因此只要能夠達成目的，戒律內容本身就算再離譜，也沒有關係。

例如，可以訂個這樣的戒律：「不可以吃豆類，尤其是花生，絕對不能吃。」當然，這戒律毫無意義，根本離譜得可以，但還是有它的用處在。

一天，有個偉大的東方哲學大師，召集弟子如此說道：

「今後你們完全不准吃豆類，尤其是花生，更是嚴格禁止！那是惡魔的果實，吃了以後靈魂會受汙染，靈性的層次會下降，離開悟愈來愈遠。聽到了嗎？花生是不潔之物，這項戒律，你們一輩子都要絕對遵守！」

為何不能吃花生呀？弟子心中馬上就冒出這樣的疑問。但既然是偉大的師父所講，當然就是真的吧。毫無疑問，一定是吃了花生會損害靈性。雖然一直以來自己都不知道這件事，但總之不能吃花生就對了。弟子認真相信師父的話，也決定好好遵守戒律。

而且，不過是不能吃花生而已嘛。花生這種東西，又沒有到非吃不可的地步，說真的根本沒影響。

因此，弟子心裡認為，要遵守這項戒律根本簡單得可以。

然而，事實上可沒那麼輕鬆。人類這種動物，一旦碰到「禁止○○」的規定，無論那個「○○」是什麼，都會覺得那件事好有吸引力。

「啊，花生呀……」

自公布戒律後，弟子一看到佛像頭上一粒一粒的螺髮，不自覺就會想起花生。

「慘了慘了，在我佛的面前，我究竟在想什麼呀！」

他們猛搖頭，要把花生的影像趕走。但為時已晚，影像一旦浮現腦海，你愈是趕，它就愈是揮之不去。對弟子來說，佛就像是個頭上頂著花生的開心男子。

無論是花生或什麼，只要你否定它、想把它趕出腦海，往往都會有反效果，反而讓它在你腦海中留下深刻印象。

「不可以一邊誦經，一邊想什麼花生！不可以想花生，不可以想花生！」

這樣的否定方式，只會加深對花生的印象，使得花生的影像更容易浮現。不過，也因為這樣，自我反省或自我厭惡的機會也增加了，否定的力量也日漸增強。只是，否定的力量愈強，印象也就愈深……就這麼展開了惡性循環。演變到最後，曾幾何時，花生已經在弟子的思考中占去了大半，甚至還出現在夢中。

這到底是怎麼回事？花生這玩意，以前根本連想都不會去想，但是師父一說「絕對不准吃」之後，卻變成無時無刻都會想到它。

但花生的攻擊可不會就此罷手！

對於花生的欲望，已膨脹到無限大！甚至於開始心神錯亂。

「我，我沒吃啊，我沒有吃下去，只是含在嘴裡而已呀。」

「請給我可以用眼睛啃花生的道具！」

遭到壓抑而無從消解的欲望，漸漸扭曲了起來。一回神，為時已晚。戒律的毒，已經侵蝕弟子的心，使他們成為無藥可救的心神錯亂者了。

但這樣也沒關係，非得這樣不可。因為，師父原本就是這個用意。所謂的戒律（禁欲），就是為了折磨弟子而存在的，一切都如計畫所料。等到師父覺得，弟子的痛苦已經達到巔峰時，他再次召集弟子，突然毀去戒律。

「花生祭典開始啦——！」

長久咬著牙忍耐欲望的弟子，全都昏了過去。

其中似乎只有一人察覺到，自己一直以來所做的事有多蠢。

「這 不 過 是 花 生 而 已」

他悟出了終極的真理。

到底怎麼做才對？不是狼吞虎嚥吃花生，不是忍著不吃花生，也不是適量吃花生。打從一開始，這種事根本就不是「問題」。

真正的問題在於，花生不過只是一種豆類，但是自己的「內心想法」（區隔），卻賦予了花生「價值」。

到頭來，創造出這種價值的，還是自己；因為這種價值而受苦的，也是自己。因此，這就好像自己設下障礙物，自己去撞它，還哭著大喊好痛好痛一樣，只是一種自導自演。從外人的角度來看，何等荒謬。

不過，這種荒謬事，正是花生戒律事件，以及存在於這世上的所有「不幸」背後的真實身分，以及本質。

這名弟子在強烈的身體感受下，理解了這件事。他也猛然驚覺，師父所設下的「戒律」（禁欲），只是為了讓大家體驗這種荒謬的一種方法論（方便）而已。

他當場下跪，流著淚向師父表達感謝。

相對的，其他弟子則如墜五里霧中，眼前看到的是笑著吃花生的師父，以及哭著感謝師父的弟子。究竟怎麼回事？由於其他弟子只是把戒律當成「總之，就是宗教禁忌」，看到這一幕還真是無法理解。

「這到底是怎麼回事？」

弟子聚集到師父身旁，請他給個能懂的說明。但師父絕不會把真相講出來。因為，他只要一講，會造成以後為人師父者的困擾，害他們無法再使用這樣的方便（戒律）。事實上，假如一開始就自爆「戒律的用意其實是這樣」，就沒人會認真接受那樣的方便了吧。這將會連萬分之一產生「啊，原來是這樣呀」、在強烈體驗下悟出真理的可能性，都扼殺掉。給予「知識」或「說明」，未必就能帶來好結果。正因為深知此事，東方哲學的大師才會什麼也不說明。

但不說明也無妨。因為，少數開悟的弟子，都已經充分了解師父的真意了。今後他們也會成為人家的師父，繼續藉由方便傳達真理、繼續投入這場「把無法藉由說明傳達的事情傳達出去」的絕望戰爭。

不過，到那時候，他們不一定要使用與自己師父一樣的方便。不，應該說，後當人家師父的人，有義務要設計出更巧妙、更出色、更合乎時代的方便。正因為如此，「在沒有得到說明下就理解」的弟子，都會各以自己的創意，開發出新的「傳達方式」（方便），積極振興至今沒有的新宗派。

這麼一來，會如何呢？明明大家都是師承同一位開山祖師，卻一個個發展成各自講述不同教義的各式宗派，讓人摸不著頭緒。

宗派A：「你們要念佛。」

宗派B：「你們要回答腦筋急轉彎。」

宗派C：「你們要坐禪。」

等一下，什麼腦筋急轉彎啊！以前的開山祖師可沒講過這樣的話呀！

演變到這種地步，應該已經到了一般人要放棄理解的層次了吧。每個宗派都一樣，講的東西已經與開山祖師相去甚遠，實在無從了解。包括佛教在內，東方哲學的團體都會隨著時間像這樣無秩序、無止境地分裂下去。

但這樣也沒關係。其實，宗派間的細微差異，並沒有太大影響。林林總總這麼多宗派，說穿了，只不過是用了不同種類的方便而已。

說起來，方便本身根本一點也不重要。重要的是，藉由方便得到的「體驗」。也就是說，重要的是爬上屋頂後看到的景色，至於用來爬上屋頂的梯子，你要用哪一種都行。

不過，有人喜歡「紅色梯子」，有人非得要「青色梯子」不可，大家的喜好各不相同。因此，包括佛教在內的東方哲學家，都會盡可能多準備幾種梯子。

於是，梯子的數量愈來愈多，漸漸到了多到數不清的狀態，以至於大多數人在看到這麼多梯子後，會很混亂，覺得搞不懂在幹什麼。

但也沒必要因此卻步，因為，無論哪種梯子（方便），都一樣是為了爬上屋頂看景色（得到與開山祖師一樣的體驗）而造的，這點不會改變。因此，選哪個都行。

不過，雖然這麼講，但提供梯子的人可就不是這麼想。他們絕不可能不設防地說什麼「所有梯子都是正確答案，選哪個都行！」因為，假如講出口，可能會有人覺得，「這樣呀，那我慢慢看、慢慢挑梯子」，結果一輩子都花在挑選梯子上，連爬都沒爬就結束了……。又或者也可能在爬到一半時，覺得「我想要試試其他梯子」，就又爬下去之類的，搞不好會不斷挑選不同梯子，但是都爬到一半就不爬。那樣是不行的，假如沒有做好心理準備認真去爬，就無法爬到足夠的高度。所以，各宗派不得不這麼講：

「我的梯子才是正確選擇，其他全是假的！」

「我的梯子最高！我們有這樣這樣的經典，都是這麼寫的！」

當然，他們心裡根本不是真的這麼想。或許最初階的成員，或是修行中的弟子，會口沫橫飛地認真宣稱，自己這個宗派的梯子才是最棒的；但對宗派內部那些真正理解東方哲學、延續那套體系的師父級人物而言，那種事根本無所謂。總之，只要能讓人產生「那種體驗」就可以了。他們心知肚明，這才是真正目的。

方便的體系

最後我來整理一下。

善意的謊言（以謊言當成方便），正是東方哲學的本質。

東方哲學有著「無法藉由說明傳達」的致命特性，才會被迫不擇手段，使用「謊言」（方便）這種犯規技巧。

只要謊言還是謊言，以現代的理性角度檢視，往往會發現矛盾、無根據、不科學、迷信的地方。

但是，那樣的謊言還是有效，有效到足以讓人生一百八十度大轉變。

因此，不要為東方哲學中那麼多的謊言（方便）所惑，隨便認為那就是宗教、就是迷信、就是不科學之類的，也不要看輕它。

這些全是在綿密計算下得到的方法論，既是用來引發「體驗性理解」（開悟境地）、在兩千五百多年中不斷精鍊至今的人類遺產，也是一套立基於工具主義（instrumentalism）的偉大哲學體系。

第三章
日本哲學

禪的真理

Truths Of ZEN

日本佛教的歷史
聖德太子～德川幕府

日本的佛教，據信約莫是在公元五〇〇年左右，從收到朝鮮半島的百濟國國王所贈的佛像與經典時開始的。但佛教的傳入，卻在日本引發這樣的困擾：

欽明天皇（當時的天皇）：「異國的宗教佛教進來了，怎麼辦？」

蘇我氏：「各國都在信，只有我們不信，不好吧？」

物部氏：「不對不對，拜他國的神，會導致我國自古以來的諸神生氣！」

在那之前，蘇我氏與物部氏，一向都關係良好地共執日本政治之牛耳，但是對佛教的態度卻持對立意見。因為這件事，這兩大貴族彼此憎恨起來，甚至發展為將日本一分為二的內亂。這場醜陋的權力鬥爭延續到雙方下一代，一直都在慘烈地自相殘殺，最後以蘇我氏滅了物部氏收場，等於是「推動佛教派」大獲全勝。

內亂發生時，聖德太子支持蘇我氏，後來也成為竭力推動佛教的人物（順便一提，他是皇太子，也是蘇我氏的親戚）。他醉心於佛教，甚至還制定了有名的憲法十七條，加入了「要崇敬佛教」的條文。佛教之所以能在日本這個異國急速生根，可以說就是因為有當時攝政的他（相當於現在的首相）

強烈支持，甚至支持到制定憲法的地步使然。

聖德太子與佛教

聖德太子為何要做到這種程度，就是要把佛教帶進日本呢？難道真像蘇我氏那樣，是出於高度的外交判斷，才那麼想的嗎？

不，根據《日本書紀》[1]的記載，聖德太子精通佛教，還能自行講述《法華經》。搞不好，他早就已經清楚知道，佛教是一套應該學習的深遠哲學體系（順便一提，聖德太子還從國外找來和尚，幫他一對一上課，生活在能夠吸收佛教精髓的環境中）。事實上，從他留下的遺言中，就能看出他對佛教的理解之深。

「世間虛假，唯佛是真。」

所謂的「世間虛假」指的就是，我們眼中的世界，只是（在區隔下產生形體的）虛像。不用說，這是一種與「色即是空」相通的佛教根本想法。

1 日本的編年體史書，共三十卷。

「唯佛是真」承接了上一句，指的是「但唯有佛是真的」。只是，這裡講的「佛」是什麼呢？由於「佛陀」代表「覺醒的人」，因此所謂的「佛」，原本代表「覺醒」之意。而佛教中的「覺醒」，當然也就是「開悟」了；開悟就代表著「從區隔所形成的虛像（夢）世界中醒來，找回無分別的智慧，體會梵我合一（無我）的真理」。

也就是說，「佛」（覺醒）象徵的是「打破虛像後，留下來的智慧本身（或是到達那種智慧的狀態）」；而「唯佛是真」，就意謂著「世界雖為虛像，唯有覺醒不是虛像」（順便一提，所謂的「佛」像，是用來呈現達到「覺醒」境界者的模樣，也象徵人類也有像那樣覺醒的可能性。因此，佛像既是「希望」，也是「救贖」，同時也「肯定人類」）。

以上是聖德太子遺言的意涵。乍看之下，他的話只表達出盲目的信仰之心（「世界上唯一真實的只有佛」），事實上卻不折不扣表達出佛教精髓。能夠把精髓濃縮為短短八個字，不是普通的品味能夠做到，由此可見，聖德太子的潛力之高，以及對佛教的理解程度之深。

東方哲學在日本開始於何時？

答案既不是「佛像與經典傳入日本時」，也不是「蘇我氏滅掉物部氏時」。日本的東方哲學史，開始於聖德太子這位代表日本的罕見智者，理解了佛教精髓的「那一瞬間」。

後來，時代流轉，進入了奈良時代[2]後，佛教就完全融入日本，各地建立起佛寺（國分寺），也興建巨大的佛像（奈良大佛）等等。在那個時期，佛寺是由國家以稅金出錢興建，和尚奉國家之命研究佛教，有強烈的學者傾向。也就是說，當時的佛僧屬於國家公務員。

最澄與空海

再來到了平安時代[3]，佛教界出現了兩名天才，最澄與空海。他們雖然遭逢海難，還是拚了命前往中國，學習了正宗佛教後回到日本。兩人各自成立了以自己為開山祖師的新宗派，但由於他們逃離國家權力的支配，因此都刻意選擇在遠離京城的山岳建立寺院。

最澄↓日本天台宗（比叡山延曆寺）
空海↓日本真言宗（高野山金剛峰寺）

2 公元七一〇年（元明天皇遷都平成京）至公元七九四年的時代（一說是到七八四年）。平成京即奈良。
3 公元七九四年（桓武天皇遷都平安京）至一一八五年或一一九二年左右、源賴朝開創鎌倉幕府為止。平安京即京都。

進入鎌倉時代[4]後，佛教界吹起一陣革命的狂風。

原本空海從中國帶回來的佛教稱為「密宗」，咒術的成分很強。所謂「咒術的成分」，講白了就是「能夠藉由超越人智的不可思議力量獲取利益」，因此在貴族間很受歡迎。為了尋求神祕力量的保佑，貴族蜂擁前往空海的宗派，帶了禮物來找他。

看到這樣的狀況，最澄的宗派覺得「可惡，竟然來這套」，因此也積極引進密宗（咒術成分）。但這樣的發展，卻也代表著日本佛教的世俗化。也就是說，由於加入咒術，佛教原本的哲學（看空世界成佛）就失了焦，佛僧也變成比較致力於成為貴族所認同的咒術者，沒那麼重視哲學的實踐。

改革派與保守派

「不能再這樣下去，非得阻止佛教界墮落！」

當然，佛教界就冒出有這種想法的人。不過，就像歷史上常見的狀況一樣，他們又分為「改革派」與「保守派」兩種立場。

所謂的改革派，是否定既有的教團組織，希望成立全新組織。他們希望以新組織「協助目前正感苦惱而無力的個人」，而非為了國家或貴族等上流階級的人存在。

所謂的保守派，希望回歸釋迦牟尼的哲學，也就是回到原點。他們想要再次到中國重新學習釋迦牟尼的哲學，再據以建立組織。

我們可以把改革派（新興宗教派）看成有**法然**、**親鸞**等為代表，保守派（回歸原點派）則有**榮西**、**道元**等為代表。

其中的保守派，把**「禪」**這種堪稱佛教哲學的極致引進日本，漂亮地重振了日本佛教。相對的，改革派則以「拯救人民的佛教」為目標，繼承大乘佛教之志，也確實拯救了許多人民。

不過，保守派（回歸原點派）由於只以探究佛教哲學為主，倒還不至於與人產生磨擦；但改革派（新興宗教派）由於以拯救人民為主，就傾向於經常與國家權力對立。

例如，「一向一揆」的運動。在日本戰國時代，一向宗（親鸞的淨土真宗之別名）的信徒，為了保護人民不受戰亂傷害，宣布成立「佛法領」（由佛治理的獨立國家）。他們在全國各地不斷展開武裝暴動，引發恐怖攻擊。雖然，在既有體制的當權者織田信長的徹底鎮壓下，最後擊垮了他們，但仍有不怕死的幾十萬名信徒（因為他們相信，就算死了，一樣可以在極樂淨土重生）繼續攻擊，就連各地諸侯都聞之色變。他們的戰果十分輝煌，曾經攻破城池殺害諸侯。

最後，改革派引發的這一連串事件，使當權者深深體認到佛教這種教團組織失控時的可怕。

4 公元一一九二年（源賴朝開創鎌倉幕府）至一三三三年（鎌倉幕府滅亡）。但近年許多日本教科書已改為始於一一八五年，因為當時源賴朝已有「實權」，一一九二年受封「征夷大將軍」只是變成「名實相符」。

德川幕府的佛教政策

後來到了江戶時代[5]，德川幕府為戰亂之世畫下休止符，取得天下。為防止佛教再次失控，很快就制定了以下法律：

①禁止傳教或設立新宗派。

②每個日本人都必須隸屬於任何一家寺廟（寺請制度[6]）。

德川幕府的做法真的很聰明。如此一來，①可以嚴格限制佛教的活動，但是②又可以給佛教面子，二者間取得了平衡。也就是把壞消息與好消息綁在一起的意思：「（由於會引發麻煩，）請你們不要再傳教或設立新宗派了。但相對的，國家會讓所有日本人都隸屬於寺廟、皈依佛教。」身為當權者，固然可以直接鎮壓，但教團組織的特性是愈鎮壓愈強硬，鎮壓實在不是聰明的做法吧。

就這樣，在這套法律下，對宗教的控管除了原本的目的「防止反社會的新型態佛教抬頭」之外，對德川幕府還帶來一石二鳥的兩大好處。

第一個好處是，「可防止外來宗教入侵」。德川幕府原本就無意消滅佛教。因為，假如佛教從日本消失，天主教等西方宗教將會取而代之，擴大勢力；那樣的話，說不定西方各國會以宗教為藉口，干預日本。對於主掌國政的幕府來說，當然是避之大吉。因此，就把日本自古以來信仰的佛教當成國教，讓全體日本人都皈依。從防止外來宗教入侵的角度來看，可以說沒有比這還有效的政策了。

第二個好處是，「可委託寺方管理戶籍」。如前所述，人民一定要找一家寺廟、成為它的檀家（隸屬於寺廟的施主）。於是，寺廟就有必要管理人民的個人資訊，像是「住在哪裡哪裡的某一家，是我們寺廟的施主」之類的。但從現代角度來看，這就相當於「戶籍管理」。也就是說，幕府把原本應該由公家機關處理的工作，直接推給寺廟來做。

事實上，當時的人們在旅行或搬家時，不是找公家機關辦理，而是要完成「請寺方發放戶籍證明」的手續才行。這意謂著，當時的寺廟扮演著區公所般的角色。而且，相關工作的所需成本，全都由寺方藉由為施主家辦理葬禮賺取。幕府完全不必出錢，就能享受好處。在這樣完備的制度下，德川幕府得以建立長達兩百多年的太平盛世。

不過，對寺方來說，也不是完全沒有好處。佛教既已成為國教，周邊的居民勢必自動成為施主，佛寺可以不費吹灰之力獲得信徒；而只要努力多幫施主家辦好葬禮，就不愁沒飯吃。也就是說，幕府的法律也保障了寺廟的生計。

只是，這同時也表示，佛教的核心也被抽掉了。

5 公元一六〇三到一八六七年，由德川幕府統治日本的時代。
6 由寺方發給民眾「寺請證明」，以證明沒有和當時傳入日本的天主教有任何瓜葛。

日本佛教的演變

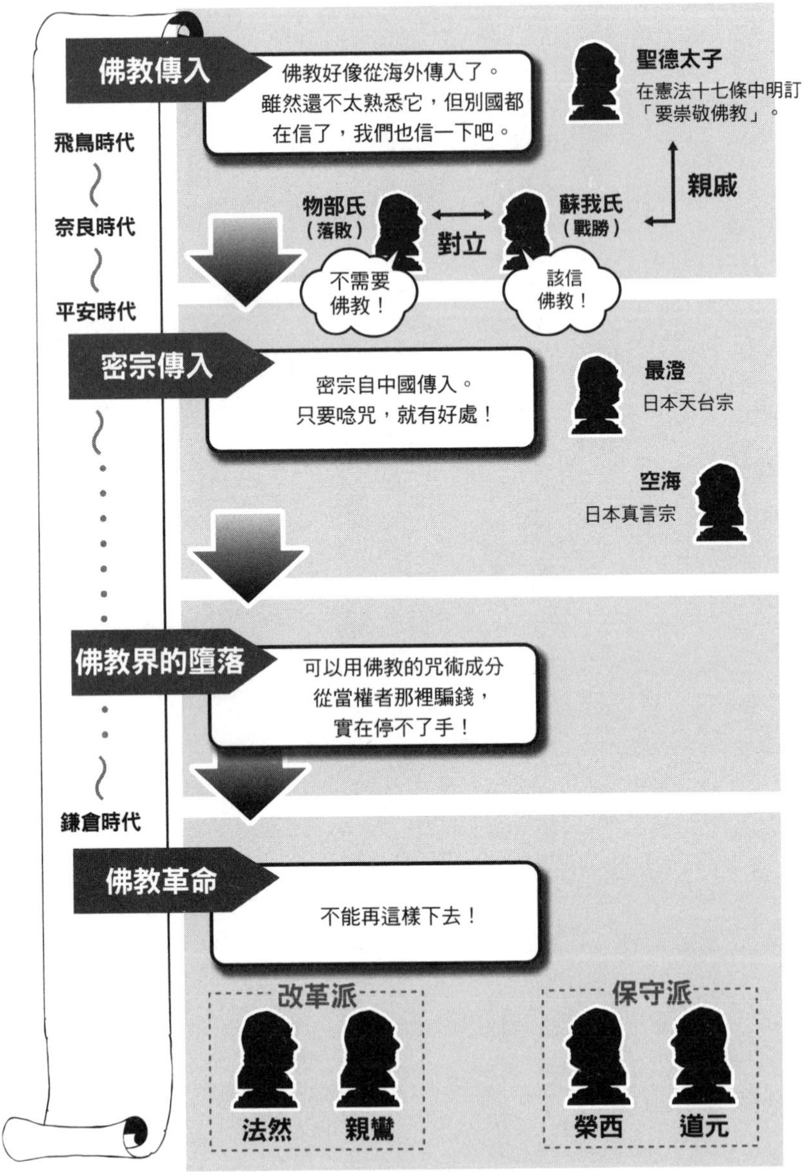
佛教傳入
佛教好像從海外傳入了。
雖然還不太熟悉它，但別國都
在信了，我們也信一下吧。
聖德太子
在憲法十七條中明訂
「要崇敬佛教」。
親戚
物部氏
（落敗）
對立
蘇我氏
（戰勝）
不需要
佛教！
該信
佛教！
飛鳥時代
奈良時代
平安時代
密宗傳入
密宗自中國傳入。
只要唸咒，就有好處！
最澄
日本天台宗
空海
日本真言宗
佛教界的墮落
可以用佛教的咒術成分
從當權者那裡騙錢，
實在停不了手！
鎌倉時代
佛教革命
不能再這樣下去！
改革派
法然
親鸞
保守派
榮西
道元

寺廟的佛僧安於「無鎮壓、生活有保障」的舒服環境中，失去了身為哲學家的精神，變得只要維持現狀就好。不知不覺，佛教變成一個只是為了維持與施主間的關係而舉辦葬禮、法事的組織而已，也就是陷入了所謂「葬禮佛教」的困境中。

就這樣，日本佛教不再努力創造合乎時代的新哲學體系，進入了持續到現代的漫長停滯期。

藉由念佛前往「他力」的境界

親鸞

親鸞（一一七三～一二六二年）是活躍於鎌倉時代的佛僧，也是淨土真宗的開山祖師。

他九歲在比叡山出家，修行二十年。但習得佛教哲學的他，開始擔心佛教哲學的力量不足。

釋迦牟尼的精妙哲學體系，講的是無分別智、開悟的境地、克服一切不幸。這些確實都很偉大，但對於「眼前受苦的人」，那套哲學也有效嗎？

對方假如時間充裕，那倒還好，可以慢慢教他釋迦牟尼的哲學，總有一天對方就能產生

Philosopher 11

沒有智、愚、惡的破戒僧

親鸞

公元 1173 年～ 1262 年
主要著作《教行信證》

最早娶妻的和尚，生有四男三女。他開創的淨土真宗是日本最大佛教宗派，目前約有兩萬座寺院與1300萬人以上的信徒。

「啊，原來是這樣！」的體驗而理解；到那天之前，要嘗試幾次都行。只是，現實生活中，只有貴族等上流階級才會這麼閒，而他們只占很少一部分。

大多數的人、大多數的一般百姓，都沒有那樣的時間。他們每天都過得很辛苦，忙於各種雜事以掙口飯吃，還經常貧困、挨餓，搞不好明天就死了也說不定。就算找來過著這種生活的人民，好整以暇地把難懂的哲學教給他們，也沒有用，反而會讓對方困擾。

「跟我講那麼難的東西幹嘛？我都已經快餓死了！我不要聽那麼多，你趕快幫我消除痛苦再說啦！」

就算釋迦牟尼的哲學再怎麼出色，一旦在生活中幫不了忙，就沒有意義。看在被生活追著跑，無暇修行或做學問的人民眼裡，難懂的釋迦牟尼哲學，就形同於「不存在」。

但毫無疑問，在這世界上，吃最多苦頭、打從心底最想找到方法克服苦痛的，毫無疑問正是這些人！但寺裡的和尚卻忽略他們，自始至終只知道討好過著安逸生活的貴族，非常不應該。照理說，最痛苦的多數人民，才是他們最應該教導佛教哲學的對象才對呀。

親鸞從小就把人生投注在佛教上，看到佛教界的這種現況，深感痛心。他覺得，假如無法幫助最痛苦的人，怎麼能稱得上是佛教哲學（克服所有苦痛的哲學）！

還有，假如無法研究出一套能幫助這些人的哲學體系，怎麼能稱得上是佛教組織（鑽研釋迦牟尼哲學的學者組織）！

看不下去的親鸞，離開了名門寺院、踏上旅程，尋找起也能有效應用在民眾身上的「忙碌者的佛教哲學」。

念佛

有一天，親鸞聽到一個消息，說有個名叫「法然」的偉大佛僧。他馬上造訪對方，在那兒學到了一種劃時代的佛教哲學，稱為**念佛**。

什麼是「念佛」？要理解這件事，得先了解**阿彌陀佛的本願**這個神祕的故事。

很久以前，有個叫做阿彌陀的修行僧。受教於佛僧前輩的他，在總算開悟、到達能夠成佛的境地時，突然講出這樣的話：

「世上還有許多人仍在受苦。只要那些人尚未全部開悟、克服苦痛，我絕不成佛。」

打個比方，就像是天堂之門已經為他而開，他卻在門前說：「我最後進去沒關係，我決定等其他人全都進天堂之後，我再穿過這扇門」，然後又退了回來。這是多有男子氣概、多麼有氣魄的行為！

那是一種「我可以是最後一個進天堂的人」般的熱情心願（本願），稱之為「阿彌陀佛的本願」。另外，在他本願的其中一項，阿彌陀也講了這樣的話：

「誰要是想跟隨我，或是依靠我，我就讓他轉生到極樂淨土（阿彌陀的國度）。我會在那裡說法，一定會讓你們開悟。」

就這樣，形成了一種「只要念佛，也就是只要念著、想著阿彌陀佛，就能往生（轉生）極樂」的宗教。而法然了不起的地方在於，他重新為念佛下了如下的定義。

改變定義前：念佛＝進入深層瞑想，讓佛的樣子在腦海中浮現

↓

改變定義後：念佛＝念誦「南無阿彌陀佛」

順便解說一下，「南無」是「皈依」（依靠）的意思。因此，「南無阿彌陀佛」，就是「請幫幫我！阿彌陀大人」的意思。

法然強烈主張，所謂的念佛，是只要念出這句「南無阿彌陀佛」就行了。因為，阿彌陀大人已經答應，「只要誰求我相助，我一定幫他」，因此不需要那麼麻煩想像佛的樣子，只要直接講「請幫幫我，阿彌陀大人」，應該就能得救。畢竟，阿彌陀大人那麼慈悲，祂總不會只因為覺得「欸，那個人所想像的佛好像不太對勁」，就不拯救想像力不同的人吧。

「因此，只要念誦南無阿彌陀佛，阿彌陀大人就會在你死後，帶你前往極樂淨土！」

法然就是這樣告訴大家。但他的主張最重要的地方在於，「總之，可以簡單做到」。只要相信阿彌陀大人，再唸出這六個字就行，任誰都能馬上做到。也就是說，就算你是無暇學習或修行的一般人，一樣可以得到佛的保佑。

一直以來，誰要是想得到佛的保佑，都得去山上閉關、接受瀑布沖打，修行長達半年才能做到，所以一般人都覺得和自己無關。因此，法然的主張，可以說在佛教界掀起了一場革命。

當然，法然假如是個不知打哪來的無名小輩，他的話可能沒有人會聽；但他可是原本出身比叡山的高僧，很多人都覺得，「那麼了不起的高僧講的話，應該可以相信」。就這樣，法然所主張的念佛方式，由於沒時間的人也能做到，就形成在民眾之間廣為普及的新佛教了。

好了，念佛的說明就到這裡。看完這些說明，或許會有人覺得，「總之，法然講的念佛，只是一種神祕主義式的超自然概念而已，是一種毫無根據的迷信嘛」。事實上，阿彌陀這個人，並非歷史上實際存在的人物，只是個虛構角色。因此，「阿彌陀佛的本願」自然也是虛構的、掰出來的故事。

在這種情形下，注重理性的現代人可能會認為，現實生活中，不可能發生這麼離譜的事吧。怎麼可能只要講出，掰出來的故事裡出現的虛構人物名字，就能轉生極樂（虛構的國度）？應該說，現代人不這麼想才反而奇怪。

那麼，這是不是表示，所謂的念佛，只是在資訊難以取得的當時，用來欺騙無知民眾的「胡言亂語」，只是毫無效果的說法，毫無意義？

那倒不會。就算阿彌陀並不存在於現實中，也沒關係，念佛一樣有其偉大效能。

簡單講，念佛原本就是一種簡易的修行法，只要反覆念誦「南無阿彌陀佛」之類的話即可。事實上，這種反覆念誦的行為，在現代也是眾所周知、很棒的精神安定劑。

例如，各位應該聽過，失眠的時候，不妨默念「一隻羊、兩隻羊、三隻羊……」的說法吧？那其實也是一種「念佛」。藉由多次念誦同一段言詞，讓腦中一些亂七八糟的想法漸漸消失。等心情平靜下來，就能進入易睡的狀態。

除此之外，職業棒球選手比賽時嚼口香糖，也是一樣的道理，那其實也是一種「念佛」。在大批觀眾觀賞的比賽中，會緊張很正常。再怎麼有名的選手，一樣都會閃過一些多餘的念頭，像是「這球沒打出去怎麼辦？」、「假如這時候敲出一記安打，我就紅了」，進入有些亢奮的狀態。這時，他們就會嚼口香糖。嚼啊嚼，不斷動嘴嚼著。雖然只是這樣的動作，已經足以把注意力轉到口香糖上，使心情漸漸平靜，心跳也會回到平常狀態。

請各位聽好，真正重要的是「結果」。對東方哲學而言，什麼「道理」或「科學根據」，都不重要。與其追求那些事的正確，更重要的是「結果」，是「結果」！東方哲學中，結果的重要性先於任何道理。

請想像一下這樣的場面。

假設有個人正準備登上大舞台表演，感到很緊張。他手腳不斷發抖，面紅耳赤。以旁觀者的角度來看，很難認為他能夠有完美表現。好了，哲學能幫這個人什麼？

「你要冷靜！放鬆！放鬆！」

「失敗也沒有關係呀！」

「沒問題，要相信自己！」

大部分狀況下，告訴他這種程度的道理，一點幫助也沒有。有些人搞不好還可能變得更緊張。

那麼，假如告訴他更棒的道理呢？例如，請來一個很厲害的老師，教他如何克服緊張的高深哲學體系。

「要克服緊張，首先得知道什麼是緊張，得問問這個詞的定義、理解其本質。做到之後，再深入分析為什麼會緊張。假如你能察覺緊張的原因，應該就能去除那個原因。照道理來說是這樣。」

錯了、錯了。停，停！現在這種狀況，根本不可能好整以暇對他講那麼多。畢竟對方沒有時間，只剩幾分鐘，舞台的幕就要拉起，他馬上就要上台。無論你的道理或理論再怎麼棒，無法聽完也就沒有意義。也就是說，在這樣的狀況下，那套偉大的哲學體系就算能克服緊張，也幫不了他、派不上用場。

那麼，怎麼辦才好？難道只能像現在這樣，什麼也不做，任由時間過去嗎？

這時，來了個東方哲學家。這種狀況下，如果是他會怎麼做？他會告訴當事人什麼寶貴的話嗎？不，他不會。東方哲學家不會做這種「沒用」的事。假如哲學家真的承繼了東方哲學的體系，就不會「講道理」，而應該會優先教他「有效的方法論」。

這個碰巧路過的東方哲學家，走近那位緊張得發抖的人，迅速向他遞出一樣東西，如此說道：

「要嚼口香糖嗎？」

就這樣而已。不講什麼道理，也不談什麼高層次的哲學理論，但馬上見效，比講述任何哲學都還確實有效。

「得到結果，比論述重要。」

這是東方哲學的本質，也是基本態度。只要有效，就算道理是錯的，就算是瞎掰的故事，在東方哲學中都是「真」。反之，無效的東西，就算道理正確，就算是事實，在東方哲學中都是「假」。

一開始，釋迦牟尼所悟出的是，所謂的不幸，不過是自己的思考（區隔）所形成的東西而已。因此，簡單來說，只要停止那種思考（區隔），不幸就會消失。

但就算這樣，要停止會產生不幸的思考，談何容易。人只要一聽到別人說「不要再想」，就會不小心去想「不要再想」。這種時候，假如從哲學的角度徹底研究，「該如何思考不小心去想『不要再想』的問題比較好？」，或許也不錯，但當事人也可能正處於緊急狀態；也有可能光是想這件事，就

▶▶「念佛前」

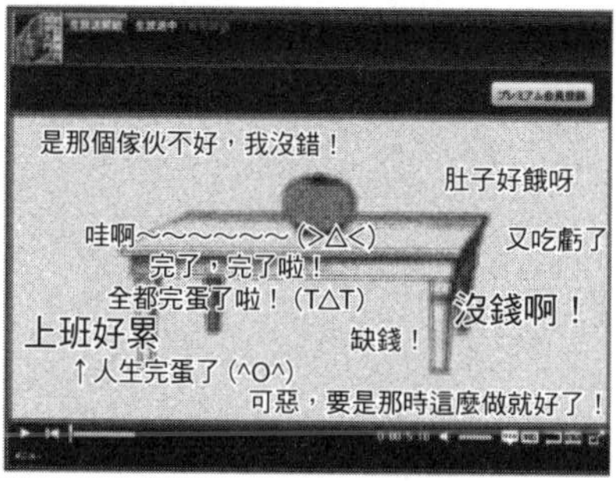

與其過這樣的人生……

▶▶「念佛後」

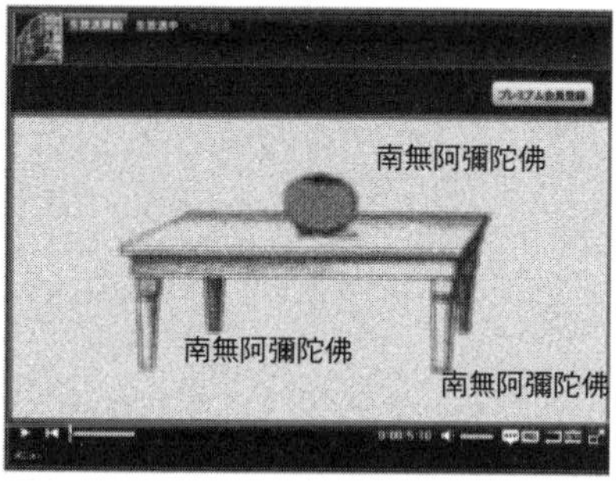

念佛

怎麼想都是這樣比較好!!

這樣過了一生也說不定。

既然這樣，與其花那麼多心思想這些拉里拉雜的困難問題，還不如只是不斷重複一句話，會有效得多。

南無阿彌陀佛。南無阿彌陀佛。

一點都不難。只要全心全意反覆念誦同一句話，繁雜的念頭就會如烏雲散去般，混亂不已的精神狀態也會漸漸恢復正常。等到混亂消失，搞不好就有到達釋迦牟尼境地的可能。

惡人正機

念佛的功效就如以上所述。不過，目前為止都還是以法然為首的眾人所創造的成果，而不是出自親鸞之手（念佛的概念本身就是中國傳來的，念誦佛名的念佛方式也一樣，是法然之前的源信、良忍等早期高僧自古所提倡）。

親鸞的貢獻在於，他成了法然的弟子、承繼「念佛」的傳統後，把那樣的理念視為東方哲學的一部分，提升到更高層次。他的思想的重要關鍵字，是**他力本願**以及**惡人正機**。

「既然善人都能前往極樂淨土，更不用說是惡人了。但世人往往都講反了，他們都說，連惡人都

能前往極樂，更不用說是善人了。」（《歎異抄》）

這是親鸞哲學中最有名的一段，一開頭就講「善人尚且往生，況惡人耶」。接著，他也提到自己的主張明顯和一般常識相反。一般我們都覺得「就連惡人都得救，善人得救是當然的」，但親鸞卻講出完全相反的話：「就連善人都得救，惡人得救是當然的。」

這究竟是為什麼？親鸞提出了如下理由：

「世人所講的事，乍看之下很有道理，事實上卻有違他力本願的救贖原則。為什麼呢？因為，自己努力行善、想藉由自己創造的善往生極樂的人，只是自豪於自己的善，缺乏一種依賴阿彌陀大人的他力之心。這種人，原本並非阿彌陀大人的救濟（本願）對象。」（《歎異抄》）

這段話的意思是，善人（正確來說，是覺得自己是善人的人）有一種自認為能靠自己力量解決事情的傾向，沒有仰賴「他力」的想法，所以不行。

但這樣的說法也一樣有違常識吧？一般來說，一講到「他力」，一般人對它的印象就不是太好。社會上的一般價值觀都覺得，不要靠別人，要靠自己的力量！

但若以東方哲學的傳統來看，毫無疑問，親鸞的主張才是對的。如同「老子」那章所講的，東方哲學中，會給與「他力」（無為，任其自然發生）比較高的評價，而非「自力」。不，非但如此，什麼自力根本是不可能的，這是東方哲學所推導出來的結論。

親鸞也非常了解這件事。

《歎異抄》一書，是把親鸞講過的話整理而成的著作，書中寫到，親鸞與弟子唯圓曾經有過如下的問答。

親鸞：「唯圓啊，你相信我講的話嗎？」

弟子：「是，當然相信。」

親鸞：「這樣呀，那你絕不違背我接下來要講的事嗎？」

弟子：「是，不會違背。」

親鸞：「那好，你去給我殺一千個人。這樣的話，你必能前往極樂。」

弟子：「這、這我做不到。別說千人了，一人我也殺不了！」

親鸞：「既然這樣，你剛才為什麼說，絕不違背我講的話？這樣你懂了吧。假如能夠自己想行善就行善，想為惡就為惡，你應該馬上就能殺一千個人才是，但你卻無法如此。原因在於，那不是你能決定的。我要讓你知道，並不是因為你心地善良，才殺不了人；無論你的想法如何，你還是可能殺百人、殺千人。」

正如這段對話所示，弟子唯圓原本以為，能夠靠自己的意志讓事情發生。但親鸞告訴他不是這樣，凡事不是我們去「引發」它，而是它自己「發生」。

但善人往往以為，自己在主動做一些事。這也難怪，由於他們認為自己在做對的事，因此，想成是出於自己的力量做這些事，心情會比較舒爽。

但這違反了東方哲學中的事實，最後會導致不幸。因為，總有一天，他們會碰到無法以「自力」解決的事情。

相對的，「他力」沒有解決不了的問題，或者該說，根本就不存在「解決問題」這件事。無論事情如何發展，都一樣是「任其發生、任身體自己去動」，因此在這樣的境界中，連解決問題的概念本身都不成立。這意謂著，他力是一種無敵的境界。

而惡人（正確來說，是一群覺得自己是無可救藥的惡人的人），會比善人還容易進入「他力」的境界。因為在他身上，從來就沒好事發生過。

說真的，他本來也想當善人，也想成為能抬頭挺胸說「我在做好事」的人。雖然他嘴上說「我才不想當什麼善人」，但假如真的能當，他毫無疑問也想成為善人。

只是，不知為何，現實總是讓他期待落空。雖然他心裡想著要做自己認為對的事，結果卻不如所願，反而遭到別人討厭，就算想幫助弱小，也因為力量不足而幫不了人，反而造成不好的結果。漸漸的，惡人察覺到，他做不好自己認為正確的事——這個世界不讓他那樣。

於是，他放棄了「對的事」、與人生妥協，開始做起「覺得錯的事」。

但這樣的人生，對他而言是個地獄。因為，他覺得，自己在做「不好」的事（在他的價值觀中）。姑且不管那算不算真正不好的事，只要他做的是自己覺得不好的事，認定自己是惡人，當然就會難受。想必會有各式各樣的負面情感（後悔、自我討厭、悲慘、生氣）折磨著他吧。

因此，他如此大叫道：

「我討厭這樣……我受夠了……。我也知道自己不對、自己錯了……。可是……我也沒辦法啊！會這麼做，我也是千百個不願意啊！」

這個！就是這個！他講出了「沒有辦法」、「會這麼做，也是千百個不願意」。正因為有這樣的想法，他才能進入「他力」的境界。他放棄了擅自認定「是我真的想為惡，我才為惡」的想法。因為，那樣的擅自認定，對他來說是沉重的負擔，也是苦痛。

但善人就很難如此。善人擅自認定「是我真的想行善，我才行善」，並不會帶來任何痛苦。因此，他沒有動機放棄那種想法，因此真正說來，他就無法進入他力的境界。

惡人可不會這樣。他們對自己的行為感到苦惱，也因此能夠真心依靠他力、把自己交給神佛。他們能全心全意投入念佛，打從心底真心地吶喊：「請幫幫我！阿彌陀大人！」

搞不好，根本沒有什麼阿彌陀大人的存在。搞不好，只是親鸞的師父的師父的不知道哪裡的誰，所創造的純粹虛擬人物。又或者，也可能真有阿彌陀大人的存在也說不定。

但這些都不是問題。因為無論是什麼狀況，念佛這種方式，只要是來自心底的呼喊，都一定有效！

「我受夠了！請幫幫我！」

這樣的念頭，再加上念佛，就能引導惡人到「他力」的極樂世界。而且，他可以在那個極樂世界裡，一窺過去釋迦牟尼所到達的、東方哲學視為終極的那種境界。

但大眾一定會從錯誤的角度理解親鸞的意思。

假如他對大眾講出「何況惡人」，一定會產生像這樣的誤解吧：

「那麼，就算殺人，只要念佛就能得救是吧？那不是等於，做壞事的人反而容易得救嗎？」

事實上，念佛的宗派經常會引來如下誤解。

「無論做再多壞事，只要死前念佛，阿彌陀大人就會救你對吧？既然這樣，那我可要多做些壞事。太好了，你們這些傢伙！偉大的高僧已經掛保證了，哈哈！」

這是很荒唐的想法，但說真的，卻不斷有人這麼解讀。親鸞一直到死前，都還忙著釐清這樣的誤解。說起來，會產生這種誤解的，多半是（親鸞所講的、念佛難有效果的）善人。

因為，他們的價值觀是，造成別人困擾也沒關係，只要最後能夠得救就行，這才是「聰明而巧妙的生存之道」，而且也照著這樣的價值觀去做自己覺得對的事，自我滿足。所以事實上，就算他們想做壞事，他們一樣是「善人」，一樣無法進入「他力」的境界。

只不過，這麼精妙的論點又有誰能理解？

到頭來，由於擔心整理親鸞的話而成的《歎異抄》這部稀有的哲學書，容易引發誤解，此書長期藏在本願寺的書庫中。順便一提，本願寺第八代住持蓮如讀完這本書後，雖然因為這套哲學的精妙深受感動，但還是擔心內容易引起誤解，因此又加上注意事項（「本書為我宗派之聖書，不得擅自展示給無佛緣者觀看」），再次把它放回書庫祕藏，不對外公開。

就這樣，弟子小心翼翼收藏的親鸞哲學，經過了八百年安穩沉睡後，才出現在世人面前，世人也才知道，有親鸞這位偉大的東方哲學家存在。

終極的哲學

好了，在解說親鸞哲學的最後，請各位想像以下狀況。

有一天，世界突然發現，有個巨大隕石會從外太空落下。它比地球還大，大到根本無法避開，沒有任何辦法可以處理它。美國太空總署與聯合國都束手無策，大家只能等著隕石撞地球、破壞地球。

在這種狀況下，我們該如何度過剩下的人生？

在隕石即將撞上地球的最後一晚，要一邊讀尼采的《查拉圖斯特拉如是說》，一面懶洋洋地度過嗎？不，做不到。

隕石愈靠近，地球的氣溫就會上升，使地球變成一個灼熱的地獄。人們的皮膚都燒爛，地球成為一個充滿慘叫聲的人間煉獄，人們只能在其中等待死亡。

在這樣的痛苦中，什麼尼采、什麼康德，全都煙消雲散。無論你累積了再多學問、腦中吸收了何等深遠的哲學，面對人間煉獄，一點幫助也沒有。

這時候，愈是大善人，恐怕愈會感到痛苦吧。

「我明明沒做什麼壞事，為何會碰到這種事！」

但話說回來，身處這種人間煉獄，要如何才能接受「這是如今正在發生的事」，好好過完最後的每一瞬間呢？

這時候，一定也只能「念佛」了吧（讓失控的思考平靜下來，把一切交給他力、活出這一刻，也就是遵照親鸞的哲學）。

我要先聲明，隕石撞地球不是空想的事，要不了多久，可能就會有隕石真的掉落在你所處的地方。

這樣的預言絕不會失準。總有一天，體嘗那種人間煉獄的時刻，一定會到來。可能是「意外事故」、「災害」、「生病」、「衰老」……也就是以「死亡」的形式出現。

但有一件事很幸運。那就是，親鸞為我們留下了，在這種時候也派得上用場的「有效用的哲學」。

念佛這種佛教哲學是從中國傳來的，再由日本僧侶不斷改良再改良，最後在親鸞手中，完成了這套在地獄或在世界末日都能使用的終極哲學。我認為，對於這樣的哲學體系能夠在日本完成、對於日本能夠擁有這樣的哲學體系，日本人可以多覺得自豪一些。

東方哲學的精髓

禪的歷史

什麼是禪？

以奧義書哲學為背景發展起來的印度佛教，傳至中國，與老莊思想融合後所形成的，就是中國佛教中稱為「禪」的一派。

從這樣的起源可以看得出來，所謂的禪，融合了耶耆尼伐爾克、釋迦牟尼、龍樹、老子、莊子等東方哲學家思想的精髓，是芳香四溢的最高傑作，正可謂東方哲學的寶庫。

「禪」一字的字源，據說來自於印度梵文「dhy na」，在中國音譯為「禪那」，最後省略為「禪」。dhy na有「瞑想」之意，簡單講，可以把它根本的意思當成是「坐著集中精神」。

禪進入日本後，不斷接受改良。目前世界所認知的禪，不是中文的「禪」，而是日文的「ZEN」。由此觀之，禪雖非發祥自日本，卻是在日本人手中完成，可說是值得日本自豪的文化之一。

正如日本史教科書所寫，日本「禪」的宗派，大致上可分為兩個。一是榮西創立的臨濟宗，二是道元創立的曹洞宗。

在分別介紹它們之前，首先要看看禪的歷史。

禪的開山祖師．達摩

根據傳說，禪據信始於以「不倒翁」[1]為大家熟知的達摩。順便一提，他不是中國人，而是印度人。公元五〇〇年左右，他為了把釋迦牟尼的哲學傳到中國，特地從印度前往中國。

但當他來到中國時，釋迦牟尼的哲學，也就是佛教，已經普及了，國家也信奉佛教。只是，這個佛教卻讓他感到沮喪。

一次，南朝的梁武帝聽說，從佛教的發源地印度來了一位偉大佛僧，就請這個佛僧，也就是達摩，來指導佛教的教義。

梁武帝一開口就問達摩：

「我建了很多佛寺、抄了許多佛經，培育許多和尚。你說，我的功德如何？」

達摩回答：「無功德。」

梁武帝甚感震驚。他原本期待，達摩一定會說出「真了不起！您的功德長達萬劫[2]！」之類的讚

1 不倒翁據說是模仿達摩坐姿所做；日文「不倒翁」的漢字為「達磨」。
2 佛家稱世界一成一毀為一劫，萬劫形容極長的時間。

美，但達摩卻說他無功德。

這麼說來，仔細看看這個沒禮貌的男人，他散發出來的氛圍，和中國和尚並不相同，他任由自己的鬍子長成這樣，眼神銳利得像是要射穿標靶。講難聽一點，他的長相如猛獸般可怕，好像隨時都會撲過來一樣。假如這時家臣說：「對、對不起，找錯人了，他是個凶惡的死刑犯」，梁武帝可能會點頭說「果然是這樣」吧。達摩的外形，看起來就是如此。

但人都已經請來了，梁武帝還是試著以最終極的問題衝撞達摩：

「那佛教的開悟是什麼？」

「一切俱無。」

什麼？一切俱無，這是怎麼回事？達摩實在很不懂得表達耶。梁武帝受不了了，問他：

「既然這樣，那你又是誰？」

「不知。」

就這樣，達摩與梁武帝的會面，最後就在話題完全無法契合下結束。達摩於是離開了梁武帝那裡，來到少林寺，連續九年坐著面壁。

順便一提，少林寺的和尚似乎都很失望。因為，難得有和尚從印度來，卻什麼也不教，只是每天一直面壁坐著。

有一天，來了一個叫慧可的男子。他很希望達摩能教他佛教的精義，因此拚了命求達摩。只是，達摩絲毫不理他。無論慧可說什麼，他都不回頭。

該如何是好？自己是真心請他指導的啊。怎麼做，才能傳達出這樣的想法讓他知道？

無計可施的慧可，竟然當場砍下自己的左臂！

而且，還拿起左臂丟向達摩！

慧可以言語以外的方式，展現自己的覺悟以及決心。

達摩總算回頭了。他一直在等慧可這樣的人出現。

雖說達摩是來到中國傳播佛教，但他無意成為所謂的傳教者，也不想面對不特定的眾多人士介紹與推廣佛教，他只想挑選自己認定「就是他！」的人、把精髓教給對方。今天，他總算找到這個人了。達摩回過頭來，收慧可為徒。

這一瞬間，「禪」誕生了一種投注全心全意、立志走上開悟之路的激烈傳統。

於是，慧可就跟隨達摩專心致志修行，但再怎麼修行，卻一直無法到達開悟的境界。他很煩惱地問達摩：「我已經專心修行好幾年，心卻還是沒有暢快的感覺。我的心還是不夠潔淨，還是有不安在裡頭打轉。到底我該怎麼做，才能開悟？」

這時，達摩突然拿來一根大棒子，揮舞著它，以可怕的表情叫道：

「那就把你的心拿出來啊！我可以用這根棒子，幫你把你講的不安打爛！來，快拿出來！」

身為弟子，絕不可能覺得「欸？他在說什麼？把心拿出來？這種事怎麼做得到？」再怎麼荒唐而不可能的事，只要師父說「快做」，弟子一定會先做看看再說。慧可照著達摩所講的，認真嘗試著要把心拿出來。但閉上眼睛，再怎麼摸索自己胸膛，再怎麼想找到心、拿出心，都還是找不到。這時慧可猛然察覺到，根本沒有什麼心的存在。

「心裡不安」、「美麗的心」、「醜陋的心」。

我們理所當然般使用「心」這個字，但可曾看過「心」這個東西？仔細想想，這種東西從未有過實體。

而且，慧可也有先入為主的觀念。他大概以為，只要跟著達摩修行，學到佛教這種寶貴知識，就能到達「無上幸福的境地」吧。他大概以為，一切都會很暢快，毫無迷惘可言，就好像正月早上，剛把新買的內褲穿上一樣，有一種舒爽的感受。

但他再怎麼修行，都沒有那樣的感受，還是和以往一樣感到焦躁不安。因此，他擅自以為「自己還沒開悟」，也為此感到煩惱。

但那樣的「不安」，只是腦子發出來的信號，只是出於物理作用而排出來的化學物質所形成的刺激訊號。也就是說，「那不過是純粹的感覺」。

但慧可卻自己幫那樣的感覺取了個名字（區隔）叫「不安」，還賦予它「很不好、很不潔」的價值，進而把它和「我的心」（我自己）給「同化」。在這樣的「同化」下，慧可也就理所當然會苦於「我的心不夠潔淨、我很不幸、我還沒開悟」。

但這些，全都是他擅自的認定。

一開始根本就沒有什麼「我的心」！因為沒這東西，也就沒有什麼「我的心」變得不安這回事！

慧可悟出了這個道理。

他不再說自己不安什麼的了，他不再理會腦子產生的那些分泌物了。就算閉上眼，胸口有焦躁的感覺，他也只是當成「那不過是一種感覺」，視而不見。因為，他已經真正了解，就像無論天空是藍天還是夕陽，看著它的人不會因而變藍或變紅一樣，無論何種不安的感覺來來去去，「我」（觀眾）都不會因而變得不安。

達摩為慧可點燃了「開悟」的體驗之火，慧可也就成為第二代的師父，承繼了「禪」（針對少數認真以佛教為志向的對象，把開悟的境地教導給他們的奮戰）的傳統。

就這樣，歲月飛逝，多年後，有一位天才，出現在自達摩算起第五代的宗師弘忍面前。他就是慧能。

禪的繼承者．慧能

一次，有個叫慧能的男子前來弘忍的寺廟，想成為弟子。但慧能父親早逝，只是個在貧困生活中勉強賣柴度日的樵夫而已，完全不懂讀書寫字。

寺裡的和尚認為，他這樣大概很難學佛吧，就想趕走他。但弘忍看到慧能後，不知為何很欣賞他，要弟子把他留下。由於搗米場負責搗米的雜工剛好人手不夠，就以做這個工作為條件，收了慧能。

八個月後某一天，弘忍召集弟子說道：

「你們把自己已經到達的境地寫成詩。假如有人已開悟，就接我的位置吧。」

師父突然宣布要退休，弟子自然大驚失色。不過，師父年紀也大了，也不知道何時會突然死去；那樣的話，達摩大師傳下來的禪的傳統，可就中斷了。假如這時從弟子當中選出最優秀的人物、先決定好接班人，也不是一件壞事吧。

因此，弟子接受了師父的退休宣言，拚命寫詩，要把自己至今的修行成果展現出來。不過，在師父實際評斷前，大家已經在謠傳，應該是弟子當中經常表現最好的神秀，會成為接班人吧。

事實上，神秀的詩寫得很棒。他在寺院牆上寫下這首詩：

身是菩提樹，
心如明鏡台，
時時勤拂拭，
勿使惹塵埃。

總之就是，「心就有如一面把什麼都如實映照出來的鏡子，要努力不懈，別讓這面鏡子沾上灰塵」。這詩實在太美、太出色了，其他弟子全都認輸，稱讚道：「不愧是神秀，接班人果然是他。」

這時，從搗米場做完工作的慧能剛好經過。「這上面寫的是什麼？」

別人把神秀寫的內容講給他聽後，慧能說道：「唉呀呀，寫這首詩的人似乎還沒開悟嘛。」
其他弟子聽到這番話，哄堂大笑。
「胸無點墨的鄉巴佬，哪裡懂得這首詩的美？既然你這麼說，那你自己寫一首來看看呀。」
「呃，但我不會寫字。」
「那你用講的，老子幫你寫上去。」
講這話的弟子，大概是想讓大言不慚的慧能出洋相、教訓教訓他吧。他照著慧能講的，把詩寫在牆上。
詩的內容是這樣的：

菩提本無樹，
明鏡亦非台，
本來無一物，
何處惹塵埃。

詩的內容總之就是：「沒有什麼鏡子呀，什麼也沒有，灰塵又能夠沾到哪裡去呢。」（笑）
這時弘忍來了，他看了一下慧能寫在牆上的詩，厭惡般地說：
「誰呀，哪個傢伙寫出這麼無聊的詩！寫這種東西的傢伙沒有開悟，快給我滾吧。」

講完後，他就生氣地離去。

結果，那一晚，弘忍悄悄來到已入睡的慧能身旁。他急急脫下自己的袈裟，穿到慧能身上。

「好了，快帶著這個逃走吧！你已經開悟了，你是我的接班人。但其他人假如知道此事，一定會來把你殺掉！所以快點逃！」

弘忍知道，自己的弟子當中，開悟的只有慧能一人。但自己無法公然宣布他為接班人，因為他沒有學問，也不懂讀書寫字，在這座寺院裡，也沒有學過什麼佛教哲學。這樣的人，你說他已經開悟、明天就要成為新師父了，其他弟子不可能接受。無論事實如何，他們的自尊絕對無法容忍此事。

事實上，也真的是這樣。

隔天，弟子馬上覺得不對勁，因為師父沒穿著袈裟。

那件袈裟不是普通袈裟，是以前達摩穿著的，也是達摩選定慧可為第二代宗師時交給他的。那件代代傳下來的袈裟沒穿在弘忍身上，就意謂著「已經傳給第六代宗師了」，除此之外別無可能。

「這是怎麼回事？」

弟子聚集到弘忍身邊，但弘忍沉默不語。只是，從現場狀況來看，消失無蹤的慧能，很明顯就是師父選定為接班人的傢伙。一如弘忍的預期，弟子都怒不可遏。

「開什麼玩笑！我們可是在這裡修行了幾十年啊！根本在耍我們！我們不承認這種事！師父一定瘋了！去追慧能，抓住他，把師父的袈裟拿回來！」

他們展開對慧能的搜索行動，但慧能早已往南逃走，保住了一命。後來，慧能成為第六代宗師，承繼了禪的傳統。

另外，慧能離開後，神秀自己成了宗師，開創一派稱為「北宗」的禪家宗派。雖然與國家權力結合，握有絕大權勢，但很遺憾，北宗沒多久就消失。相對的，逃到南方的慧能的宗派（南宗）則傳了好幾代，建立起「南嶽、馬祖、百丈、臨濟、青原、石頭、曹山」等禪的黃金期，有眾多知名禪僧輩出。

因此，假如慧能逃晚了，遭到殺害，禪的傳統可就要斷絕了吧。

明知有斷絕的風險，卻還是要把佛教精髓以百分之百純度傳下去。因此，禪才會選擇「由少數人傳給少數人」的形式。在中國誕生的這個偉大傳統，在榮西、道元兩位天才的巧手下，終於傳到了日本。

不經由「思考」理解事物

榮西

榮西（一一四一年～一二一五年）是把禪帶入日本的和尚，也是**臨濟宗的開山祖師**。他十四歲進入比叡山修行，後來曾二度前往中國留學，在學習臨濟禪（出自一名叫臨濟的和尚）、取得印可（證明已經開悟的畢業證書）後，回到日本開設臨濟宗。

臨濟宗又稱「看話禪」，是禪的一個宗派，特徵是藉由公案達到開悟的境地。

Philosopher 12

禪與茶的開山祖師

榮西

公元前 1141 年～ 1215 年
主要著作《興禪護國論》

他自己種茶，把茶推廣到日本各地。著有《吃茶養生記》，書中第一句話開頭就說「茶為養生之仙藥……」。

公案

那麼，「公案」又是什麼？假如以最直接的講法來說，就是「腦筋急轉彎」。亦即，師父出「腦筋急轉彎」給弟子猜，讓弟子藉由回答，達到開悟的境地。

對了，一講到和「腦筋急轉彎」有關的和尚，或許會有人想到一休和尚吧。這個寺廟裡的小和尚，面對壞心眼的大人所出的難題，都運用機智一一解答，講得對方啞口無言。在動畫中，或是在談機智的故事時，常會提到這位一休和尚。但為何一休和尚會這麼有機智呢？其實一休和尚是個名為「一休宗純」的真實人物，也是臨濟宗的和尚。

臨濟宗這個宗派，是透過回答「公案」這種腦筋急轉彎，而到達開悟境地，因此臨濟宗出身的一休和尚會那麼有機智（回答腦筋急轉彎），就一點也不奇怪了吧。

但為何臨濟宗要使用公案（腦筋急轉彎）呢？

要了解公案的本質，在此得先介紹一些有點複雜的東西。

我們人，原本就有兩種強烈的迷思。

一種迷思是：無論什麼樣的問題，都只能透過思考解決。

例如，對於「門打不開」、「電腦壞了」、「朋友討厭我」等日常生活問題，我們都會理所當然覺得，只能透過思考理解問題、只能透過思考擬出解決方案。

當然，我們也都知道，現實生活中存在著無從掌握也無從解決的問題。例如，「宇宙的盡頭是什麼樣子？」、「宇宙為什麼會形成？」等。對這類問題，我們會乖乖舉白旗投降，承認它確實無法透過思考解答。但反過來說，也表示我們認定，由於是無法以思考解決的事，我們當然不可能懂。

另一種迷思是：思考本身就代表我。

原本所謂的思考，只是肉體的功能之一。但我們多半很重視思考功能，甚至於把思考和「我」給「同化」。

說真的，假如有人說，「你的髮型好像原子小金剛，好奇怪」，聽了後會真的勃然大怒的人，大概不多吧。或者，假如有人說，「你的手怎麼那麼不巧？」，一般人頂多也只會覺得「嗯，我的手真的不巧耶」。但是……

「你真的很笨耶。」

一旦有人帶著正經八百的表情講這種話、否定對方的思考功能，當事人多半就會勃然大怒，或是感到很受傷吧。為什麼會這樣？別人講的如果是手巧不巧之類的功能，就沒關係，講的是思考功能，為何就不行？

理由很簡單，因為我們擅自認定，「思考」就代表「我自己」（我）。

由於「迷思」（已經固定下來的區隔）當然有礙於「無分別智的境地」，因此說什麼都得破除這種迷思不可。這時，禪宗的師父會左思右想各種方法，希望創造出能破除迷思的情境。

例如，臨濟宗的開山祖師臨濟禪師，經常會大聲發出「喝！」的聲音。

「喝！！！！！！！！！！！！」

為何禪宗的師父們要大聲發出「喝！」的聲音？說穿了，只是單純「想要嚇對方」而已。人類只要一嚇到，就會停止「思考」。

以電影院為例的話，就好像播放電影時突然出了什麼問題，銀幕畫面突然中斷一樣。當然，畫面馬上就會恢復正常，我們也會開始思考，「啊，嚇我一跳。剛才為什麼師父突然大喝一聲呀？」

不過，在開始這樣思考前的短短時間裡，我們確實會陷入「思考功能停止」的短暫瞬間。在那瞬間，就潛藏著覺醒於「無分別智」的可能性。

人都是這樣，一旦眼前出現無法理解的現實狀況，就會在那瞬間變成嬰兒。由於碰到既有知識或邏輯所無法掌握的狀況，就會像嬰兒一樣，全心全意產生一種「到底發生什麼事」的感覺。而這正是喚起「無分別智」的關鍵。

因此，禪宗的師父假如發現弟子陷入繁複的思考中，或是開始講一些道理：「我覺得所謂的開悟就是這樣這樣的事。因為，如此這般——」就會突然大喝一聲、驚嚇對方。

我要特別聲明，所謂大喝一聲，不是普通的驚嚇程度而已。那是一種壓倒性的絕望感，就好像你走在山路上，有一隻身長三公尺的大熊突然出現、朝著你吼叫般的驚恐感。你甚至只懂得縮起身子，忘了要逃走！

「一定會被殺！毫無疑問！」

師父會散發出這種真的想砍了你的殺氣，以凶惡表情、低粗嗓音大喝一聲。

不過，這種「喝！」的方式，只要多用幾次，弟子就會習慣。弟子會開始預測，師父又差不多要大喝一聲了，並且為此做好準備，慢慢的就不怕了。

這麼一來，師父就不會再大喝一聲了。他會突然哭出來。

「謝……謝……你……們……」

平常老是大聲怒吼、教人害怕不已的師父，突然哭了出來！

「……欸？」

弟子陷入無法理解的狀況，瞬間停止了思考。其實這只是換個方法而已，原理和「喝！」一樣，都是為了要讓弟子停止思考、踩下思考的煞車，賭在那「一瞬間的奇蹟」上。正因為有這樣的文化存在，才會傳出許多「禪宗師父會突然講出反常古怪的話」之類的故事，使得禪學之中，大量存在著前所未見、莫名其妙的問題或趣聞。

把思考看成是「他者」

其實，公案的原理也和這種「喝！」一樣，都是為了要破壞弟子的思考使然。

例如，公案就像是類似下面這樣的東西。

「雙手互拍會產生啪啪的聲音，那麼單手做的話，會發出什麼聲音？」

這就是有「隻手之音」之稱、最知名的一個公案（腦筋急轉彎）。

我要特別聲明，這不是短時間就能想出來的問題。釋迦牟尼為了開悟，投注龐大的熱情，甚至到死前不久都還在斷食；弟子在面對公案時，也必須有和他同樣程度的覺悟。弟子無論睡覺還是醒著、走路還是坐著，何時何地，都在想著這個公案，不斷地想。

然後，弟子提出了自己的一種答案。

「師父，我知道了。雙手互拍就代表相對性的二元世界。而一隻手拍，就代表絕對性的一元世界……」

弟子講了答案後，被痛毆一頓。

「你在講什麼莫名其妙的事啊！我問的是，單手拍手會發出什麼樣的聲音！和什麼二元、什麼相對的，都沒有關連吧！」

師父趕走了弟子，要他再想想。

弟子拚命思考，希望想出師父能夠接受的完美答案，不時還會想到一些頗富機鋒的嶄新答案。

但師父還是不接受。

「我・就・講・了！你們這什麼答案啊！有人問你們這個嗎？我問的是，單手會發出什麼樣的聲音！」

師父不認同任何機智的答案。

就在這種反覆的過程中，弟子開始覺得，這個問題無法從邏輯角度回答，也無法以機智巧思回答。

「師父，我知道了！沒有辦法。這是不可能回答的問題。對於解決不了的問題，我們不能一直鑽牛角尖！」

弟子再次被師父打飛出去！

「我管你有辦法還是沒辦法！你聽好，趕快回答我，單手拍會是什麼聲音就對了！」

弟子臉色鐵青。一開始，弟子以為「單手拍手的聲音」是某種比喻，所以他想的是，「雙手互拍的話，比喻的是這樣這樣的事；那麼單手拍手的話，就是比喻這樣這樣的事了吧？」

「意思是，心思要非常敏銳，連無聲都能聽得見？」

弟子以為，師父要的是這樣的答案，但似乎並非如此。師父認真的「如字面所示」，問的是「單手拍手的聲音」。

可是，這種問題沒意義呀！不可能回答！擺明了不就這樣嗎？

但是，師父還是要他再想一想。

許多弟子都在這裡脫隊了，但還是有少數弟子依舊在原地堅持。就算不可能，就算沒辦法，總之想下去就對了。

「從邏輯角度思考在邏輯上矛盾的事」，很明顯是一種矛盾，就好像一直在做毫無意義的計算一樣。這時，思考拚命提出建言：

「停止吧！不可能的，快退出！你被騙了啦！」

但就是不停手。不聽思考所言，照樣不斷前進。而這時候，終於來到「再想下去，腦子就要爆炸、就要瘋掉」的界限了！

即便如此，還是要往前再踏出那一步！就在踏出去的一瞬間——

附身在這個人背上的妖怪，剝落了。那是一隻自他懂事以來，就一直纏著他不放、名為「思考」的異形怪物。這隻怪物和他黏膩膩地同化在一起，讓他誤以為，那就是他自己；讓他誤以為，那就是他理解這個世界的唯一方式。

但由於人類拚了命不斷挑戰「不可能」的公案，這隻怪物終於發出聲音、夾著尾巴逃走了。

「我受夠了！我才不要再附身在你身上！」

在那隻怪物大叫過後，弟子就身處於絕對的寂靜中。猛一回頭，「思考」就在他身後不遠處。這是他自出生以來第一次嘗到，「把思考看成他者」的「體驗」。而在這樣的體驗中，他理解到許多事。他理解到，所謂的思考不代表他自己，只是一種工具；他理解到，就算不經由思考，還是可能理解事情。

弟子連忙跑到師父那裡。

已經沒有必要報上答案了。

「師父，我懂了！身處於離開思考的『那種體驗』裡的絕對寂靜，就是『隻手之音』！」

沒必要再多講這樣的話了，師父也不想聽你用這樣的答案做結。師父只是想把釋迦牟尼體驗過的境地，也傳達給弟子了解。

因此，對於公案，不需要給答案。只要弟子來到師父面前，感謝師父給他機會擁有這樣的體驗，也就夠了。還有，可以試著直接把自己感受到的體驗表現出來。不管你是以倒立還是空翻表現，都不打緊。因為，無論你這時候做什麼，全部都是「正確答案」。

這時，師父只會對你露出親切的微笑說：

「原來如此，你也已經懂了嘛……。我肩上的重擔也卸下了。」

破壞與飛越「問題」

道元

道元（一二〇〇年～一二五三年）是鎌倉時代的禪僧，也是**日本曹洞宗的開山祖師**。

他十三歲登上比叡山，過著每天修行的生活。但由於對當時的比叡山感到失望，兩年就下山。之後，他在榮西門下學禪，又在二十四歲時渡海前往中國修禪，在曹洞宗（出自曹山與洞山兩名和尚）取得印可，回國後成為日本曹洞宗的開山祖師。

曹洞宗很少像臨濟宗那樣使用公案，它的特徵，是希望藉由**只管打坐**（專心致志於坐禪），達到開悟的境地，也稱為「默照禪」。

Philosopher

13

無情求道的坐禪王

道元

公元前 1200 年～ 1253 年

主要著作《正法眼藏》

《正法眼藏》是多達八十七卷的大作。道元的禪學思想，對於海德格（Martin Heidegger）的存在論以及史帝夫・賈伯斯（Steve Jobs），都帶來莫大的影響。

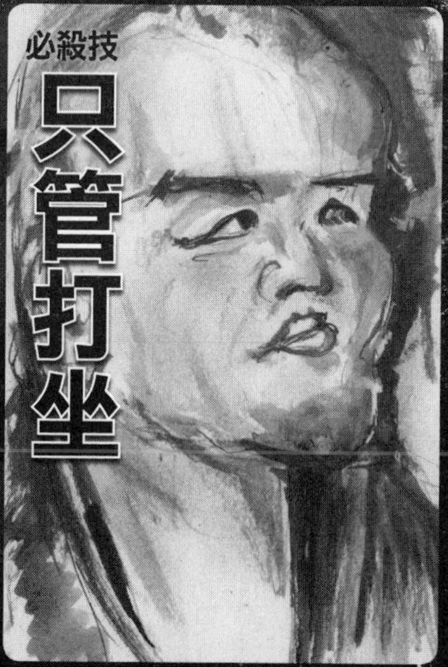

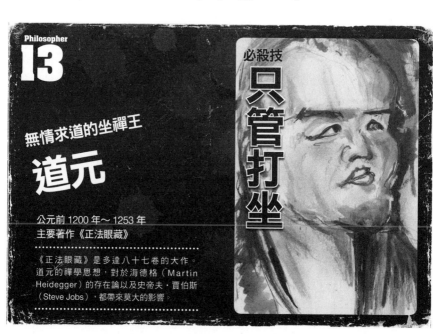

東方哲學為了引發開悟的體驗，開發改良出各式各樣方法。但也由於開發得太多，反而變得複雜，有一種漸漸往莫名其妙方向發展的趨勢，公案就是一個代表。因此，曹洞宗刻意專注於「坐禪開悟」。公案固然也是一種很棒的傳統，但要是運用不當，可能會有形式化、陳腐化的風險，以為總之只要出其不意、來個突發奇想式的問答，就行了吧。曹洞宗意識到可能有這樣的風險，才回歸「坐禪」這種簡單、普遍的速成方式。從這個角度來看，曹洞宗在東方哲學史上，可說是個占有特別重要地位的宗派。

對佛教的提問

對了，據說道元在十五歲左右，也就是以現在來說大約國二時，曾經煩惱過這樣的問題：

「佛教教義中提到，『人本來就是佛』。假如人本為佛，那不就什麼也不必做，為什麼還需要修行？」

佛教還有一個教義是，「本來本法性、天然自性身」，意思是「人原本就具有佛性，人生而就是佛」。既然這樣，為何非得修行成「佛」不可？

就道理來說，道元講的確實沒錯。仔細想想，修行成佛這件事，真的很奇怪。

但實際上，在東方哲學中，有許多話都會引發諸如此類的疑問。

例如，禪宗第六代宗師慧能，曾經寫詩提到：「本來就什麼都沒有啊！沒有灰塵，也沒有灰塵會沾上去的心啊！」既然「本來無一物」，又為何要建什麼寺廟，還要那麼拚命修行？

順便一提，雖然風格不太相同，但東方哲學中還有像下面這樣「聽了之後，教人不知如何是好」的一段話。

「佛教的修行，不能執著在開悟，不能執著在想要開悟的想法。但也不能執著在不能執著於開悟的想法。」（《正法眼藏》）

這段話，是出自道元開悟後所寫的著作。好了，他是什麼意思？

「不能執著於不能執著一事。」

這句話現在看來，似乎已經是一句易於理解的話，我們很容易看出「唔，原來如此，講的是這個啊！」但事實上，假如是個剛開始立志要學東方哲學的初學者，這句話卻可能讓他們最先感到挫折。因為，這句話的內容很莫名其妙，會讓他們很想要怒批「瞎扯些什麼！」

會有這句話，起因在於「想要開悟！想要開悟！」的想法，這種想法也是一種欲望，因此在拚命想開悟的過程中，就會隱約了解到「這樣子會開悟不了」。所以，「不要執著於開悟」這句話，應該算是可以看懂了。

但下一句話「但也不能執著在『不能執著於開悟』的想法」就是問題了。乍看之下，或許會覺得這話沒什麼了不起，但只要仔細想想，就會發現那根本不可能做到。

因為，假如像下面這樣——

(1)不能執著於開悟

(2)也不能執著於「不能執著於開悟」

(3)也不能執著於「不能執著於『不能執著於開悟』」

(4)也不能執著於「不能執著於『不能執著於『不能執著於開悟』』」（以下省略）

這就變成一種無限迴圈了。因為，我們很容易想像得出來，像「不能執著於不能執著於不能執著於……」這樣的句子，會無限延續下去。

到頭來，無論講到哪裡停住，同樣都無法脫離「『不能執著』的執著」。這意思就是：不執著是絕對不可能！

執著也不行，不執著（「不能執著」的執著）也不行。

「那你說，到底要我怎麼辦嘛！」

雖然很想講這種自暴自棄的話，但在東方哲學中的終極境地，必定會強制出現這種不可能的事。「不能想要仰賴他力（無為自然）。因為，想要的這件事本身就是自力（人為）。但是，也不能不想要仰賴他力，因為不想要也是一種自力（人為）。」

這句話也一樣，會讓人覺得「既然如此，那不就根本不可能進入他力（無為自然）的狀態嗎？叫我怎麼做才好呀！」

那麼，假如把這類問題，拿去問目前檯面上的東方哲學家，他們會說什麼？

例如，你可以找個佛僧直接問他：「既不能想要成佛，也不能想著『不可以這樣想』，那該怎麼做才好？」他恐怕會給你「你已經是佛了」或是「無一不為佛」之類的傳統答案吧。他也可能親切地告訴你，「不是努力就能成佛，佛沉睡在每個人心中，而且只要稍微察覺到就行唷。」

大部分的人聽到這樣的話，在那種氛圍下，很容易會覺得「啊，原來如此呀，我懂了！」但是回到家仔細思考過後，卻又有一種受騙的感覺（笑）。

因為，對方告訴你的，就等於是「你已經是佛了」的意思。但是聽他講這話後，也沒有什麼改變呀！到頭來，你也會產生和道元相同的疑問：「那你到底要我怎麼做嘛！」一切又回到原點。

只管打坐

年輕時的道元陷入這樣的疑問中，非常苦惱，但他那些和尚前輩卻都不給他答案。對比叡山感到失望的道元，來到了榮西的寺廟，想在那裡學禪。但遺憾的是，榮西年事已高，不久後就過世，無法直接教他。後來，道元前往中國學到正統的禪，終於有了開悟的體驗、領到了印可。那時候，他得到的答案就是「只管打坐」（專心致志於坐禪）。

所謂的只管打坐，簡單講就是「不要講些拉里拉雜的事，總之給我坐下」。

「什麼是佛？」

「給我坐下。」

「有人說，人本來就是佛？」

「不要管，給我坐下！」

連「坐下就能懂」之類的多餘話語，也完全不講。總之，給我坐下。不要管，給我坐下。他所掌握到的答案，就堅持在這一點上。

道元所煩惱的問題，原本就不屬於思考能解決的問題。不，應該說，愈是思考，就會在陷阱裡愈陷愈深，最後根本無法脫身。它就是這種惡魔般的事物。

要理解這件事，請先試著想像以下的狀況。

假設有個男子理解能力很差，但有一天他發現，只要別人以他最愛看的機器人動畫「鋼彈」來比喻，他就能輕鬆理解許多事。總之，這種方式是把複雜的事情，拿來和自己心中的「特定型態」（符號）相比對，藉以把事情單純化後再理解。確實是很有用的方法。

可是——

「唔，不好意思，你講的有點難耶。能不能請你用鋼彈打比方，講給我聽？哦，哦，原來如此。也就是說，若以鋼彈來比喻的話，就像是第一次搭上鋼彈、對於它的性能優良深深感到驚奇那樣，對吧？」

由於這種方式太好用，不知不覺間，他就習慣都用這種方式理解事情。這造成的結果是，他有了一種病態的先入為主觀念，認為「凡事都能以鋼彈做比喻理解，凡事也只能以鋼彈做比喻才能理解」（順便一提，假如你對「鋼彈」沒感覺，可以替換為其他動漫的詞，像是「哆啦A夢」或是「刃牙」之類的）。

他這種太過病態的觀念，讓朋友實在看不下去，決定規勸他。朋友希望能設法讓他知道，要了解事情，還是有用鋼彈做比喻以外的方法。

男子大概心裡也有譜吧。他隱約察覺到自己的異常，真心希望能夠設法脫離這樣的狀態。

他認真聽了朋友的話，思考再思考。過了一陣子，他找來朋友，告訴他們自己現在已經懂了。

「感謝你們的指正，我已經很清楚你們要告訴我什麼了。凡事除了以鋼彈比喻外，還存在其他理解的方式，對吧？也就是說，這件事如果以鋼彈來比喻的話……就是這樣，對吧？」

朋友全都咚的一聲跌倒。

「錯了錯了，不是那樣的吧！」

「沒問題，我就說我已經懂了。不能光以鋼彈來比喻對吧？這件事如果以鋼彈來比喻的話——」

他病得不輕。由於長時間習於如此，已經變成和呼吸一樣，是在無意識的層次下會做的動作了。

因此，他才會想要用鋼彈的比喻，來理解「不能光靠用鋼彈比喻、不能執著於用鋼彈比喻」這些事。

這麼一來，無論他怎麼思考，都絕對無法到達他想達到的「理解」的境界。

到頭來——

「『用鋼彈比喻』的這件事，是什麼樣的狀況？」

對於這個本質性命題，或許他會主張「就是希望在好好思考過後能夠理解」。但事實上，他的所作所為，不過就是一再重複「假如用鋼彈比喻『用鋼彈比喻』的話，是什麼狀況？」

他完全搞錯方向。他只是把自己關在自己所建的監牢裡，不斷原地轉圈，根本沒有任何建設性。以他這種方式，就算再思考幾十年，一樣既無法理解「用鋼彈比喻」，也無法逃離「用鋼彈比喻」。

因此，假如他真的想要理解狀況、想從這樣的束縛中脫身，就不要講那些拉里拉雜的事，一開始就必須先脫離這種毫無建設性的迴圈。但不能用言語，也不能說服他，否則他又會做出同樣的事。所以，為了脫離這迴圈，採用思考以外的方式才能見效。

大體上，這樣的方式可以分為三類。

一是徹底用鋼彈比喻給他聽，講到他自己都討厭你再用鋼彈比喻給他聽為止。

二是震撼療法。突然發出怪聲，突然作勢要打他，突然抓住他的胸口逼迫他：「你再說啊，你現在再說啊」，創造出「沒空以鋼彈比喻的緊急狀況」，強迫他體驗「不以鋼彈的比喻理解事物的短暫瞬間」。

而第三種，就是道元用的方法：「只管坐著，只管看著浮現在自己腦海裡的思考。」一開始，釋迦牟尼就是在菩提樹下不斷坐著才開悟的，因此某種程度上，這才是最適切的方法。

根據傳聞，釋迦牟尼坐在菩提樹下時，有許多惡魔蜂擁而至，講出引誘的話。當然，這些全是釋迦牟尼的幻想。

「唔……在開悟之前，最後再來一次……」

「不行，不能想那種事，非得回歸於無不可！」

「假如這樣可以開悟，就能夠向大家炫耀了呢。」

「不對不對，就說根本不能想那樣的事！」

追求開悟的人一旦坐禪，腦子裡大體上都會冒出這類妄想。愈是想著「不可以想」，就愈會不斷冒出一些與世俗之事有關的念頭，這是人之常情。

然而，要完全無視那些念頭。無論冒出什麼念頭，都別搭理它。

「快做吧，快殺了他吧。」

就算浮現這樣的念頭，也沒必要開口咒罵。

「腦中浮現一般人認為的壞想法，都無視其存在。」

「腦中浮現一般人認為的好想法，也無視其存在。」

「腦中浮現不可執著於想法的想法，總之就是視若無睹。」

完全不理不睬。就好像看電影一樣，把一個個浮現的念頭都當成只是別人的事。無論發生什麼事，就任由已發生的事情已發生。

要訣在於應該察覺到，自己存在著一種把凡事都看成是問題的日常習慣，逐步減少做這樣的事。所謂的思考，原本就是一種生存工具，它可以在「解決問題」方面，發揮出色成效。因此，只要把問題丟給思考，思考就會馬上飛奔而至、開始發揮作用。

「做這種事會怎麼樣？」

「現在腦海浮現的是什麼想法？」

「那接下來要做什麼？」

這樣的「問題」，都是思考的食物，都是催生出下次思考的原動力。但反過來說，假如沒有「該思考的問題」，思考就失去它充當工具的價值、失去它的用途。

因此，想停止思考，該做的不是去想「思考啊，你停止吧」，而是不要把目前在自己身上發生的思考或感覺「看成問題」。要看過就算，逐步減少會引來思考的「應該思考的問題」，以這種方式逐步斷絕可能會引發下次思考的契機。

思考沒了出現的契機，就會漸漸失去勢頭。就像只要什麼也不做，飛到空中的灰塵就會再慢慢掉回地面一樣，繁雜的思考也會漸漸平息下來。

——於是，那一瞬間終於到來。

那個

在古印度哲學家所創造的奧義書哲學中，有一句知名格言，出自於耶耆尼伐爾克的老師烏達拉卡・阿魯尼之口。這句話，據說可用於表達奧義書哲學的精髓：

「你就是那個。」（tat tvam asi）

這是最美的一句偉大格言，而且是能夠完美呈現東方哲學真理、至高無上的一句話。古今中外的智者，都對它讚不絕口。原因在於，阿魯尼不把「真理」講成「布拉曼就是你」、「無」、「整體」、「一」等等，而用「那個」來指稱。

也就是說，東方哲學中所謂的「真理」（佛、道、開悟），指的就是一種，唯有透過以「那個！就是那個啦！那個！」表達出來的那種體驗，才能夠知道的東西。

正因為這樣，那就不要用思考的方式，而要用坐禪（體驗）的方式才對。因為，思考的話，絕對到不了「那個」的境界。所以道元才特別強烈主張只管打坐（專心致志於坐禪）。

「知道自己的光明，就是體驗佛（覺醒）。到了那種境界，就會知道全世界就是自己，自己就是全世界。這是任誰也無法逃離的事。」（《正法眼藏》）

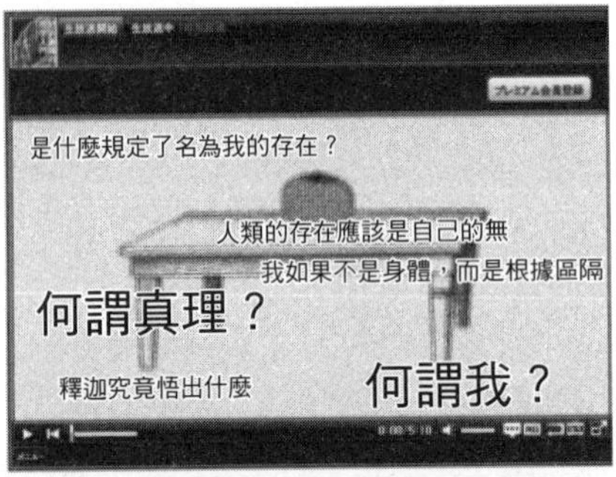

錯了！完全錯了！

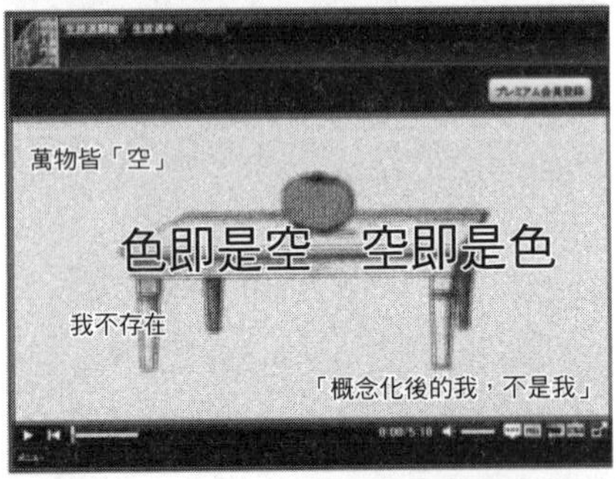

錯了！還是錯了！

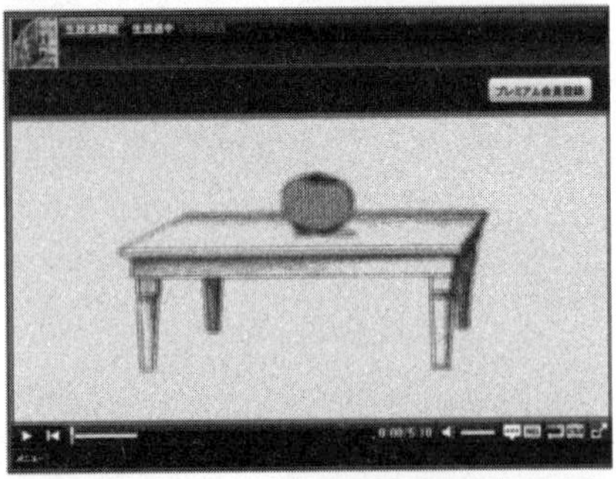

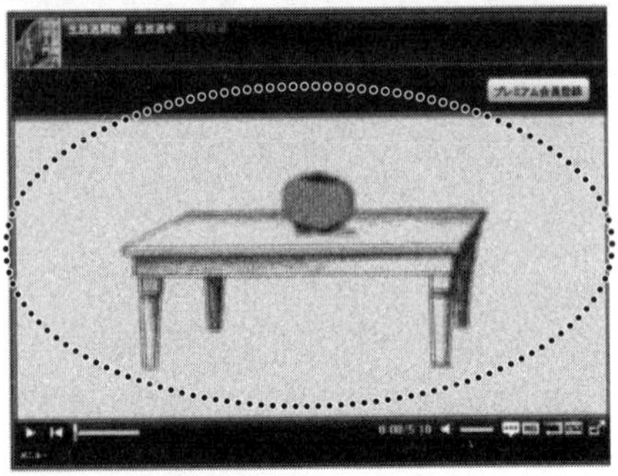

啊！就這個嗎?!

就是那個啦！就那個！

總之，只要沒體驗過「那個」（覺醒），就談不上什麼開始與否。等到體驗過「那個」，就結束了。體驗過「那個」的人，就達到了「知道一切問題都已解決」的境地。

但大眾必然會產生誤解。看到以上說法，他們一定會想要把「那個」替換成特定字眼。

「也就是說，停止區隔、到達無分別智的境地，就是一種『佛』的狀態，對吧。」

「也就是說，『開悟』不能靠思考達到，只能靠體驗，對吧。」

他們會用這樣的說法呈現，還化作自己思考的一部分，以為已經弄懂自己從來就沒體驗過的「那個」。

「所以，用鋼彈來比喻的話就是——」

無論他們用的是何等出色、漂亮的說法，都絕不會是「那個」。無論你使用多少言語、累積多少思考，都絕對到不了「那個」。

但我們卻無論如何都會誤以為，任何事物都可以用鋼彈的比喻，都可以用思考（言語、邏輯、道理）來表現與理解。

所以，我們輕易就犯下不可能犯下的愚行：

「用思考（言語）來表現無法用思考（言語）表現的東西，還以為自己懂了。」

這麼做，只是浪費時間，必須盡早停止這種沒有建設性的行為。

但這需要相當程度的飛躍。

有個有名的禪宗故事叫「壺中鵝」，恰可用於表達這種飛躍之舉。

深夜，有個禪宗師父突然跳下床，把弟子都叫起來。

「我剛才做了個夢！誰來幫我解答這個問題？」

他做的是這樣的夢：

有個鵝蛋放在壺裡，就這樣孵化了。假如放著不管，雛鵝會死掉。但這隻雛鵝的體型，大到無法從壺裡出來。所以，為了把雛鵝從裡頭救出來，勢必把壺打破。可是這壺又非常昂貴，讓人無法決心把它打破。

「你們說，我到底該怎麼做才好？」講完後，精神錯亂的師父開始毆打弟子。

弟子拚命思考有沒有什麼好方法可用，但怎麼想都想不到解決方案。因為，要把雛鵝救出來，說什麼都只能把壺打破；但壺又不容打破。但不把壺打破，雛鵝又會死；不能讓雛鵝死，就只能把壺打破——

到頭來，只是一直這樣不斷兜圈子，一樣還是無法同時保住雙方。

但師父可不許他們想不出答案，他不斷毆打弟子，「你們給我想辦法！快點！」

這時，有個弟子說：

「鵝已經跑到外面來了!!」

聽到這個答案，師父總算心滿意足，選定給了這個答案的弟子當他的接班人。

正如這個故事所示，禪無涉於對問題的邏輯性思考。禪是要破壞問題、要革命、要飛越它。所謂的禪，不是要分析問題、說明問題，而是一種以「飛躍問題、直接體驗答案」為目標，不斷淬鍊到今天的哲學體系。

「你就是那個！」

「人本來就是佛！」

於是，在那之後又過了一段時日。某一天，原本只會以鋼彈比喻的那個人再次找來朋友，告訴他們自己所理解的境界。

「我就是鋼彈！」

朋友們都祝福他。

就這樣，他的「病」好了。

超越開悟

十牛圖

這本東方哲學的入門書，總算要在本章結束了。雖然本書談的並非日本哲學，我還是想引用最能表現出禪的知名「**十牛圖**」，做為本書結尾。

開悟的過程

所謂的十牛圖是一套插畫集，以圖畫的形式表現出禪當中「開悟的過程」（參見次頁圖）。如圖所示，它畫的是一個故事，從牧童找「牛」開始，表現出他發現牛、抓牛、帶牛回家等過程。這裡所謂的「牛」，就是用來象徵東方哲學中的終極「境界」（體驗），也就是「真正的自己」、「真理」、「開悟」等等。

十牛圖原本就是要嘗試以圖像（直覺），而非言語（道理）表現出禪。因此我就刻意不針對每幅圖再做詳細解說。各位如果已經看過本書到目前為止介紹的東西，放鬆精神看看這些圖，應該可以隱約看出在講什麼吧。

十牛圖
（上半）

第一圖 **尋牛**

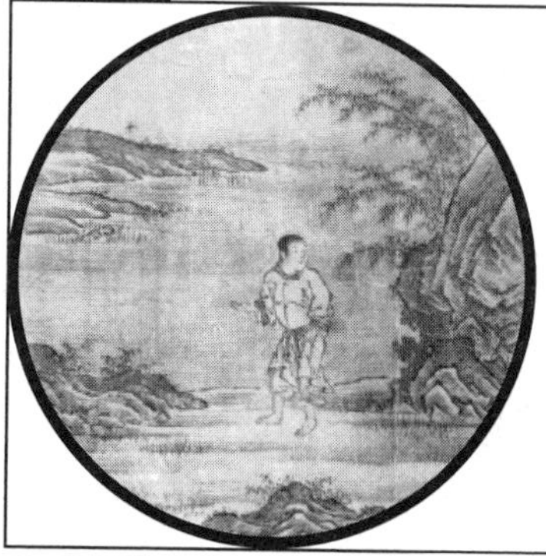

立志找牛。

第二圖 **見跡**

發現牛的足跡。

第三圖 **見牛**

看到牛的樣子。

第四圖 **得牛**

奮力抓牛。

第五圖 **牧牛**

馴服牛。

十牛圖
（下半）

第六圖　騎牛歸家

騎著牛踏上歸路。

第七圖　忘牛存人

牛不見了。

第八圖　人牛俱忘

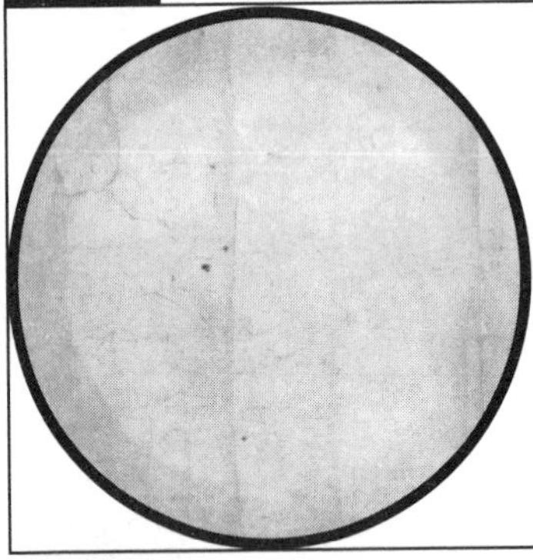

牧人不見，只剩空白。

第九圖　返本還源

從空白的世界中出現了自然。

第十圖　入廛垂手

牧人在人類的世界裡，向童子伸出手。

那麼，本章要講什麼呢？不是每張圖的詳細內容，而是十牛圖的精髓，也就是「核心部分」。十牛圖中最重要的核心是什麼？就是「追加了第九圖與第十圖」的這件事。

原本的十牛圖，並沒有第九圖「返本還源」與第十圖「入鄽垂手」。其實，一開始的十牛圖，只到第八圖的「人牛俱忘」，代表一切都消失殆盡的無的世界。

但有位叫廓庵的禪師，又加上了第九圖與第十圖。如今，我們在書籍等地方看到的十牛圖，都是廓庵的版本。

那麼，為何廓庵要追加第九圖與第十圖？

原本的第八圖，畫的就是「釋迦牟尼的開悟」，也是「梵我合一」、「道」，那是東方哲學中的「終點」。過去就只到這裡而已，一般都認為那就是最高境界。

只是，禪（廓庵）卻在最高境界之後，又更進一步。亦即，禪不把第八圖（釋迦牟尼的開悟）當成最終境界，而是認為到達那種境界的人，應該再前進到下一個境界「返本還源」。而「返本還源」正如字面意思，就是「再度回來」。

原本已到達無的世界的牧童，再次開始了區隔，捨棄好不容易到達的開悟境界，回到原本的世界，也就是事物在特定文化或價值觀下產生區隔的日常世界。

接著，他又來到了最終境界第十圖（入鄽垂手）。

他出門去市場，喝了佛教禁喝的酒、吃了魚，過著一般的快樂生活。有時候，他也會碰到像以前的自己一樣在找牛的其他牧童。但他沒有擺出「我已經開悟了」的態度教導對方，只是純粹享受和對方的相遇而已。他就是活在這樣的境界。

以上，就是第八圖接下來的第九圖與第十圖的境界。

這裡有個絕不能看漏的最大重點。那就是，在第十圖中，並沒有把已經找到牛回到家的那位過去的牧童，畫成了不起的人、開悟後的偉大聖人，而是畫成一個有些邋遢的開朗大叔。

他一點也不神祕，也沒有威嚴。這意思是，禪宗認為，「當個純粹的好好大叔、好好大嬸」，境界高過於一直以來大家都認為很偉大的「第八圖」（釋迦牟尼的開悟、無我的境地、梵我合一）的境界。

會追加第九圖與第十圖的背景，想必是受到孔子那種要好好過人生的儒教思想，以及老莊思想（認為當個淳樸的自由人，比有威嚴的傑出人士更好）的影響吧。所以，總結起來就是——

印度的東方哲學只有第一圖到第八圖，
中國的東方哲學只有第八圖到第十圖，
而禪則是雙方加總起來的第一圖到第十圖。

也就是說，禪在東方哲學的歷史中掀起了一場大革命，也帶來長足的進展。「十牛圖」則是個把禪的精神漂亮表現出來的作品，並一直流傳至今。

「開悟」之後

對了，這個「十牛圖」還讓我們理解到另一項重要的事。

那就是，開悟之後，「什麼也沒變」、「和尋常人沒兩樣」。

對許多知名禪師影響很大的莊子，曾在自己書裡寫了一個故事，還讓孔子登場[1]：

一次，孔子的弟子子貢，遇見一位正在務農的老人。那個老人刻意爬進井裡汲水，再爬出井口到田裡澆水，然後又爬進井裡……他就是一直以這種很沒效率的方式工作著。子貢看到後，給了老人建議：

「大叔，這個世界上有一種很方便的機器唷。雖然是拿木頭花點工夫做出來的，但只要使用那樣的機器，你在這裡押下去，就可以輕鬆把水汲上來了。」

聽到這話的老人，先是露出生氣的表情，接著又轉變為憐憫的神色，笑著說道：

「那種東西我當然知道啊。但一旦有了機器，就會養成依賴機器的心，我們生而就有的無為境界，不就消失了嗎？那樣的話，會偏離道。我不是不知道有那樣的機器，只是因為不想墮落才不用。」

---

1 出於《莊子》天地篇。

老人的話讓子貢自慚形穢，他不知如何回話，只好低下頭。

過了一會兒，老人問子貢：

「對了，你是誰啊？」

「孔夫子的弟子。」

「什麼，孔子？哎唷喂，那你也是那種裝做學問淵博、以聖人自居、自己唱著悲歌到處叫賣名聲的傢伙嘛。你聽好，所謂的道，得要捨棄那樣的小聰明、忘記外表，才能夠體會得出來。在談論天下國家事的空檔，要不要也抽點時間，好好反省一下自己呢？好了，閃開閃開，你妨礙到我工作了。」

子貢臉色鐵青地起身離去，直接回到孔子那裡。

他把剛才和那個老人的對話講給孔子聽：

「我遇見一個了不起的人！他達到了無為、無心的境地，還維持與生俱來的心，不做作、無心於功名，內心也不受世間任何事情的影響。要說到有德的聖人，指的大概就是他那樣的人了吧！」

子貢以亢奮的語調講完後，孔子冷冷地說了這樣的話：

「錯了錯了，那個老人，只是個粗略懂道，卻想成自己很懂的半吊子而已。他或許知其一，但不知其二。他或許把內心處理得很好，卻沒把外面的事處理好。假如他真的已達到無為、無心的境地，他應該會成為一個遊戲人間的人，不會做出任何教你驚訝的事才對。真正已窮極道的人，不是你我能夠分辨出來的。」

如同這個故事講的，一個人假如會刻意把道拿出來「做一些非比尋常的事」，那他只是個以得道自居的人，還不算真的懂道。莊子就是借用孔子的名字在講這件事，同時也點出，真正到達那境界的人，和一般人看來並無二致。

說起來，無論是與道成為一體，還是已經開悟，都不會也不該因此就發生什麼事。因為，身體不過是名為細胞的機器零件聚集起來構成的機器，當然不會因為已經開悟，就在功能或形態上有多大改變，像是突然長高許多，頭腦就變聰明等等。開悟的人還是會一如往常，因為能力不足而解決不了日常生活問題；腦細胞也會一如往常，在機械式的活動中分泌化學物質，發出名為「不安」的訊號吧。假如無視於這些事，以為會發生什麼好事，那不就等於認為開悟之後，家裡的冰箱可以把果汁冰得比以前還冰，電視畫面會變得更清楚嗎？

事實上，釋迦牟尼也好，老子也罷，假如讓他們躺在手術台上，以物理方式操弄他們的大腦，那麼無論開悟了還是沒開悟，腦子都一樣只會照著人為操弄而動。還有，人的腦子裡假如停止分泌特定化學物質，就會像小鳥那樣靜不下來，做出不斷東張西望般的行為。不管釋迦牟尼還是老子，只要注射藥物促成同樣情境，他們一樣都會展現出浮躁的態度吧（不受一個個傳來的刺激資訊左右、集中於一件事、冷靜等等，其實都是腦的物理功能，絕不是因為「心」很厲害、穩在那裡，我們才得以冷靜）。

到頭來，非那樣不可的事，就是非那樣不可。

會發生的事，就是會發生。

吃了腐敗的東西，肚子就會痛——就如同這樣的情形。切斷脖子上的視神經，眼睛當然就會看不見——就如同這樣的情形。只要注射藥物、阻礙大腦分泌神經傳導物質，就無法做邏輯思考——就如同這樣的情形。這些都是人體結構問題，不管是釋迦牟尼還是誰，都一定是這樣。

不過，這種外在的事，隨便怎樣都無所謂。開悟的人，就算碰到這種事，也會任由發生的事發生。大腦這種好用的工具或許會想，「不，我不要那樣，我想避免那樣的事發生」。但這種狀況下，開悟的人還是會任由大腦去想這樣的事吧。

這麼說起來，開悟的人和我們其他人在日常生活方式上根本沒什麼不同。開悟的人和我們一樣思考、一樣煩惱、一樣失敗、一樣露出苦悶的表情。而且，從外觀上完全看不出差異。

不過，就算這樣，開悟的人與未開悟的人，還是有很大的差異存在。差異在於，開悟的人了解這個真理：日常生活中的事情或思考活動，完全無法觸碰到自己（我）。正因為如此，他們會任由發生的事發生，任由身體自己去動，任由腦子自己去想。因為，不管上演什麼「電影」，都無法傷害「觀眾」本身。他們了解這一點。

而他的「了解」，又絕非他人所能了解。

你看到蘋果後產生的、名為「紅色」的獨特「體驗」（視覺印象、質感、感受），究竟是怎麼樣的呢？先別講這個，就連你到底是不是真有這樣的體驗，別人都絕對無從得知。同樣的，你的「開悟」，也是別人絕對無從得知的（反之，別人的「開悟」，你也只能選擇相信與否）。

總之，我們既無法向別人證明「那個」，別人也無法向我們證明「那個」。所以，

「我最強」這件事，只要我自己知道就行了。

天上天下唯我獨尊，也就是史上最強。

還有，懂得「那個」的人，無論發生什麼事，都會如實感受已經發生的事，好好體嘗「那個」。身體動了，就讓它繼續動，率真地在普通的人生中生存下去。

某位禪師開悟時，周遭的人曾經這麼問他：

「開悟後會怎麼樣？發生了什麼事嗎？你最先做了什麼？」

那位禪師是這麼回答的：

「沒有什麼特別的變化啊。我只是要了一杯『茶』而已。因為，我想在『飲』了茶、醒了神之後，好好體嘗這一刻活著。你說，除此之外，我還有什麼事好做嗎？」

「飲茶」這個筆名，就是取自於這個禪話。

後記

超越東方哲學，更往前一步！

「東方哲學究竟為何要不斷不斷地往東而來呢？」

「當然是來和你（讀者）碰面的啊！」

雖然在本書開頭我曾經這麼講過，但或許有人會覺得，「不，飲茶先生，沒這回事吧。」

但我是認真的。

而且，我在本書一開始也講過，「能夠理解東方哲學，是一種奇蹟」，但我認為那種奇蹟是可能發生的。因為，至少已經發生了堪稱為奇蹟的事情。

兩千五百多年前或更久以前，在古印度發現了真理。由於精妙而無法化為言語，它多次遭到大眾誤解，因而失傳。但火沒有滅，仍藉由多人之手持續往東傳來，最後到達遙遠的這裡，交到了你（讀者）手中。你說，這不叫奇蹟，還能叫什麼？

這樣的奇蹟已經發生了。既然這樣，也有十二萬分的可能會發生另一種奇蹟：你也了解了釋迦牟尼或老子所講的、「人類史上引以為傲的少數覺醒者」才懂的事。

只不過，不能滿足於那種程度的奇蹟。不能光是懂得釋迦牟尼或老子的哲學就感到滿足，不能光是因此覺得感謝就算了。

舉例來說，在東方哲學的入門書中，一定都會有類似這樣的說法：

「西方的邏輯思考法，建立起物質社會與經濟社會，確實也形成了一個物質豐富的世界。但相對的，也確實呈現出環境破壞、經濟成長飽和、凌虐或自殺、道德淪喪等各式各樣已經走到盡頭般的現象。正因為在這樣的大環境下，才更應該改變偏重於西方的思考方式，重新領略東方的睿智。」

但我個人並不這麼覺得。東方哲學假如真有那麼厲害，從東方哲學中誕生的諸國，應該老早就已經成為極樂淨土了，但事實上卻非如此。印度現在都還留有因為種姓制度的迷信而造成的階級歧視問題；中國過去因為文化大革命而發生虐殺與廢佛之事。就連東方哲學的發祥地尚且如此，可見畢竟很難只因為採用了東方哲學，就變成一個天堂。

從結果來看，由於缺乏「成果」是確切的事實（歷史），所以東方哲學應該看成還有許多改善餘地比較對吧。

說起來，就連不斷往東往東傳遞、堪稱經過最多淬鍊的東方哲學「禪」，也不能說沒問題。包括禪在內，許多東方哲學，都立基於稱為「方便」（謊言）的方法論。不過，方便這種東西，基本上是一種以對方無知（缺乏知識）為前提，才會有效的方法論。

以前沒有什麼網際網路，資訊只掌握在極小一撮人手中，相當珍貴。正因為這樣，想知道、想學習的人，就必須踏上旅程、離家幾千里，找尋「知道的人」（師父）。正因為是花了好一番工夫才找到師父，他們才會接受師父所給的方便（謊言），才願意賭上人生。因為，他們沒有別的方法獲得資訊，也沒什麼其他選擇。

所以，就算向師父說「請教我A」，師父卻說「這樣呀，那你去做C」、要弟子去做完全無關的事，弟子還是會像嬰兒一樣，老實地照著師父講的去做。

「上蠟……擦掉蠟……上蠟……擦掉蠟……上蠟……擦掉蠟……唉，做這種事到底有什麼用呀？」

就連這種乍看之下不存在絕對關係的事，弟子都能花個五年十年，把人生耗費在上頭。也因為什麼也沒想，專心致志地做，才得以在強烈的「體驗」伴隨下，產生「一切都懂了」的那瞬間。

「哈！原來如此。師父一直以來要我做的事，原來是這個用意呀！」

但現在就不同了。透過網路，先備知識要多少有多少，還能夠知道有哪些不同師父可以選擇，以及比較不同師父之間的差異。就連禪宗的公案，都已在網路上公開，甚至於連參考解答一覽表都能查到。「禪宗的公案，是出於這樣的意圖而使用的唷」、「順便一提，也有這樣的例子唷」，就這樣，我們隨隨便便就能得知公案的意圖。狀況演變至此，公案這種方法論就無法像過去那麼有效。

坐禪也是如此。在實際坐禪前，人們就已經知道為何要這麼做、知道目的為何了。出於先入為主的觀念，原本應該追求的「體驗」，就變得難以產生。

沒錯，所以，在網路上搜尋得到的公開知識，以及如本書般易於取得的入門書，說真的，都是在破壞傳統東方哲學。

可是，我想表達的並非是「東方哲學不行了」。我想講的是，正因為這樣，佛教、老莊思想與禪學，才必須更加進步。

對生長於資訊氾濫時代的我們而言，東方哲學既有的方便，已經無法再像「從只有黑白兩色的房間裡跑出來」那麼有效。就因為這樣，我們才必須超越釋迦牟尼、老子、道元的東方哲學，更往前一步。

而且，釋迦牟尼等人的東方哲學，之所以會不約而同來到日本這片土地，背後其實有很大的原因。因為，日本既是東方，卻又是個西方化的地方。東西方的哲學、文化、思想混合交錯，成為一個混沌之地。東方哲學會傳到這個稱得上是「哲學實驗室」的特殊地點，必定意謂著什麼。

我再重複一次，「東方哲學究竟為何要不斷不斷地往東而來呢？」

是為了要知道什麼叫「敗北」。是為了與超越釋迦牟尼、老子等金字塔的另一個金字塔相遇。而且我期盼，是由「你（讀者）」來讓它們嘗到敗北的滋味。

沒必要創造什麼完美的哲學。一定有某種東西，是東方與西方哲學相遇的這裡才會產生的。只要追求，唯有在這個地點與這個時代才能產生的「理所當然的某種東西」，也就行了。

歷史這種東西，就是如此不斷前進下去。例如，百年後，下一個世紀的人類，假如在那個時代的哲學入門書中，看到我們現在這個時代的記載，應該會發現一些以明快方式解說、誰都能看懂的內容，看到一些事後來看都會認為「想當然會這樣嘛」一般的歷史進展已經發生，也體認到「由於在這個時代的這個地方，有如此這般的狀況……啊，所以才會產生那樣的哲學嘛。原來如此啊！」

最後，我期盼看完本書的你，能夠為了追求「史上最強的哲學」，而「入門」到這場戰鬥中。就此擱筆。

謝辭

感謝《刃牙》的作者板垣惠介老師，在完成本書的過程中提供大力協助。我要在這裡向他說聲謝謝。

我之所以會寫這本書，起因於板垣老師向出版社說：「《史上最強哲學入門》很棒耶，不出第二本嗎？」假如沒有板垣老師的美言，不會有這本書存在。還有，與老師聚餐時，老師講了許多與《刃牙》和《磕頭專家》等作品相關的寶貴內幕，是我一生難忘的回憶。隔天，板垣老師甚至來電表示那頓飯吃得很愉快，讓我開心得要飛上天了。

最後，要把本書獻給最愛的三兒子與烈海王。

番外篇

東方哲人vs.西方哲人

西田幾多郎 喂，道元兄，要不要一起散步聊聊哲學呀？

道元禪師 呵呵呵，有西方哲學家之稱的傢伙……簡直天真得可以，想研究哲學就靜靜坐著不就好了，像我這樣！

莊子 只能靠語言理解的人稱不上哲學家，所謂的「事之端」正如字面的意思，指的不過是整體中的一部分而已。一部分再怎麼累積也還是一部分，並非全貌。

維根斯坦 我輸了，正如你所說的，事情的全貌、真理、道，沒有一樣是我能談的。

莊子 滿口謊言！你根本無意承認這件事還這樣說，不是說只要能講述真理，什麼都願意做嗎？連國王的馬屁都願意拍不是嗎？這下你進退維谷了吧。

傅柯 我一看就知道啦，有電到的感覺對嗎？你，愛上我了。

釋迦牟尼 謝謝你……這麼快就找我說話……

耶耆尼伐爾克 總覺得好開心啊，這種事你很擅長對吧？雖然你屬於西方哲學，但是在你們五人裡頭，你是最偏我們這邊的。

斯賓諾沙　……

羅蘭・巴特　我可不想像你那樣，仁道一以貫之，至死方休。

孔子　你……

羅蘭・巴特　真蠢呀你……

那是過去有哲學家之稱的任何人，
都未能到達的頂點，
卻有個男人，自出生以來的一百幾十年內，
從未短暫忘卻或離開過哲學，

堅持走在「道」這條路上。
隨便你們去自誇沒關係，
老子這個人本身就相當於東方哲學，
假如受過西方近代教育的「讀者」輸了的話——
由西方哲學累積出來什麼兩千五百年的歷史，
可就毫無意義啦！

開始吧！

下回預告？

「耶耆尼伐爾克、釋迦牟尼、孔子、莊子、道元，歡迎來到東京巨蛋地下研討場！」

「前陣子，西方哲學家在這座地下研討場，
曾舉行過史上最強的辯論戰。
我們很自豪，因為在人類歷史上，
那場耗費兩千五百年歲月的論戰，
是目前在這個地球上進行的思考活動中，
內容與水準最高的一次。
不過，藉由無分別智的境地飛快掌握真理的諸位，
對於由道理與邏輯構成的西方哲學體系，
究竟抱持什麼樣的評價，
讓人放心不下。
還好，這裡集合了五位西方哲學家——
傅柯（Michel Foucault）
羅蘭・巴特（Roland Barthes）
維根斯坦（Ludwig Josef Johann Wittgenstein）

斯賓諾沙（Baruch De Spinoza）
西田幾多郎
——我們所挑選的這五位哲學家，
重視體驗式的理解更甚於道理，
也就是重視東方哲學中所講的開悟。
因此，他們在與邏輯相對的另一個世界，更能發揮特長。
根據傳聞，
你們全都是為了追求敗北的感覺才往東而來，
眼前這五位的任何一位，
應該都擁有完成你們心願的力量吧。」

「辯論規則，是採用勝間和代的方式。
真槍實彈的對談論戰。因為睡眠不足而心情欠佳也ＯＫ。」

西田：「規則這種東西根本可有可無，
地點、時間和規則根本不值一提，
不管你是在用餐、睡覺、還是抱女人，

毫無怨言，
今天就在這個地方，
直接開打就行了，
哲學這種東西，就是這樣吧！」

——於是，哲學界最大的禁忌終於解禁！
從印度往西走，不是西方也不是東方的第三種哲學體系！
來自中東的史上最強哲學家，緊急參戰！

「阿薩拉姆[1]！我來上菜了！」

「進來！」

1 伊斯蘭教徒所使用的阿拉伯文問候語 As-Salamu Alaykum 的簡單說法。阿拉伯文的原意是「願真主保佑你平安」。

國家圖書館出版品預行編目（CIP）資料

史上最強哲學入門：從釋迦牟尼、孔孟老莊到禪宗，啟悟自我內心的 13 位東方哲人 / 飲茶 作；江裕真 譯．– 三版．– 新北市：大牌，遠足文化，2020.05, 364 面；14.8×21 公分
ISBN 978-986-5511-16-6（平裝）

1. 東方哲學　2. 世界傳記　3. 學術思想

109.9　　109004985

史上最強哲學入門

從釋迦牟尼、孔孟老莊到禪宗，啟悟自我內心的 13 位東方哲人

史上最強の哲学入門　東洋の哲人たち

作　　者　飲茶
繪　　圖　板垣恵介
譯　　者　江裕真
主　　編　林玟萱

總 編 輯　李映慧
執 行 長　陳旭華（steve@bookrep.com.tw）

出　　版　大牌出版／遠足文化事業股份有限公司
發　　行　遠足文化事業股份有限公司（讀書共和國出版集團）
地　　址　23141 新北市新店區民權路 108-2 號 9 樓
電　　話　+886- 2- 2218 1417
郵撥帳號　19504465 遠足文化事業股份有限公司

封面設計　許紘維
排　　版　藍天圖物宣字社
印　　製　成陽印刷股份有限公司
電　　話　+886- 2- 2265 1491
法律顧問　華洋法律事務所 蘇文生律師

定　　價　420 元
三　　版　2020 年 05 月